COTTON, OIL AND STEEL

A Study of Russian Industrial Monopoly (1861-1917)

棉花、石油与钢铁

俄国工业垄断研究（1861～1917）

白胜洁　著

社会科学文献出版社
SOCIAL SCIENCES ACADEMIC PRESS (CHINA)

序　言

一

工业化是世界近代史最重要的内容之一。从 18 世纪 60 年代起，欧美国家先后发生了范围广泛、影响深远的工业革命。两次工业革命在世界范围内不仅引起了生产技术的革新，使生产力获得了前所未有的巨大发展，同时还引起了生产关系的重大变革，使资本主义生产关系最终得到确立和推广。

早在 17 世纪，俄国出现了资本主义生产方式的萌芽。18 世纪，彼得一世和叶卡捷琳娜二世实行鼓励和扶植手工工场的政策，使手工工场获得了一定的发展。18 世纪下半叶，俄国各地区经济出现一定分工，形成相互补充、相对统一的国民经济体制。发达的运河交通网络促使全俄国内统一市场的形成。① 这些条件都有利于俄国早期工业的发展。但是，直到 19 世纪中叶以前，俄国工业发展缓慢，生产效率低下。这是因为，当时在俄国只有个别工业部门，比如棉纺织工业，开始使用机器生产，普通劳动力依然在俄国工业中占据主流，工场主对掌握新

---

① 张广翔：《19 世纪俄国工业革命的前提——俄国工业化道路研究之一》，《吉林大学社会科学学报》1994 年第 3 期，第 66~72 页。

的机器技术和提高劳动生产率不感兴趣，极低的劳动生产率使生产和技术停滞，传统手工工场逐渐衰落。手工工场与生产力发展不相适应的情况越发尖锐。①

俄国在 1861 年农奴制改革后大大加快了它的工业化步伐。由于农奴制的废除，法律正式允许把农奴劳动力应用于工业中，大量农奴进入劳动市场为手工工场提供了雇佣劳动力，同时政府实行保护性关税、币值改革、兴修铁路、兴办专门工业学校等一系列有利于工业发展的政策。改革中农奴缴纳的赎金成为俄国工业革命的重要资金来源。资本主义大机器生产迅速兴起，很快就成为俄国工业生产的主要方式。以棉纺织工业为代表的轻工业在这一时期发展迅速，但是工业发展的许多条件，如大量资本、熟练工人、商业管理、信贷制度等条件并不完善，俄国工业发展并不稳定。② 1873 年和 1882 年出现的经济危机在一定程度上拖慢了俄国工业发展的脚步。危机和萧条使大批小手工业者和中小企业破产，从而加速了生产集中和大机器工业取代小手工业的过程。

俄国工业在 19 世纪 90 年代迎来了发展高涨时期。由于铁路的大规模建设、外国资本和技术的大量输入、政府实行国家资本主义政策等使得俄国工业生产和资本集中的速度大大加快。19 世纪 90 年代，俄国铁路运输成了资本主义经济最重要的部门。俄国的棉纺织工业和食品工业在此期间也有所发展，但整体上发展速度不及重工业部门。俄国重工业产值快速增长，其

---

① 张广翔：《19 世纪俄国工业革命的发端——俄国工业化道路研究之二》，《吉林大学社会科学学报》1995 年第 2 期，第 21~27 页。

② 张广翔：《19 世纪俄国工业革命的特点——俄国工业化道路研究之三》，《吉林大学社会科学学报》1996 年第 2 期，第 9~15 页。

中最显著的就是冶金业、煤炭业和石油工业。俄国冶金业放弃了传统的冶炼法，引进平炉炼钢法。技术革新使得俄国冶金业生产能力急剧提高。工业和运输业大规模采用蒸汽动力刺激了煤炭工业迅速发展。同时，煤炭业则大力提高了机械化的程度，并且形成了以顿涅茨煤炭基地为代表的新型煤炭中心。石油工业是工业革命的重要产物。俄国的石油工业主要集中于巴库地区。俄国的石油工业也进行了技术革新。新的石油开采、蒸馏和运输技术的出现，蒸汽动力的普及极大地提高了俄国石油工业的生产效率。[①] 俄国重工业发展迅速的同时，轻工业发展逐渐放缓。1896~1900年重工业产值增长速度达到了顶峰，5年间增长了53%，而轻工业仅增长了14%。[②]

经过90年代的工业发展高潮，到19世纪末20世纪初，资本主义大机器工业取代了工场手工业，以冶金、煤炭、石油为主的重工业部门在俄国已经完全建立起来，并且在国家工业生产中占据了举足轻重的地位。19世纪末20世纪初，在世界工业品总产量中，俄国的比重已由1881~1885年的3.4%增长至1896~1900年的5%和1913年的5.3%，仅次于美国。在工业化的带动下，俄国与西方国家的差距逐步缩小，1883~1913年俄国国民生产总值的年均增长率为3.4%，高于西欧国家2.7%的年均增长率。[③]

---

① 张广翔：《19世纪俄国工业革命的影响》，《吉林大学社会科学学报》1993年第4期，第64~69页。

② Бовыкин В. И. Формирование финансового капитала в России: конец XIXв-1908г. М.: Наука, 1984. C. 31.

③ Петров Ю. А. Российская экономика в начале XX в // Россия в начале XX в. М: РОССПЭН, 1997. C. 168 - 223; Предпринимательство и предприниматели России от истоков до начала XX века М.: РОССПЭН, 1997. C. 140, 142.

二

资本主义的激烈竞争和周期性的经济危机也使企业优胜劣汰，加快了生产和资本的集中趋势，这种集中趋势达到一定程度时就会出现垄断。垄断组织是指在一个或多个工业部门中居于垄断地位的大企业按照一定组织形式而结合的巨型资本主义企业或企业联合。它们凭借垄断地位，控制生产和流通领域，获取垄断利润。现代意义上的垄断组织形式主要如下。

（1）卡特尔（Cartel），是生产同类产品的企业通过签订关于产品价格、销售市场及生产规模的协定而建立的垄断组织。

（2）辛迪加（Syndicate），是同一生产部门的少数大企业以签订统一销售商品和采购原料的协定而建立的垄断组织。

（3）托拉斯（Trust），是由若干生产同类商品的大企业或产品有密切联系的大企业合并而组成的垄断组织。

（4）康采恩（Konzern），是以实力雄厚的大企业或大银行为核心联合不同经济部门的企业、银行而组成的企业集团。

俄国早期垄断组织的出现伴随着政府对国家工业生产的积极调节。在彼得大帝经济改革时期，如果认为有必要在国内建立起某种新工业部门的时候，政府就会给予工厂主（包括外国工厂主）在俄罗斯生产产品的垄断权。这种做法在伊丽莎白·彼得罗夫娜统治时期得到了特别的发展。比如应圣彼得堡第一家棉布厂创始人的要求，自 1753 年起，为期 10 年，在全国范围内禁建棉布厂。同年，莫斯科的一家金银铂工厂也被赋予了类似的特权。① 但是这一政策在叶卡捷琳娜二世时期发生了变化。她认为垄断是有害的，并优先考虑小工业而非大工业。她在给工场手工业委员会副主席 Ф. 苏金（Ф. Сукин）的诏书中写道："大工厂不是为手工业的普遍传播和国家富强而服务的，而是把小手工业者们限制在高墙之内，中间的徇私舞弊、独断专行让许多人失去了生计……工厂越来越多，城市越来越衰败……社会厌恶大工厂主。"②

俄国现代意义上的垄断组织是在 19 世纪 80 年代形成的。这一时期的垄断组织大多在对国家有特殊重要性的部门（冶金、金属加工、机器制造、石油和制糖工业等）中建立和经营发展起来的。这些领域不仅大量吸纳外国资本，而且也接受国家注资。在八九十年代的俄国工业中出现了大约 20 个相对稳定的垄断联盟。③ 虽然，直到 20 世纪初，垄断企业在经济中的作用还不是很大，但是 1900~1903 年的经济危机对其发展产生了决定性的影响。俄国工业垄断联盟的主要形式是卡特尔，是生产同类产品的各个独立企业通过签订销售协定而实现的联合，组织相对比较松散。俄国卡特尔形式垄断联盟的发展主要呈现两种趋势：一是产生和发展于俄国主要工业部门的卡特尔被推广到其他的相关工业部门；二是其组织形式逐渐向更为稳固的

① Тарасевич Л. С., Гальперин В. М., Игнатьев С. М. 50 лекций по микроэкономике. СПБ.：Экономическая школа，2000. С. 455.
② Туган-Барановский М. Русская фабрика в прошлом и настоящем：Историко-экономическое исследование. Т. 1. Историческое развитие русской фабрики в XIX веке. СПб，1898. С. 37.
③ Бовыкин В. И. Зарождение финансового капитала в России. М.：МГУ，1967. С. 186.

辛迪加形式（统一定价、分配各企业的产量和销量）垄断联盟转变。[①] 1900~1908年，俄国工业中出现了50多个卡特尔和辛迪加形式的垄断联盟，几乎覆盖了俄国所有工业部门。[②]

随着生产集中程度的提高和竞争的加剧，流通领域内高速发展的垄断组织，必然要向上下游生产领域延伸，于是垄断组织的高级形式——托拉斯便诞生了。1910年以后，垄断竞争日益加剧，金融资本的作用不断加强，俄国工业中出现了托拉斯式的垄断组织。俄国工业托拉斯化在重工业部门中获得广泛发展，尤其在石油工业中表现得最为突出。到第一次世界大战前夕俄国石油工业中出现了俄国石油总公司、英荷壳牌集团和诺贝尔兄弟公司三大托拉斯垄断集团。类似的趋势也出现在轻工业部门。在纺织工业的棉纺和丝纺生产中出现了托拉斯形式的垄断联盟，其中克诺普公司最具影响力。[③]

康采恩是以资本最为雄厚的垄断企业为核心将不同工业部门的企业联合而成的多种企业集团，其在俄国工业中尽管以多样化经营的形式存在，即为了适应生产和科学技术的发展或减轻经济危机的影响，将资本投入到其他工业部门，但仍以固有部门为经营主体，如纺织工业中最大的联合企业孔申公司，虽然控制了多家铸造厂、砖厂和化工厂并积极渗入煤炭、石油等

---

① 张广翔、白胜洁：《论19世纪末20世纪初俄国的工业垄断》，《江汉论坛》2015年第5期，第109~114页。

② *Бовыкин В. И.* Формирование финансового капитала в России: конец XIXв. -1908г. М.：Наука，1984. C. 234-235.

③ *Лившин Я. И.* Монополии в экономике России. М.：Социально-экономическая литература，1961. C. 73-74.

工业部门，但仍以纺纱、印花和染色为经营重心。①

　　俄国虽然是资本主义发展较迟的后起国家，出现生产和资本集中的现象也较晚，但是，借助政府的干预、外国的技术和资金扶持，它的工业集中程度到 20 世纪初也达到了相当高的水平，到第一次世界大战前夕甚至超过美国、德国、英国、法国居世界第一。② 俄国近代的大多数企业，一方面依靠政府投资和订单来维持，另一方面又以不同国家的外资作为靠山，因而，为了争夺政府订单、划分市场范围和规避经济危机风险，联合起来成立某种垄断组织成了许多企业的主要选择。

三

　　19 世纪末 20 世纪初的俄国工业垄断组织的出现，引起了俄国政府的注意。俄国政府与工业垄断组织的关系一直以来都是历史学家和经济学家研究的重要课题。早在沙俄时期，就有学者对这个问题产生了兴趣。③ 在苏联史学界，对此问题的普遍看法是，随着垄断组织的不断壮大，政府对垄断的依赖性增强，政府逐渐处于垄断企业的控制之下。④ 然而还有一些学者，

---

① *Лившин Я. И.* Монополии в экономике России. М. : Социально-экономи-ческаялитература，1961. C. 71.

② *Маевский И. В.* Экономика русской промышленности в условиях первой мировой войны. М. : Дело，2003. C. 201.

③ *Гольдштейн И. М.* Благоприятна ли русская действительность для образования синдикатов и трестов? М. : тип. О. Л. Сомовой，1913. C. 2.

④ *Лаверычев В. Я.* Государство и монополии в дореволюционной России. М. : Мысль，1982. C. 4.

比如 И. Ф. 肯丁（И. Ф. Гиндин）[1] 和 B. C. 强金（B. C. Дякин）[2]
认为，其中并不存在从属关系，而是存在共同利益。现代有些
历史类著作也从这个方面对这个问题进行过讨论。[3]

　　垄断组织在 19 世纪 80 年代初出现之后，迅速在享受国家
广泛补贴的领域（冶金业和铁路运输业）中发展了起来，大量
资本的涌入使这些行业发展迅速，市场上很快出现了供过于求
的局面。为了防止企业破产，政府被迫采取分配订单、提供贷
款与补贴等措施，来支持企业维持经营。其中一项措施就是支
持建立行业内的卡特尔和辛迪加。此外，政府于 1882 年直接参
与了组建铁路辛迪加，并计划逐渐减产至符合市场需求。[4] 第
一批辛迪加，涉及铁轨、车厢、桥梁、铁路配件等产品。它们
的诞生形成了对铁路供应领域的垄断。

　　糖业卡特尔的成立完全得到了政府的默许。面对行业的生
产过剩和价格的断崖式下跌，食糖生产商们开始向财政部请愿，
要求建立一个糖业卡特尔，实行食糖生产配给制。1887 年 4 月
28 日在基辅召开的糖业生产者大会上，企业主们成立了全俄制

① *Гиндин И. Ф.* Политика царского правительства в отношении промышленных монополий // Об особенностях империализма в России: сб. науч. ст. М.: Изд-во Академии наук СССР, 1963. C. 86–123.

② *Дякин В. С.* Из истории экономической политики царизма 1907–1914 гг // Исторические записки, 1983. Т. 109. C. 25–63.

③ *Поликарпов В. В.* От Цусимы к Февралю. Царизм и военная промышленность к началу XX века. М.: Индрик, 2008. C. 9; *Поткина, И. В.* Торгово-промышленное законодательство Российской империи // Экономическая история России XIX—XX вв.: Современный взгляд. М.: РОССПЭН, 2001. C. 303–322.

④ *Гиндин И. Ф.* Политика царского правительства в отношении промышленных монополий // Об особенностях империализма в России: сб. науч. ст. М.: Изд-во Академии наук СССР, 1963. C. 100.

糖工厂主协会。该协会在 19 世纪 80 年代末已经覆盖了帝国 92%的糖业企业。① 全俄制糖工厂主协会以及随后成立的糖业协会，在其存在的期间内，都得到了政府坚定的支持。这是由于该行业的大多数企业主都是贵族出身，传统上受到专制政府的庇护。此外，糖税作为国库收入的一大来源，累计为国库带来 1500 万卢布的收入。②

19 世纪 90 年代以后，随着工业快速发展，政府对待辛迪加的立场也发生了明显的变化。时任财政大臣 С. Ю. 维特致力于加速国家工业化的进程。这时，旨在调高价格和限制市场商品规模的垄断组织不符合政府的利益。政府面临的任务是打击垄断，促进市场竞争。在 19 世纪 90 年代，政府停止了对冶金业和机器制造业辛迪加的扶持，并以转移订单和组织国有生产来威胁辛迪加们降低供应国家的产品价格。1894 年，维特通过个人压力，迫使南方工厂铁轨辛迪加解散。③ 1897 年，财政部下属的刊物撰文指出，当时的铁轨单价相较前几年出现明显下降。④

在那些不影响国家利益的行业，情况则完全不同。在那些行业里，政府中立地看待垄断，甚至在符合自身利益的情况下支持垄断。最典型的例子就是糖业卡特尔。很多人说，政府在 1895 年实行"食糖配给制"是为了维持濒临崩溃的糖业协会的

① *Морозов О. В.* Вплив нової митної політики на соціально-економічний розвиток українських губерній у складі Російської імперії наприкінці XIX—на початок XX ст. : дис.⋯ канд. іст. наук, 2002. С. 143.

② *Шепелев Л. Е.* Царизм и буржуазия во второй половине XIX в. Л. : Наука, 1981. С. 183.

③ *Гиндин И.* Государство и экономика в годы управления С. Ю. Витте// Вопросы истории, 2007. №8. С. 65–91.

④ Горнозаводская производительность в 1896г // Вестник финансов, промышленности и торговли, 1898. №4. С. 151–157.

一种手段。然而，我们必须考虑到，两年内糖的消费税增加了75%，如果依然保持较高价格，会抑制消费，这不符合政府的利益。在这种情况下，配给制看起来更像一种妥协：一方面保留了形式上的垄断；另一方面建立起某种机制防止糖类产品的消费萎缩，从而防止国库收入下降。① 在这个问题上，说政府对垄断组织的政策完全不妥协是错误的，尽管当时除了食糖配给之外，没有任何赋予垄断组织合法化的其他案例。②

1901~1903 年的经济危机沉重打击了俄国的经济。政府从大型冶金和机器制造业的企业入手，试图重新刺激工业发展。然而，所有措施都没能奏效，越发严峻的工业形势迫使政府转向了 19 世纪 80 年代的路线——建立行业垄断组织。财政部的官员们认为，重建行业垄断组织，不仅能够在危机时期减少生产，还能使工业特别是南方的冶金工业，在没有国家帮助的情况下，找到适应市场条件的办法。当时财政部的一份官方文件中指出，如果"企业主们……发现通过联合起来寻求解决现有困难的办法是有用的……他们的努力将不会遇到任何阻碍"③。政府的《工商报》（《Торгово-промышленная газета》）也频繁撰文介绍垄断组织的优势。其中有文章指出，"只有企业主们的联合才能使生产恢复秩序""只有通过工厂与工厂之间保持团结和和谐，才有可能使现代工业这个巨大的复杂机器，回到

① *Гиндин И.* Государство и экономика в годы управления С. Ю. Витте // Вопросы истории, 2007. №7. С. 64–93.

② *Гиндин И.* Государство и экономика в годы управления С. Ю. Витте // Вопросы истории, 2007. №8. С. 65–91.

③ *Гольдштейн И. М.* Благоприятна ли русская действительность для образования синдикатов и трестов? М. : тип. О. Л. Сомовой, 1913. С. 39.

正确的轨道上来"①。在危机结束之后，这种宣传并没有马上消失。在 1906~1907 年的出版物中，我们经常能看到类似的观点："企业主们做出的唯一正确的决定就是通过联合起来改善自己的处境。"② 除此之外，以维特为首的财政部采取了税收、补贴、货币政策、配给订单等方式来挽救濒临破产的大工业企业。③

但是我们据此就可以说明，政府完全支持垄断了吗？答案是否定的，因为政府并不急于引入适当的法律使得垄断合法化和常态化。1845 年《刑法典》的第 913 条和第 1180 条依然适用于俄国境内的大型工商业组织。根据这些条款，对"商人罢工和恶意提高食品价格等行为"可以提起诉讼。④ 违法者将面临监禁或罚款。此外，《民法典》中第 1528 条和第 1529 条规定市场交易不应违反相应法律和扰乱公共秩序。⑤ 为了规避法律造成的麻烦，俄国的垄断组织做了大量工作来使得自己的存在合法化。⑥ 政府不愿意将垄断合法化的主要原因是，政府"希望手中有一种工具，可以压制特别强大的犯罪行为"。保留古

---

① Н. М. Оздоровление промышленности // Торгово-промышленная газета, 1903. № 155. С. 3.

② *Касперович Г.* Объединение промышленности // Торгово-промышленная газета, 1907. № 283. С. 1.

③ 张广翔、白胜洁：《19 世纪末 20 世纪初俄国工业垄断资本与国家》，《求是学刊》2015 年第 5 期，第 7~18 页。

④ *Поткина И. В.* Торгово-промышленное законодательство Российской империи // Экономическая история России XIX—XX вв. : Современный взгляд. М. : РОССПЭН, 2001. С. 310.

⑤ *Загорский С. О.* Синдикаты и тресты (Учение о капиталистических монополиях). СПб. : Братья Ревины, 1914. С. 244.

⑥ *Ерохина О. В.* Монополические объединения российской империи конца XIX—начала XX ВВ // Альманах современной науки и образования, 2009. № 11. С. 38–41.

老的反垄断法律是为了给企业主施压，因为后者的危险不在于禁止性法律的存在，而在于他们随时有可能为了自身利益而曲解法律。

经济危机之后，随着垄断组织的势力不断加强，社会上出现了越来越多反对垄断的声音。势力庞大的垄断组织开始威胁国家资本主义经济的发展，这使得政府有必要重新考虑对其的政策。政府转变政策的导火索是 1908 年建立南方冶金托拉斯的尝试。大臣会议主席斯托雷平收到了一些请愿书，要求阻止南方冶金托拉斯的成立，并限制"冶金销售"金辛迪加的活动。国家贸易和工业大臣 И. П. 希波夫（И. П. Шипов）表示，俄罗斯社会强烈反对南方冶金托拉斯，政府不得不考虑到这一点。[1] И. 亚修科维奇（И. Ясюкович）是该托拉斯的直接组织者之一，他承认，不利的社会舆论是南方冶金托拉斯失败的原因。[2]

政府中的反垄断代言人是交通大臣 С. В. 鲁赫洛夫（С. В. Рухлов）。他认为，农业俄国的垄断组织是人为的外来现象，其活动势必会阻碍国家资本主义经济的发展。[3] 鲁赫洛夫主持下的交通部出台了一个打击垄断组织的政策，矛头直指当时的"煤炭销售"辛迪加。1912 年，大约 50% 的国有铁路的煤炭订单由非垄断企业承担。在 1913 年，交通部与"煤炭销售"

---

[1] *Гефтер М. Я.* Борьба вокруг создания металлургического треста в России в начале XX в. // Исторические записки. М. : Изд-во АН СССР, 1951. Т. 47. С. 141.

[2] И. И. Ясюкович и трест // Южный край. 1908. №9505. С. 5.

[3] *Гиндин И. Ф.* Политика царского правительства в отношении промышленных монополий // Об особенностях империализма в России: сб. науч. ст. М. : Изд-во Академии наук СССР, 1963. С. 107.

辛迪加的煤炭合同的签订价格要低于与非垄断企业的煤炭合同。①

　　一战前经济繁荣时期的政府政策是相互矛盾的。和以前一样，食糖配给制和石油协会等被保留了下来。但是，这些垄断组织官司缠身，法律始终没有赋予垄断组织合法的地位。例如，1908 年 1 月和 1910 年初，在敖德萨火柴辛迪加和盐业辛迪加先后被官方立案调查。两起案件最终都没有进行审判。这说明，这两起诉讼仅仅是政府为了"炫耀肌肉"，而不是真正调查行业垄断行为。②

　　政府对垄断组织的打击一直持续到了第一次世界大战。战争初期前线的失败很大程度上是因为工业产品的生产和运输遇到了困难。这迫使政府不得不重新允许垄断组织参与到军事和经济任务中来。垄断组织熟悉商品类别，能够及时向生产企业施压，确保订单的履行，并且能够控制生产的时间、产品的质量和原材料的来源。简而言之，它们熟悉行业的上下游，能够确保产品供应和生产效率，是国家战时国防安全的基础。③ 作为军事命令的一部分，政府与垄断组织开展合作。但是要说，因为垄断组织在一战期间得到了快速发展，攫取了大量利润，从而能够左右政府政策，恐怕略显偏颇。我们现在很难判断，垄断组织在战时的影响力是否得到了加强，因为自 1916 年以

---

① *Гиндин И. Ф.* Политика царского правительства в отношении промышленных монополий // Об особенностях империализма в России: сб. науч. ст. М.: Изд-во Академии наук СССР, 1963. С. 112.

② *Забудкова О. А.* Деятельность промышленных синдикатов в Российской империи: эволюция взглядов правительства // Молодой учёный, 2014, №8. С. 706–710.

③ *Реєнт О. П.* Перша світова війна і Україна К.: Генеза, 2004. С. 93–94.

后，各类工厂就相继被剥夺了执行不符合国防利益的命令的特
权。政府全面控制了垄断组织的商业和生产活动。比如，中央
军事工业委员会希望金属辛迪加变成冶金委员会的一个统计和
执行机构。① 没有冶金委员会的命令，金属辛迪加无权交易金
属制品，因为每一车金属制品的发送都需要铁路部的盖章。②

十月革命之后，布尔什维克开展了对工业和银行的国有化
运动，并取缔了垄断组织。但是，新政府在组织社会主义经济
发展的时候，部分继承了原垄断组织的管理模式。

四

本书《棉花、石油与钢铁：俄国工业垄断研究（1861~
1917）》以工业垄断为研究对象，探讨了帝俄晚期俄国工业垄
断的成因、发展过程及其影响，同时选取了纺织、石油和冶金
三种垄断程度较高且影响范围广泛的工业部门作为考察样本，
以微观的角度具体分析纺织、石油和冶金工业部门中垄断的形
成与发展。

本书的内容分为四章。第一章主要概述了 1861 年农奴制改
革以后到十月革命前夕的俄国工业垄断发展的总体趋势，旨在
考察俄国整个工业部门垄断的形成和发展的过程，分析垄断组
织与国家政权结合的现象以及两者的关系特点，进而探寻垄断

---

① *Реєнт О. П.* Перша світова війна і Україна. К. : Генеза, 2004. С. 95.

② *Поликарпов В. В.* От Цусимы к Февралю. Царизм и военная промышленность к
　　начала XX века. М. : Индрик, 2008. С. 58.

对俄国工业本身，甚至对国家经济和政治发展产生的重要影响。第二、三、四章分别阐述了俄国纺织、石油和冶金工业垄断的形成与发展。纺织工业是俄国轻工业的重要组成部分，也是俄国最早发展起来的工业门类，在较长的一段时间内在俄国工业中扮演着举足轻重的角色。石油和冶金工业则是俄国重工业的重要组成部分。在 19 世纪 90 年代的俄国工业发展高潮中，以石油和冶金工业为代表的俄国重工业的发展速度超过了轻工业的发展速度，俄国的工业结构发生了改变，重工业的占比超过了以纺织工业为代表的轻工业。

本书作者史论结合，以翔实的资料、清晰的逻辑和流畅的语言很好地为我们解读了农奴制改革后到十月革命之前的俄国工业垄断的发展情况，其中不乏鞭辟入里的新观点。比如，本书从正反两个方面介绍了俄国工业垄断的影响，提出工业垄断满足生产社会化进一步发展要求，推动了俄国工业生产力发展的同时，也带来了诸如阻碍技术革新、制造商品危机、激化阶级矛盾、控制国家机器等弊端。又比如，从政治、经济、社会和民生的角度分析了垄断资本与国家之间的对立与结合，提出沙皇政府不断扩大干预俄国工业并加强对国家经济生活的影响，但是工业垄断资本逐渐在国家经济生活中扮演着越来越重要的角色，直至国家机器彻底沦为服务工业垄断资本的工具。

不过，近几年，自由主义史观被引入俄罗斯和乌克兰的史学界，部分类似工业垄断组织的地位和作用、与国家政权的关系等议题得到了全新的诠释，国内的学者亦能受此启发。这部分内容也许是未来研究近代俄国工业垄断的新内容和新方向。

五

马克思认为，资本主义再生产的唯一目的就是实现利润的最大化。资本家一方面把剩余价值的一部分转化成资本；另一方面又通过兼并收购的手段吞并其他资本，来实现资本的集中，形成垄断。由于技术革命的同一性和资本运动的内在联系，工业革命之后，各主要资本主义国家都曾先后过渡到工业垄断时期；但由于各国历史发展各具特点，政治经济条件互有差异，各国的垄断类型、程度和规模等方面又不尽相同，因而实现了统一性和多样性的结合。俄国近代资本主义的发展作为西方近代资本主义发展的一部分，与英美等国家的资本主义发展既有相同点又有不同点。

19世纪末20世纪初的欧洲工业化和工业垄断的研究长期以来一直都是经济史学领域的重要课题。可惜的是，人们往往更愿意关注欧美一些老牌的资本主义国家的工业发展史，对俄国这类后发的资本主义国家的研究往往有所欠缺。迄今为止，国内一些权威的世界经济史的高校教材对俄国近代工业发展相关内容依然存在叙述过于简单的问题。

以上是我作为白胜洁的博士生导师对她的专著，以及围绕俄国工业垄断化问题的一点浅见。不当之处，希望同行指正。

张广翔

吉林大学东北亚研究中心教授

目　录

Contents

导　论

一　选题意义

　　"行业垄断"问题近年来引起我国社会各界的广泛关注。目前，我国不同行业的利润和不同行业的职工收入存在显著差别，这主要是由部门垄断和行业垄断造成的。在深化国有企业改革的背景下，打破行业垄断对中国当前经济体制改革、构建和谐社会具有重大意义。相较于20世纪初，今天的行业垄断在统治范围、统治形式及垄断程度方面均得到了长足的发展，这使得其在社会经济中的影响力日益扩大。鉴于此，20世纪70年代以来，包括我国在内的很多国家着手对垄断行业进行深化改革。垄断是国内外经济发展中普遍存在的现象，探寻帝俄时期俄国工业垄断形成的历史溯源及其内在的发展规律，有助于更深层次地认识当下中国解决行业垄断问题时所面临的困境。

　　"行业垄断"问题是帝俄晚期俄国工业部门中存在的重要现象。自1861年农奴制改革以来，农奴制的废除为俄国工业资本主义发展提供了大量雇佣劳动力，大规模铁路建设扩大了俄国工业品的销售市场，技术革命的快速发展使俄国工业技术取得显著进步和促进新兴工业部门的出现，加之外国资本的流入满足了俄国工业发展所需的资金等多重因素，使俄国工业迎来第一个发展高潮期。随着工业生产力的快速发展，俄国工业企业之间对超额利润的争夺日趋激烈，这使酝酿已久的小企业向大企业集中的趋势在 19 世纪 90 年代达到高潮。在 1890~1900 年的企业合并浪潮中，俄国工业企业数量减少了 26.5%，生产总值却增长了 95%，企业平均年产值提高了 165.4%。此次浪潮席卷了俄国各个工业部门，引起了几乎所有工业部门的集中。[①] 经过 19 世纪 90 年代的工业繁荣之后，俄国爆发了周期性的资本主义经济危机。1900~1903 年的经济危机导致俄国工业产品价格大幅度下跌，俄国工业品销售市场的竞争也随之空前激烈。此时，大工业企业一方面趁机兼并陷入困境的中小企业，另一方面为共同抵御降价浪潮开始寻求彼此联合，这次危机再次掀起了俄国工业生产和资本集中的高潮。在 1900~1908 年的合并浪潮中，大企业（年产值在 10 万卢布以上）居于主导地位的工业部门达到 23 个。[②] 生产的高度集中和资本的高度积累，为俄国工业实现由自由竞争向垄断的转变准备了必要条件，此后俄国工业垄断组织产生并得到快速发展。

垄断组织是指在一个或多个工业部门中居于垄断地位的大企业按照一定组织形式而结合的巨型资本主义企业或企业联合，其形式随着垄断程度的提高和垄断统治的加强而发生变化。俄国工业垄断组织的出现并非始于资本主义进入垄断阶段之后，在资本主义发展初期，俄国工业中就出现了各种形式的垄断组织。与西方资本主义国家一样，俄国工业垄断组织的出现和发

① *Бовыкин В. И.* Формирование финансового капитала в России: конец XIX в. –1908г. М.: Наука, 1984. С. 80.

② *Бовыкин В. И.* Формирование финансового капитала в России: конец XIX в. –1908г. М.: Наука, 1984. С. 80.

展与国内的经济形势紧密相关。受 1873 年经济危机的影响，早在 19 世纪 70 年代中期，俄国工业商品流通领域中就零星出现了地方投机协议形式的早期垄断组织。[①] 在八九十年代的俄国工业中出现了大约 20 个相对稳定的销售垄断联盟[②]，虽然在影响范围上多数具有地方性的特点[③]，但加强了俄国工业生产和资本的集中程度，为更稳固的垄断组织在俄国工业中的出现准备了条件。

1900~1903 年的经济危机再次掀起了俄国工业企业合并的浪潮，一方面中小加工企业因无法摆脱销售困境纷纷破产，另一方面大型企业为共同抵御危机开始寻求联合，俄国工业垄断化的进程也随之加快。这一过程主要发生在相互竞争的企业，它们更容易达成垄断协议主要有以下三种类型。首先是生产集中程度较高且产品种类单一的工业生产领域，如建筑材料工业中的水泥、化学工业中的苏打水、纺织工业的棉纺织品、食品工业中的食糖等；其次是集中需求程度较高的工业生产领域，如 1902 年成立的铁路订单分配委员会有力地促进了钢轨、车厢制造、蒸汽机车生产等销售垄断联盟的出现；最后是相互竞争的企业数量较少的工业生产领域，例如水泥作为长距离运输无利可图的产品，其行业竞争通常在相对封闭的区域内展开，这

---

① *Лившин Я. И.* Монополии в экономике России. М. : Социально-экономическая литература, 1961. С. 14.

② *Бовыкин В. И.* Зарождение финансового капитала в России. М. : Издательство Московского университета, 1967. С. 186.

③ *Лившин Я. И.* Монополии в экономике России. М. : Социально-экономическая литература, 1961. С. 22–23.

就使水泥企业因市场有限而更容易达成消除竞争的地方性垄断协议。[①] 1900~1908 年，俄国工业中出现了 50 多个卡特尔和辛迪加形式的垄断销售联盟，几乎覆盖了俄国所有的工业部门[②]，其中在煤炭、石油、机器制造、冶金、纺织等工业部门的垄断程度达到了相当高的水平，如 1906 年"煤炭销售"辛迪加垄断了顿巴斯 2/3 以上的煤炭开采量；1904 年"供应铁路道岔"辛迪加集中了全国生产订单的 75%；1907 年车厢制造厂销售辛迪加集中了俄国车厢订单总额的 93.7%；1901 年蒸汽机车制造厂同盟联合了俄国 8 家蒸汽机车制造工厂中的 7 家[③]；1908 年"冶金制品销售"辛迪加生产的轴、铁梁和槽钢、轧铁、轮箍、铁管的总量分别占俄国总量的 93.3%、82.1%、66.4%、64.6%、62.3%[④]；1909 年"俄国纺织产品出口"辛迪加联合了几乎所有莫斯科和伊万诺沃-沃兹涅先斯克的纺织工厂等。[⑤]

　　1910~1914 年工业的快速发展进一步促进了俄国工业生产和资本的集中，随着垄断竞争的日趋激烈和金融资本作用的增强，俄国工业中出现了托拉斯化和康采恩化的趋势。康采恩是以资本最为雄厚的垄断企业为核心将不同工业部门的企业联合而成的多种企业集团，其在俄国工业中尽管是以多样化经营的

① *Бовыкин В. И.* Формирование финансового капитала в России: конец XIX в. -1908г. М.: Наука, 1984. С. 229, 234.

② *Бовыкин В. И.* Формирование финансового капитала в России: конец XIX в. -1908г. М.: Наука, 1984. С. 234-235.

③ *Лившин Я. И.* Монополии в экономике России. М.: Социально-экономическая литература, 1961. С. 26-31.

④ *Бовыкин В. И.* Формирование финансового капитала в России: конец XIX в. -1908г. М.: Наука, 1984. С. 237.

⑤ *Лившин Я. И.* Монополии в экономике России. М.: Социально-экономическая литература, 1961. С. 39.

形式存在，即为了适应生产和科学技术的发展或减轻经济危机的影响，将资本投入到其他工业部门，但仍以固有部门为经营主体，如纺织工业中最大的联合企业孔申公司，虽然控制了多家铸造厂、砖厂并积极进军煤炭、石油、化工等工业部门，但仍以纺纱、印花和染色为其经营重心。① 俄国工业托拉斯化在石油、冶金等重工业部门中获得广泛发展，尤其在石油工业中表现得最为突出。石油工业生产和资本的集中导致三大石油工业托拉斯的出现：俄国石油总公司是以俄亚银行为首的俄国国内外多家银行于 1912 年在伦敦联合创建的，其以利安诺佐夫公司为中心控制了 20 多家石油公司；英荷壳牌集团在 1912 年建立了对重油公司的监管体系，成为俄国最大的石油贸易公司之一②；诺贝尔兄弟公司作为托拉斯的中心，将开采、加工、运输、储藏、销售等相关领域纳入自己的控制范围成为当时最大的联合企业。1914 年，这三大石油工业托拉斯控制了俄国石油工业股份资本的 70%、石油开采量的 60.7%、煤油和重油加工量的 66%、石油及其产品销售额的 90%。③ 类似的趋势也出现在纺织和烟草等轻工业部门。在纺织工业的棉纺、黄麻和丝绸生产中均出现了托拉斯式的垄断联盟，以最具影响力的克诺普公司为例，其作为托拉斯最大的股东以参与制为基础控制了多家棉纺织企业，集中了俄国棉纺织机器的 20% ~ 25%、莫斯科省棉纺织工

①　*Лившин Я. И.* Монополии в экономике России. М. : Социально-экономическая литература, 1961. С.71.

②　*Лившин Я. И.* Монополии в экономике России. М. : Социально-экономическая литература, 1961. С. 55.

③　*Лаверычев В. Я.* Государство и монополии в дореволюционной России. М. : Мысль, 1982. С. 22.

业生产能力的 1/3 以及波罗的海沿岸地区棉纺织机器的 50%。[①]
1913 年 8~9 月，烟草工厂为消除各烟草垄断集团之间的激烈竞
争，在俄亚银行的支持下创建了"烟草"托拉斯。[②] 这时期托
拉斯和康采恩的出现并非个别现象，其形成过程覆盖了俄国主
要工业部门，推动工业生产和资本的集中程度达到更高的水平。

综上所述，19 世纪末 20 世纪初，俄国工业垄断组织产生
并得到快速发展，其形式随着垄断程度的提高和垄断统治的加
强不断发生变化。工业垄断资本与银行资本相互渗透、混合形
成了金融资本，并在此基础上形成了既是银行巨头又是工业巨
头的一小撮金融寡头，它们控制着国民经济命脉且与国家政权
紧密结合，对这时期俄国政治和经济生活产生了至关重要的影
响，因此对俄国工业部门中行业垄断的成因及影响问题进行深
入系统研究，具有重要的学术价值和现实意义。

本书的学术价值体现在系统研究帝俄晚期俄国工业垄断的
形成和发展的历史，不仅能够拓展学术界有关俄国近代经济史
的研究范围，而且可以深化对十月革命爆发的条件、俄国工业
革命完成的影响、外国资本的作用等问题的理解。

本选题的现实意义体现在以下几个方面。第一，垄断是国
内外经济中存在的一个普遍现象。当前我国垄断行业改革正处
于重点领域全面深化改革阶段，对 19 世纪末 20 世纪初俄国工
业垄断展开研究，不仅契合当前我国正在深化垄断行业改革的

---

① *Лившин Я. И.* Монополии в экономике России. М.：Социально-экономическая литература，1961. С. 73~74.

② *Крузе Э. Э.* Табачный и ниточный тресты // Из истории империализма в России. М-Л.：Академии наук СССР，1959. С. 64.

理论和现实的需求，而且对我国垄断行业的改革具有重要的启发性。第二，通过研究俄国工业垄断的成因，分析和归纳工业垄断形成的具体因素，有助于我国更好地预防行业垄断行为，促进社会主义市场经济健康发展。第三，通过研究俄国工业垄断资本的活动，了解垄断资本为攫取利润所推行的一系列垄断政策，有利于推动我国监管部门严厉查处行业垄断行为，保护市场公平竞争，维护消费者的利益。第四，研究俄国工业垄断资本的影响，有助于我们认识到垄断给国家经济和政治发展带来的恶劣后果，这为推动我国政府"反垄断"立法和执法工作，加强国家市场监督管理总局的反垄断职能，完善针对垄断行业的规制政策具有一定的借鉴作用。

二　国内外研究现状

（一）国内研究状况

在国内学术界，以 19 世纪末 20 世纪初俄国工业垄断为研究对象的成果不多。学者一般在通史性著作中表达对该过程的观点，但多数只做简略的叙述。如孙成木、刘祖熙、李建主编的《俄国通史简编》（人民出版社，1986 年），其第三十一章"俄国进入帝国主义阶段"提及了垄断资本主义的形成内容；又如姚海、刘长江著的《当代俄国——强者的自我否定与超越》（贵州人民出版社，2000 年），其第一编第一章"帝国主义时代"的一节对垄断的形成和发展进行了介绍，其中涉及俄国生产的集中程度及各生产部门出现的一系列垄断组织联合体的大致情况。

在一些已被翻译出版的苏联学者的著作中，如 B·T·琼图洛夫主编的《苏联经济史》（郑彪等译，吉林大学出版社，1988年）、苏联科学院经济研究所编的《苏联社会主义经济史》第一卷（复旦大学经济系等译，生活·读书·新知三联书店，1979年）、波克罗夫斯基所著的《俄国历史概要》（贝璋衡、叶林、葆煦译，贝璋衡校，生活·读书·新知三联书店，1978年）、安·米·潘克拉托娃主编的《苏联通史》第三卷（山东大学翻译组译，生活·读书·新知三联书店，1980年）、诺索夫主编的《苏联简史》第一卷（武汉大学外文系译，生活·读书·新知三联书店，1977年）等，都对十月革命前生产的集中程度、垄断组织的出现情况进行了简要论述，并且在这些通史性的著作中，我们可以通过联系上下文深入理解这时期工业垄断的前因后果。可以说，上述著作，在内容和论述思路方面都给予笔者极大的启发，对本研究具有极其重要的参考价值。

在与本研究相关的学术论文中，主要涉及俄国的工业革命、石油工业、银行业、外国资本、铁路修建、俄国的资本主义发展等方面的问题。

（1）以工业革命为研究对象①：1990~1996年，张广翔先

① 张广翔：《论19世纪俄国工业蒸汽动力发展历程及其工业革命特点》，《求是学刊》1990年第4期，第91~96页；《19世纪俄国工业革命的影响》，《吉林大学社会科学学报》1993年第4期，第64~69页；《19世纪俄国工业革命的前提——俄国工业化道路研究之一》，《吉林大学社会科学学报》1994年第3期，第66~72页；《19世纪俄国工业革命的发端——俄国工业化道路研究之二》，《吉林大学社会科学学报》1995年第2期，第21~27页；《19世纪俄国工业革命的特点——俄国工业化道路研究之三》，《吉林大学社会科学学报》1996年第2期，第9~15页。陶惠芬：《俄国工业革命中的对外经济关系》，《世界历史》1994年第3期，第50~58页。赵士国、曹英：《商品经济与俄国工业革命的兴起》，《湖南师范大学社会科学学报》1996年第6期，第87~91页。

后发表了《论 19 世纪俄国工业蒸汽动力发展历程及其工业革命特点》《19 世纪俄国工业革命的影响》《19 世纪俄国工业革命的前提——俄国工业化道路研究之一》《19 世纪俄国工业革命的发端——俄国工业化道路研究之二》《19 世纪俄国工业革命的特点——俄国工业化道路研究之三》5 篇论述俄国工业革命的文章，这位学者全面和系统地研究了俄国工业革命的前提、发端、特点、发展过程以及对俄国经济发展的影响等问题。此外，陶惠芬的《俄国工业革命中的对外经济关系》和赵士国、曹英的《商品经济与俄国工业革命的兴起》分别从对外经济关系和商品经济两个视角对俄国工业革命进行了论述。这些文章不仅为研究俄国工业垄断化进程提供了一些可供参考的数据资料，还有利于分析工业革命对俄国工业垄断形成的影响。

（2）以俄国经济发展的动因为研究对象[①]：这些文章从全俄统一市场、外国资本、经济政策等不同视角探讨了十月革命前夕俄国的经济发展现状。2021 年，邓沛勇在《再论全俄统一市场的形成——兼论 19 世纪末俄国经济发展特征》一文中提出，全俄统一市场最终形成于 19 世纪末，在其形成的过程中，俄国经济发展呈现经济重心南移、外资依赖程度高、政府政策推动工商业发展垄断组织形成等特征。2021 年，邓沛勇、罗丹

① 邓沛勇：《再论全俄统一市场的形成——兼论 19 世纪末俄国经济发展特征》，《经济社会史评论》2021 年第 1 期；邓沛勇、罗丹萍：《外国资本与俄国经济发展：规模和影响探究》，《俄罗斯学刊》2021 年第 1 期；张广翔：《19 世纪至 20 世纪初俄国的交通运输与经济发展》，《社会科学战线》2014 年第 6 期；陆南泉：《革命前俄国经济简析》，载邱远华、林精华主编《俄罗斯文化评论》（第二辑），首都师范大学出版社，2010；黄亚丽：《19 世纪末至 20 世纪初俄国经济政策解析——维特的经济思想与经济改革视角》，《东北亚论坛》2006 年第 3 期。

萍在《外国资本与俄国经济发展：规模和影响探究》一文中指出，外资对俄国经济发展的作用主要有以下三个：第一，直接推动了俄国工业化进程，19世纪末的工业繁荣与外资密切相关；第二，俄国政府在国际金融市场大举借债使全俄铁路网络得以修建；第三，外资促进了俄国银行业的发展和股份制公司的大量涌现。2014年，张广翔在《19世纪至20世纪初俄国的交通运输与经济发展》一文中指出，铁路和水路运输的相互配合和补充有效缓解了运输滞后的难题，大大提高了国内商品流通的速度与规模，有力地刺激了冶金、机器制造、采煤、石油业等重工业部门的技术进步，促进了交通枢纽及城市的发展和运输工人队伍的扩大，加快了工业革命的进程。2006年，黄亚丽在《19世纪末至20世纪初俄国经济政策解析——维特的经济思想与经济改革视角》一文中提出，维特大量吸引国外资本，依靠政府的力量进行货币改革和强化保护关税政策等，以此来推动俄国经济发展，加快了工业化的进程，对俄国的专制统治和经济体制产生了重大影响。

（3）以石油工业为研究对象①：这些文章从不同视角论述了俄国石油工业的发展情况及影响因素。1994年，张建华的文章《俄国近代石油工业的发展及其特点》通过概述19世纪下

---

① 张建华：《俄国近代石油工业的发展及其特点》，《齐齐哈尔师范学院学报》（哲学社会科学版）1994年第6期，第51~53；王绍章：《俄国石油业的发展与外国石油资本》，《东北亚论坛》2007年第6期，第53~56页；张丁育：《19世纪90年代至20世纪初俄国与欧洲的石油贸易》，《西伯利亚研究》2009年第1期，第46~48；张广翔：《19世纪60—90年代俄国石油工业发展及其影响》，《吉林大学社会科学学报》2012年第6期，第119-156；王然：《阿塞拜疆石油工业史述略》，《西安石油大学学报》（社会科学版）2013年第6期，第20~27页；等等。

半期至 20 世纪初俄国石油工业的发展过程，提出这时期俄国石油工业具有发展速度快、外向性和集中程度高的三大特点。2007 年，王绍章的文章《俄国石油业的发展与外国石油资本》简要介绍了 19 世纪后期至 20 世纪初石油业的发展，外国石油资本在其中发挥的作用。李非所写的《19 世纪末—20 世纪初俄国石油工业中的垄断资本》是国内学界唯一一篇以石油垄断资本为研究对象的硕士学位论文，其仅探讨了诺贝尔兄弟公司和罗斯柴尔德集团的形成、巴库煤油工厂主同盟的建立、银行资本渗入俄国石油工业等方面问题，缺少对石油工业垄断形成的原因、石油垄断组织建立、石油工业垄断影响的梳理和分析，这为笔者的进一步研究留下了足够的空间。张丁育的《19 世纪90 年代至 20 世纪初俄国与欧洲的石油贸易》一文阐述了俄国煤油贸易的特征及其在欧洲市场上与美国煤油公司的角逐。张广翔的《19 世纪 60—90 年代俄国石油工业发展及其影响》一文循着巴库石油及其产品为俄国工业和运输业提供新的能源、为里海和伏尔加河流域的河运及高加索与欧俄之间的铁路运输提供重要货源、加快了俄国工业革命进程、石油企业主之间竞相争夺并垄断石油销售市场的线索，探寻和阐释了俄国石油工业发展及其对俄国工业化进程的影响。刘琼的硕士学位论文《19 世纪末 20 世纪初外国资本对俄国石油工业的影响》主要论述了外资垄断俄国石油工业的原因、过程及其特征，着重论述了诺贝尔兄弟公司、罗斯柴尔德集团和英荷壳牌集团是如何进入俄国石油工业领域以及对俄国石油工业发展产生影响的。王然的文章《阿塞拜疆石油工业史述略》通过对阿塞拜疆石油各个阶段的发展情况进行梳理，了解和认识阿塞拜疆石油工业发展的特点、现状以及历史地位。邓沛勇的博士学位论文《19 世纪下半期至 20 世纪初俄国能源工业研究——以石油和煤炭工业为例》阐述了外国资本与大石油垄断集团形成的作用及垄断的影响。这些文章对笔者研究俄国石油工业垄断的形成和发展的历史具有一定的参考价值。

（4）以冶金或纺织工业为研究对象[①]：邹春翼的硕士学位论文《19 世纪末 20 世纪初俄国远东采金业研究》试图从俄国远东采金业发展前的准备工作与采金业主要发展阶段入手，客观评价 19 世纪末 20 世纪初远东采金业对俄国远东的影响。尚巍的硕士学位论文《19 世纪下半期俄国煤炭业和黑色冶金业发展述略》研究了 19 世纪下半期俄国乌拉尔地区、南俄地区、中部地区及西北地区的黑色冶金业和煤炭业的发展历程以及技术革新和铁路网的修建对其发展的影响。王祎的硕士学位论文《19 世纪末 20 世纪初俄国纺织工人管理机制探究》通过研究纺织工人的工作动机、基本工资、福利待遇状况，探讨纺织企业的基本管理机制以及其得以高速发展的原因。

（5）以银行业为研究对象[②]：钟建平的硕士学位论文《19

---

① 邹春翼：《19 世纪末 20 世纪初俄国远东采金业研究》，硕士学位论文，哈尔滨师范大学，2021；尚巍：《19 世纪下半期俄国煤炭业和黑色冶金业发展述略》，硕士学位论文，吉林大学，2019；王祎：《19 世纪末 20 世纪初俄国纺织工人管理机制探究》，硕士学位论文，吉林大学，2018。

② 钟建平：《19 世纪末 20 世纪初俄国农民土地银行研究》，硕士学位论文，黑龙江省社会科学院，2007；《俄国贵族土地银行运行机制初探》，《黑龙江教育学院学报》2007 年第 6 期，第 71~73 页；《俄国农业银行的运作模式》，《西伯利亚研究》2008 年第 4 期；《试论俄国农民土地银行的作用》，《西伯利亚研究》2010 年第 1 期，第 62~65 页。张广翔、刘玮：《1864—1917 年俄国股份商业银行研究》，《西伯利亚研究》2011 年第 2 期，第 65~68 页；刘玮：《1860—1917 年的俄国金融业与国家经济发展》，博士学位论文，吉林大学，2011；张广翔、李旭：《十月革命前俄国的银行业与经济发展》，《俄罗斯东欧中亚研究》2013 年第 2 期，第 62~96 页。

世纪末 20 世纪初俄国农民土地银行研究》和学术论文《俄国
贵族土地银行运行机制初探》、《俄国农业银行的运作模式》、
《试论俄国农民土地银行的作用》等阐述了 19 世纪末 20 世纪初
俄国农民土地银行和贵族土地银行建立的背景、过程、活动及
其作用。刘玮的博士学位论文《1860-1917 年的俄国金融业与
国家经济发展》阐述了国家银行与金融体系的重建、货币制度
的演变、银行资本投资与国家经济建设、俄国交易所的建立与
发展等相关问题。张广翔、刘玮的文章《1864—1917 年俄国股
份商业银行研究》和张广翔、李旭的文章《十月革命前俄国的
银行业与经济发展》通过对国家银行的融资和股份商业银行信
贷业务开展的梳理，揭示了股份商业银行对俄国经济发展的重
要影响，在承认外国资本对俄国工业化的实现起到一定促进作
用的同时，提出俄国银行是支持国内股份企业和公司的主导力
量，俄国资本是国家经济增长的决定性因素。这些文章从宏观
层面探讨了俄国金融业与经济发展的关系，对笔者研究银行资
本参与俄国工业及其与工业资本的融合具有一定的指导作用。

（6）以外国资本为研究对象[①]：董小川的文章《俄国的外
国资本问题》认为外资在俄国的作用主要是积极的，但同时也
不能排除某些消极影响。张广翔的文章《外国资本与俄国工业
化》通过对俄国引进外资的缘起、外资在俄国的具体活动、俄
国资本主义发展水平等问题的阐述和分析，认为外资对俄国社

---

① 董小川：《俄国的外国资本问题》，《东北师大学报》1989 年第 3 期，第 60~
66 页；张广翔：《外国资本与俄国工业化》，《历史研究》1995 年第 6 期，
第 144~157 页；刘爽：《19 世纪末俄国的工业高涨与外国资本》，《社会科
学战线》1996 年第 4 期，第 218~223 页；刘爽：《19 世纪俄国西伯利亚采
金业与外国资本》，《学习与探索》1999 年第 2 期，第 136~140 页；等等。

会经济发展具有双重影响，既推动了俄国资本主义的发展，又在一定程度上延缓了专制制度的灭亡，对严重阻碍生产力发展的专制制度起到了间接的保护作用。刘爽的文章《19世纪末俄国的工业高涨与外国资本》通过对19世纪资本主义世界经济交往的动态分析，对俄国在其中的位置与作用进行系统研究，剖析了外国资本在俄国经济发展中的运作机制以及对俄国社会所产生的复杂影响。刘爽的文章《19世纪俄国西伯利亚采金业与外国资本》、王绍章的文章《俄国石油业的发展与外国石油资本》、刘琼的硕士学位论文《19世纪末20世纪初外国资本对俄国石油工业的影响》则论述了外国渗入冶金和石油工业的情况及其影响。这些论文不仅是研究这时期外国资本参与俄国工业问题的重要参考资料，而且还有助于理解俄国外国资本对俄国工业垄断形成的重要影响。

（7）以俄国资本主义的发展为研究对象①：孙成木的文章《试探十九世纪中叶后俄国资本主义迅速发展的原因》主要探讨了促进俄国资本主义发展的几个因素，其中包括沙皇政府出台的各项改革措施、保护关税政策和扶植工商业政策、引进外资、学习和引进西方新技术等。张广翔的文章《1861年改革后俄国的国家资本主义》认为，国家资本主义概念包含着国家对经济生活的直接干预和发展资本主义关系的一整套措施。1861年农奴制改革后俄国国家资本主义变成保护财政、工业和铁路运输发展的不

---

① 孙成木：《试探十九世纪中叶后俄国资本主义迅速发展的原因》，《世界历史》1987年第1期，第36~43页；张广翔：《1861年改革后俄国的国家资本主义》，《苏联社会科学研究》1992年第1期，第83~87页；张广翔：《俄国农业资本主义关系起源的特点》，《河南师范大学学报》（哲学社会科学版）2001年第6期，第63~67页。

可替代的手段，但国家机关对资本主义企业经济活动的干预具有特殊的官僚主义性质。张广翔的文章《俄国农业资本主义关系起源的特点》认为，农民经济中的小商品生产是资本主义的起点，它作为农村社会经济发展的典型现象，被称为资本主义的发端。这些文章有利于笔者了解俄国资本主义的发展情况。

（二）国外研究状况

俄国学界对这一问题关注较早，相关成果浩如烟海。俄国学者对这一问题的研究主要经历了 20 世纪 20 年代至 60 年代初、60 年代初至 70 年代中期、70 年代中期至今三个阶段。

（1）20 世纪 20 年代至 60 年代初

早在 20 世纪初期，苏联历史学家就对 19 世纪末至 20 世纪初俄国资本主义从自由竞争向垄断阶段过渡的过程给予了关注。资本主义在俄国历史上存在的时间较短，从 1861 年农奴制改革之后才开始逐渐占据俄国经济的主导地位。俄国资本主义的发展对十月革命的胜利和第一个社会主义改造计划的实行准备了哪些条件？这一问题决定了 20 年代苏联历史学家研究俄国垄断资本主义问题的基本方向。

20 世纪 20 年代，苏联历史学家研究俄国垄断发展史问题的主流观点是俄国资本主义的演变是在世界资本主义的影响下发生的，俄国自身资本主义的发展还无法促成垄断的形成。他们将 19 世纪末 20 世纪初俄国垄断资本主义形成的种种表现视为发达资本主义国家作用的结果。这些观点在 H. H. 瓦纳格所提出的俄国金融资本"派生"论中鲜明地体现出来。他认为，俄国工业垄断化是在圣彼得堡国际银行资本以相当微妙的形式，即借助俄国股份商业银行实现的。该观点在瓦纳格的著作《第一次世界大战前夕俄国金融资本的形成》中被详细论述，并引发了苏联历史学家和经济学家之间激烈的争论。其中大多数学者在外国资本对俄国垄断资本主义确立的决定性作用的问题上并无异议，他们争论的焦点主要是俄国垄断资本主义形成于何时？俄国经济对外国资本的依赖性是增强还是削弱了？瓦纳格在研究俄国银行垄断的著作中断言，"俄国自由资本主义发展到垄断资本主义的时间应该在 1905 年革命之后"。瓦纳格在俄国自由资本主义进入垄断资本主义的时间问题上的论断，遭到了 Е. Л. 格拉诺夫斯基的坚决反对。他指出，俄国自由资本主义向垄断资本主义过渡的过程应该出现在 19 世纪 90 年代下半期至 20 世纪初。[①]

20 年代的苏联学者在研究俄国工业垄断的形成过程时，通常将注意力主要放到银行和工业企业融合的问题上。正如瓦纳格在研究银行垄断形成的著作中，完全忽视了 20 世纪上半期各行业垄断联盟的形成过程。当时仅有少数著作从另外一个角度研究俄国工业垄断化的进程，其中 Г. В. 齐佩罗维奇的著作《十月革命前俄国和苏联时期的辛迪加与托拉斯》[②] 是苏联学者长期研究俄国垄断史的代表性成果。齐佩罗维奇对俄国资本主义在自由竞争向垄断阶段过渡时期的辛迪加和托拉斯垄断联盟给予了特别的关注。

同时从上述两种视角研究俄国工业垄断进程的代表性著作

---

① *Бовыкин В. И.* Формирование финансового капитала в России: конец XIX в. -1908г. М.: Наука, 1984. С. 6.

② *Цыперович Г. В.* Синдикат и тресты в дореволюционной России и в СССР. Л.: Техника и прои, 1927. С. 26.

是 П. И. 利亚申科的《俄国经济史》。利亚申科既从俄国金融资本"派生"论的视角研究了俄国垄断资本主义确立的历史，又阐述了 20 世纪初俄国各工业部门中辛迪加形式垄断联盟的形成情况。他在该著作中得出结论："到 20 世纪前十年，俄国几乎所有的工业和运输业部门出现了辛迪加化的趋势……辛迪加追求的最高目标就是最大限度地控制市场并提高商品销售价格。"[①] 利亚申科的这本著作依次在 1930 年、1939 年、1947—1948 年、1952 年和 1956 年再版。在 1939 年版本中，利亚申科将俄国资本主义由自由竞争向垄断阶段过渡的过程与 1900~1903 年的经济危机紧密联系在一起，并在此基础上得出了这样的结论：俄国垄断资本主义确立的决定性因素是 20 世纪初的工业辛迪加化，而非瓦纳格所提出的观点，即仅在第一次世界大战爆发前夕才发生的银行垄断化。该结论在 1947—1948 年版本中得到了充分的论述。利亚申科不仅充实了有关俄国工业垄断化这一章节的内容，还在档案资料的基础上介绍了南俄"冶金制品销售"辛迪加和俄国"煤炭销售"辛迪加的情况，并且增加了新的章节——俄国垄断组织与外国资本，以期实现全面而详细地阐述俄国工业垄断形成和发展的历史。在该新章节中，俄国垄断组织被认为是外国垄断组织渗入俄国经济的直接后果，这一观点一直保留到后续的版本中。该著作的战后几个版本为研究俄国垄断资本主义历史指明了一个新的方向。它引起了苏联历史学家和经济学家对 20 世纪初俄国工业辛迪加形式垄断联盟的广泛关注，

---

① *Лященко П. И. История русского народного хозяйства. М-Л. : Гос. Изд-во, 1927. C. 433.*

推动了相关研究成果的大量涌现。

20 世纪 50 年代初，与俄国工业垄断的相关档案文件集相继出版。1957~1963 年有 4 本档案文件集出版了：1957 年的《十月革命前夕俄国的经济状况》、1959 年的《俄国垄断资本主义史》、1961 年的《1883~1914 年俄国石油工业中的垄断资本》和 1963 年的《1900~1917 年俄国冶金工业中的垄断资本》。《十月革命前夕俄国的经济状况》由 А. Л. 西多罗夫主编，苏联科学院历史研究所与列宁格勒中央国家历史档案馆共同出版。该文件集由两部分组成，共收录了 670 份档案文件，其中大多数都是 1917 年 2 月至 10 月的档案文件，仅有少量是 1916 年、1918 年及 1919 年的档案文件，其主要阐述了外国资本家与俄国资本家在十月革命中的积极作用、临时政府的经济政策、政府机构和资产阶级组织对待工人阶级革命的态度、国家垄断资本主义的发展形式等相关内容。《1883~1914 年俄国石油工业中的垄断资本》是第一部尝试全面揭示石油工业垄断历史的档案文件集，主要收录了自 19 世纪 80 年代到第一次世界大战前期有关俄国石油工业垄断的 324 份档案文件，它们主要来自莫斯科的苏联国立中央历史档案馆和列宁格勒的苏联国立中央历史档案馆、国家最高政权机关和国家最高管理机关中央档案馆、国家列宁格勒州历史档案馆、国家莫斯科州历史档案馆等 9 个国家档案馆。该本档案文件集将石油垄断资本的发展过程划分为 1883~1892 年、1893~1903 年、1904~1910 年、1911~1914 年四个时期，概述了上述四个时期俄国石油工业发展的基本特征。在前两个时期，石油工业垄断资本主义的发展速度较快、在石油市场上垄断统治逐渐代替了自由竞争和外国资本大规模

渗入俄国石油工业；在第三个时期，揭示了垄断组织的政策对
俄国石油工业发展的重要影响；在第四个时期，银行资本积极
参与俄国的石油事务。该档案文件集的出版标志着俄国石油工
业垄断史的研究进入了一个新的时期。《1900~1917 年俄国冶
金工业中的垄断资本》由 M. П. 维亚特金主编，收录了 307 份
文件，它们来自国立中央苏军档案馆和国立苏联军事史中央档
案馆、苏联国立古代文书中央档案馆、国家莫斯科州历史档案
馆、苏联国立中央历史档案馆、国家列宁格勒州历史档案馆和
中央技术档案馆分馆等 12 个苏联国家档案馆，其内容分为俄国
"冶金制品销售" 辛迪加、"屋顶铁皮" 辛迪加、"铁管销售"
辛迪加、制铜工业中的垄断组织四部分，主要阐述了十月革命
前俄国冶金工业中垄断组织的创建及其活动的历史，证明了革
命前夕俄国的垄断组织与其他帝国主义强国的垄断组织并无不
同，并揭露了垄断组织反人民的 "商业秘密"。此外，1956 年
出版了《列宁格勒的苏联国家中心历史档案》、1860 年出版了
《列宁格勒地区的国家历史档案》、1961 年出版了《莫斯科地区
的国家历史档案》等。[1] 这些档案资料为历史学家和经济学家
全面和系统研究俄国工业垄断资本的历史提供了强有力的史料
支撑。从 20 世纪 50 年代到 60 年代初，俄国学者对俄国工业垄

① *Гефтер М. Я.* Монополистический капиталв нефтяной промышленности России 1883‒1914. Документы и материалы. М.: Академия наук СССР, 1961; *Круже Е. Е.* Монополии в металлургической промышленности России: 1900‒1917. Документы и материалы. М.: Академия наук СССР, 1963; Под ред. *Валка С. Н.* и *Бедина В. В.* Центральный государственный исторический архив СССР в Ленинграде. Л.: Главное архивное управление, 1956; Государственный исторический архив Ленинградской области. Л.: Государственный исторический архив Ленинградской области, 1960; *Шмидта С. О.* Государственный исторический архив Московской области. М.: Государственный исторический архив Московской области, 1961; и др.

断的研究取得了令人瞩目的成就，其研究视角主要聚焦在以下
几个方面。

①概括性、综述性著作的出版。代表作有 B. И. 鲍维金的
论文《俄国早期垄断组织的情况》《19 世纪 80~90 年代的俄国
垄断联盟》，И. B. 马耶夫斯基的专著《第一次世界大战条件下
俄国的工业经济》，П. A. 赫罗莫夫的专著《垄断资本主义时期
的经济特点》和 Я. И. 利夫申的专著《俄国经济垄断》。①
И. B. 马耶夫斯基的专著《第一次世界大战条件下俄国的工业
经济》在参考国内外专家研究 20 世纪初俄国工业发展特点的大
量研究成果的基础上，主要阐述了一战爆发前夕俄国工业的发
展状况、战时国家调动工业的性质和结果、战时俄国工业发展
的特点、尝试组织集中管理战时经济、生产集中与资本家利润
的增长、劳动力和生产效率的问题、战时工人生活条件恶化、
工人罢工运动等相关内容。П. A. 赫罗莫夫的专著《垄断资本
主义时期的经济特点》从工业、农业、国内外贸易、进出口资
本几个方面简述了俄国垄断资本主义时期的经济特点，主要内
容包括垄断资本主义时期俄国工业的发展、银行资本的集中及
其新作用、进出口资本、垄断资本主义时期的俄国农业经济、
俄国的国内外市场等方面内容。Я. И. 利夫申的《俄国经济垄

---

① *Бовыкин В. И.* Новые сведения о ранних монополиях в России // Вести.
МГУ. Истор.-филол. сер., 1956. №1; Онже. Монополистические объединения
80—90 годов XIX в. в России // Материалы по истории СССР, Т. 6; *Маевский
И. В.* Экономика русской промышленности в условиях первой мировой
войны. М.: Госполитиздат, 1957; *Хромов П. А.* Очерки экономики россии
периода монополистического капитализма. М.: Академия общественны
наук при ЦИ КПСС, 1960; *Лившин Я. И.* Монополии в экономике России.
М.: Социально-экономическая литература, 1961.

断》是俄国学术界较早出现的一部系统研究十月革命前俄国经济垄断发展进程的史学专著。该书的内容主要包括俄国垄断资本主义的基本特点、垄断资本与专制制度、工业和垄断政策、大资本家的贸易政策与市场问题、俄国大资本家的反工人政策等几个部分。作者在客观分析俄国经济发展的过程中，揭示了垄断资本主义的腐朽性和反动性。

②俄国银行垄断和外国资本的研究。这类文献研究了银行资本和外国资本与俄国工业资本的融合及其在俄国工业垄断研究中的作用，代表作有 В.И. 鲍维金的论文《第一次世界大战前夕银行和俄国的军事工业》，И.Ф. 根金、Л.Е. 舍别列夫的论文《第一次世界大战前夕的银行垄断》，К.Ф. 沙齐洛的论文《南俄造船工业中金融资本的形成》和《圣彼得堡银行与波罗的海造船工业的创建》，А.П. 科列林的论文《1914~1915 年俄亚银行集团》，Н.И. 托尔潘的论文《20 世纪初纺织工业中的金融资本》，В.С. 佳金的论文《外国资本渗入俄国电器工业的历史》、《1890~1900 年俄国电器工业中的外国资本》和《在战争前后俄国电器工业中的金融资本集团》，Ю.В. 索罗维约夫的论文《在工业上升时期圣彼得堡国际银行和法国金融资本》和《1900~1903 年圣彼得堡国际银行和法国金融资本》。①

---

① *Бовыкин В. И.* Банки и военная промышленность России накануне первой мировой войны // Ист. зап, 1959. Т. 64; *Он же.* Из истории взаимоотношений банков с промышленностью накануне первой мировой войны // Материалы по истории СССР. Т. 6; *Гиндин И. Ф. , Шепелев Л. Е.* Банковские монополии в России накануне Великой Октябрьской социалистической револиюции // Ист. зап, 1960. Т. 66; *Шацилло К. Ф.* Формирование финансового капитала в судостроительной промышленности Юга России // Из истории империализма в （转下页注）

　　③聚焦各工业部门垄断研究成果的大量涌现，这类文献系统研究了俄国各个工业部门垄断形成和发展的具体情况。

　　A. 研究俄国石油工业垄断的代表作主要有阿洪多夫的专著《十月革命前夕巴库石油工业垄断资本》，И. Ф. 根金、Л. Е. 舍别列夫的论文《第一次世界大战前夕的银行垄断》，Я. И. 利夫申的专著《俄国经济垄断》，С. И. 波托洛夫的论文《1893~1903 年格罗兹尼石油工业垄断的起源》，В. А. 纳尔多娃的论文《19 世纪 80 年代石油工业中垄断趋势与石油货物运输问题》和《巴库石油工业垄断的起源》，А. А. 富尔先科的论文《1803~1897 年俄国第一个石油出口辛迪加》、《巴黎银行家罗斯柴尔德

（接上页注①）Россия. М-Л.: Изд-во Академии наук СССР, 1959; *Он же.* Петербургские банки и создание судостроительной промышленности в Прибалтике // Экономические связи Прибалтики с Россией. Р.: Зипатне, 1968; *Корелин А. П.* Группа Русско-Азиатского банка в 1914—1915 гг // Науч. докл. Ист. Науки, 1960. №1; *Торпан Н.* Финансовый к щитал в текстильной промышленности Эстонии в начале XX века // Учен. зап. Тарт. ун-та. 1960. вып. 97; *Дякин В. С.* Из истории проникновения Иностранных капиталовв электропро-мышленность России // Монополии и иностранный капитал в России. М.: АН СССР, 1962; *Он. же.* Иностранные капиталы в русской электроэнергетической промышленности в 1890—1900-х годах // Об особенностях империализма в России. М.: Изданного Институтом истории АН СССР, 1963; *Он же.* Финансово-капиталистические группировки в электроиндустрии и электрическом транспорте России в период предвоенного промышленного подъема и мировой войны // Ист. зап, 1965. Т. 75; *Соловьев Ю. В.* Петербургский Международный банк и французский финансовый капитал в годы первого промышленного подъема в России (образование и деятельность 《Генерального общества *для* развития промышленности России》) // Монополии и иностранный капитал в России. М.: АН СССР, 1962; *Он же.* Петербургский Международный банк и французский финансовый капитал накануне кризиса 1900—1903 гг // Очерки по истории экономики и классовых отношений в России конца XIX — начала XX в. М-Л.: Наука, 1962.

与俄国的石油》和专著《19世纪80年代至1918年石油托拉斯
与世界政治》，В. И. 鲍维金的专著《俄国金融资本的形成》。①
这些著作研究了石油垄断资本的起源、趋势及第一个石油出口
辛迪加的出现、争夺世界市场等方面的内容。其中《十月革命
前夕巴库石油工业垄断资本》是俄国史学界第一部系统研究巴
库地区石油工业垄断形成发展史的专著，它在大量资料的基础
上分析了俄国石油工业垄断形成的因素，关注了最高形式的垄
断组织——托拉斯的出现，论述了外国资本在巴库石油工业中
的作用和意义、生产和资本的集中程度、巴库石油工业垄断组
织的创建、银行资本和工业资本融合的方式、巴库石油企业主
在俄国国内外石油市场上的激烈争夺、垄断资本主义的腐朽对

---

① *Ахундов Ю.* Монополистический капитал в дореволюционной бакинской
нефтяной промышленности. М. : Социально-экономическая литература,
1959; *Гиндин И. Ф.*, *Шепелев Л. Е.* Банковские монополии в России
накануне Великой Октябрьской социалистической революции // Ист.
зап, 1960, Т. 66; *Лившин Я. И.* Монополии в экономике России. М. :
Социально-экономическая литература, 1961; *Потолов С. И.* Начало
монополизации грозненской нефтяной промышленности (1893-1903гг)
// Монополии и иностранный капитал в России. М. : Академия наук
СССР, 1962; *Нардова В. А.* Монополистические тенденции в нефтяной
промышленности в 80 - х годах XIX в. проблема транспортировки
нефтяных грузов // Монополии и иностранный капитал в России. М. :
Академия наук СССР, 1962; *Он же.* Начало монополизации бакинской
нефтяной промышленности // Очерки по истории экономики и
классовых отношений в России в. XIX конца - XX начала. М. : Наука,
1964; *Фурсенко А. А.* Первый нефтяной экспортный синдикат в России
(1803 - 1897) // Монополии и иностранный капитал в России. М. :
Академия наук СССР, 1962. *Он же.* Парижские Ротшильды и русская
нефть // Вопросы истории, 1962. №8; *Он же.* Нефтяные тресты и
мировая политика. 1880 - е гг -1918. М - Л. : Наука, 1965; *Бовыкин
В. И.* Зарождениефинансового капитала в России. М. : Издательство
Московского университета, 1967.

巴库石油工业发展的消极影响等，迄今仍是研究俄国石油工业垄断资本不可或缺的参考文献。在《俄国经济垄断》中，作者概述了在俄国石油工业发展不同阶段中石油工业垄断组织的建立及其发展的情况。《第一次世界大战前夕的银行垄断》系统研究了银行资本与俄国石油工业资本融合的过程。《19世纪80年代至1918年石油托拉斯与世界政治》从俄国石油垄断资本争夺国际石油市场的视角研究了俄国石油工业垄断的历史，它是当时唯一一部专门揭示俄国石油垄断组织在国际石油市场上影响力的专著。В. И. 鲍维金在《俄国金融资本的形成》中用专门一个章节阐述了俄国石油工业垄断的形成过程。作者介绍了俄国大型石油垄断组织诺贝尔兄弟公司和罗斯柴尔德集团的形成过程，并总结了19世纪末俄国石油卡特尔和辛迪加的主要特征。他首次提出了这样的观点：早在19世纪80年代，诺贝尔兄弟公司就已经是具有托拉斯特点的垄断组织，而罗斯柴尔德的企业则仍属于辛迪加形式的垄断组织。

B. 研究冶金工业部门垄断的代表作主要有 Г. Д. 巴库列夫的专著《南俄的黑色冶金工业》，Д. И. 什波良斯基的专著《20世纪初南俄煤炭冶金工业中的垄断资本》，А. П. 波格列宾斯基的论文《1914~1917年第一次世界大战时期俄国"冶金制品销售"辛迪加》，А. А. 楚克尔尼克的论文《俄国铁矿垄断史》、《"屋顶铁皮"辛迪加史》、《俄国"冶金制品销售"辛迪加史》和专著《俄国"冶金制品销售"辛迪加》，Ю. Я. 涅捷辛的论文《"钉子"和"金属丝"辛迪加》，Т. М. 基塔尼娜的论文《第一次世界大战时期的"屋顶铁皮"辛迪加》，К. Н. 塔尔诺夫斯基的专著《国家垄断资本主义的形成：以冶金工业为例》。① Д. И. 什波良斯基在《20世纪初南俄煤炭冶金工业中的垄断资本》一书中，概述了19世纪末南俄采矿工业的经济特点、南俄冶金工业辛迪加与乌拉尔冶金工业辛迪加的斗争。《俄国"冶金制品销售"辛迪加》在苏联历史学家和经济学家的参考文献中占据重要地位。作者楚克尔尼克研究了南俄冶金工业垄断化的过程，为揭示俄国垄断资本主义发展的总体规律做出突出贡献，其主要阐述了如下内容：南俄冶金工业生产集中与金融资本的密切关系、南俄冶金工业辛迪加化的过程、俄国冶金工业产品销售公司的内部竞争及其与局外企业之间的斗争、辛迪加垄断组织销售冶金制品的政策。《俄国"冶金制品销售"辛迪加》的作者利用了列宁格勒中央国家历史档案馆和俄联邦档案馆中大量未出版的档案资料，研究了俄国"冶金制品销售"辛迪加在俄国铁制品市场的争夺及其一战前夕所开展的各种活动，但并未涉及银行在南俄冶金垄断过程中的作用及其与沙

① *Бакулев Г. Д.* Черная металлургия Юга России. М. : Металлургиздат, 1953; *Шполянский Д. И.* Монополии угольно-металлургической промышленности юга России в начале XX века. М. : Академия наук СССР, 1953; *Тарновский К. Н.* Формирование государственно-монополистического капитализма в России （в годы первой мировой войны: например металлургической промышленности）. М. : Московский университет, 1958; *Погребинский А. П.* Синдикат 《Продамет》 в годы первой мировой войны （1914—1917 гг） // Вопр. Истории, 1957. №7; *Цукерник А. А.* Из истории монополизации железного рынка в России // Ист. зап, 1953. Т. 42; *Он же.* К истории синдиката 《Кровля》 // Ист. зап, 1955. Т. 52; *Он же.* К истории 《Продамета》 // Материалы по истории СССР. М. : Изд-во Акад. Наук СССР, 1959. Т. 6; *Он же.* Синдикат продамет М. : Издательство социально-экономической литературы, 1959; *Нетесин Ю. Я.* Синдикаты 《Гвоздь》 и 《Проволока》 （1903—1914 гг） // Ист. зап. 1961, Т. 70; *Китапина Т. М.* Синдикат 《Кровля》 в годы первой мировой войны （1914—1917 гг） // Очерки по истории экономики и классовых отношений в России конца XIX —начала XX в. М-Л. : Наука, 1964.

皇的经济政策和政府机关的相互关系问题。《国家垄断资本主义的形成：以冶金工业为例》批判了俄国不存在国家垄断资本主义的传统观点，详细研究了冶金委员会在战争时期的创建及其活动、政府借助垄断组织调节国民经济的情况，但其所提出的国家垄断资本主义形成于第一次世界大战时期的观点在史学界备受争论，并且仅以冶金工业部门为例揭示国家垄断资本主义本质的论断也难以令人信服，这在一定程度上降低了该专著的学术价值。

C. 研究纺织、烟草和制糖等轻工业部门垄断资本的代表作主要有 К. А. 帕日特诺夫的专著《十月革命前夕俄国的纺织工业简史》，В. Я. 拉维雷切夫的论文《1916~1917 年俄国的亚麻出口》、《1900~1914 年俄国棉纺织工业垄断化的过程》、《俄国亚麻工业垄断化的过程》和专著《1900~1917 年俄国纺织工业中的垄断资本》，К. И. 博布科夫的论文《1900~1917 年俄国纺织工业生产集中和垄断的历史》，Э. Э. 克鲁泽的论文《烟草托拉斯》，И. М. 卡梅涅茨卡娅的论文《制糖工业中垄断的形成》。[①] К. А. 帕日特诺夫在《十月革命前夕俄国的纺织工业简史》中描绘了十

---

① *Пажитнов К. А.* Очерки истории текстильной промышленности дореволюционной России. М. : Академия наук СССР, 1958; *Лаверычев В. Я.* К вопросу об экспорте льна из России в 1916—1917 гг // История СССР, 1958. №1; *Он же.* Монополистический капитал в текстильной промышленности России (1900–1914гг). М. : Московский университет, 1963; *Он же.* Монополизация джутовой промышленности России // Вестн. МГУ. Сер. IX. История, 1961, №4; *Он же.* Монополистический капитал в текстильной промышленности России (1900—1917гг). М. : Изд-во Моск. ун-та, 1963; *Бобков К. И.* Из истории концентрации производства и монополизации текстильной промышленности России (1900—1917гг) // В кн. : Социалистические преобразования в СССР и их экономические предпосылки. М. : Гос. экон. ин-т, 1959; *Крузе Э. Э.* Табачный и ниточный тресты // Из истории империализма в России. М-Л. : Издательство Академии наук СССР, 1959; *Каменецкая И. М.* Возникновение монополии в свеклосахарной промышленности // История СССР, 1965. №6.

月革命前夕俄国纺织工业发展的全景。该书用三个部分论述了棉纺、麻纺和丝纺工业在 1861 年之前、1861～1917 年及 1900～1917年三个不同时期中的发展状况。作者 B. Я. 拉维雷切夫在《1900～1917 年俄国纺织工业中的垄断资本》一书中，首先确定了纺织工业垄断进程的基本方向和特点，阐述了纺织生产中垄断联盟的形式，揭示了纺织企业与莫斯科和圣彼得堡银行的关系；其次研究了第一次世界大战时期大垄断联盟的发展方向及其在国家调控机构中的作用；最后揭示了纺织工业垄断资本在战争时期的反动活动。该著作至今仍具有一定的学术价值。《烟草托拉斯》在分析和阐述俄国烟草托拉斯的成因及其形成过程的基础上指出，烟草托拉斯与其他垄断组织一样也对俄国工业部门的发展起着阻碍作用，它们不仅限制生产规模、阻碍技术进步和抑制新企业的建立，而且还为获取高额垄断利润大量掠夺国民财富。

　　④研究国家垄断资本主义的成果，这类文献揭示了垄断组织与政府的相互关系，研究了国家垄断资本的形成、发展及最终消亡，总结了国家垄断资本的特点。代表作主要有 K. H. 塔尔诺夫斯基的专著《国家垄断资本主义的形成：以冶金工业为例》、A. П. 波格列宾斯基的专著《俄国的国家垄断资本主义》、Ч. B. 阿罗诺维奇的专著《国家和垄断资本主义》和 K. Ф. 沙齐洛的专著《1906～1914年第一次世界大战前夕俄国的帝国主义与舰队的发展》。[①]《俄国的

[①] *Тарновский К. Н.* Формирование государственно-монополистического капитализма в России（в годы первой мировой войны：например металлургической промышленности）. М.：Московский университет，1958；*Погребинский А. П.* Государственно-монополистический капитализм в России. М.：Социально-экономическая литература，1959；*Аронович Ч. В.* Государственно-монополистический капитализм. М.：Мысль，1964；*Шацилло К. Ф.* Русский империализм и развитие флота накануне первой мировой войны（1906—1914 гг）. М.：Наука，1968.

国家垄断资本主义》是最早的一部全面系统研究俄国国家垄断资本主义的史学专著，在利用大量反映一战前后国家垄断资本主义各种形式的丰富资料的基础上，揭示了国家垄断资本主义的历史特点，但过分夸大了国家垄断资本主义的成熟程度。上述两本概括性著作均认为当时俄国的国家垄断资本主义已经获得了充分的发展。

（2）20世纪60年代至70年代中期

从60年代初期开始，苏联学者对俄国垄断史的研究热情逐渐变得冷淡。这一征兆在1961年列宁格勒召开的"俄国帝国主义特点"学术会议上初见端倪。该会议除讨论"军事-封建帝国主义"的概念和外国资本在俄国帝国主义制度中的作用之外，还讨论了俄国资本主义垄断史的相关问题。此次会议资料的出版证实了对生产集中和垄断形成的过程研究从此以后将不在俄国帝国主义核心问题的研究范畴之内。之所以出现这一现象主要缘于当时苏联史学界对"军事-封建帝国主义"概念的认识一直存在较大争议。

K. H. 塔尔诺夫斯基在分析为描述俄国垄断资本主义的特点而使用"军事-封建帝国主义"概念的原因时指出："俄国帝国主义是资本主义制度的一部分"和"帝国主义时期俄国经济的特点"两种概念的混合使用是"军事-封建帝国主义"概念形成的基础。早在60年代初期讨论"军事-封建帝国主义"的问题时，他就指出，"俄国帝国主义的特点和帝国主义时期俄国经济特点的概念是有区别的"，并揭示"帝国主义仅是资本主义制度的一部分，是封建农奴制生产关系的大量残余，大地产土地所有制是其基础，但不是俄国帝国主义的特点——这些都是帝国主义时期俄国经济的特点。它们的存在在很大程度上制约了俄国资本主义发展的条件"①。K. H. 塔尔诺夫斯基对俄国资本主义制度的主要特点仅做了简略概述，而对封建农奴制的生产关系给予了特别的关注。之后，他甚至提出资本主义仅是当时俄国"多层经济结构"中的一种的论断。

"多层经济结构"是社会经济制度特殊类型观念的形成过程，在论文集《俄国资本主义的历史问题——"多层经济结构"问题》中可以找到最充分的表述。这些观念的支持者们将其宣布为研究"十月革命前社会经济制度"的"新方向"。然而，这些观念的批判者们，如 К. Г. 列维金、A. M. 西多罗夫、Г. B. 沙拉波夫和 И. B. 库兹涅佐夫则在《浅析苏联资本主义历史问题："多层经济结构"》和《关于俄国"多层经济结构"》的文章中正确地指出，该观念的创新之处不是揭示俄国经济中存在"多层经济结构"，而是"修正了苏联史学中早已存在的两种观点，即 19 世纪末至 20 世纪初俄国社会经济制度特点和资本主义是俄国的主导生产方式"②。

这些观念的支持者们在寻找俄国社会主义革命的前提条件时，已经从生产关系和生产力的冲突和资本主义所引发的尖锐矛盾中脱离出来，开始转向俄国"多层经济结构"的冲突，这导致研究者们的关注焦点日渐集中到俄国社会经济制度的各种

---

① *Бовыкин В. И.* Формирование финансового капитала в России: конец XIX в. –1908г. М. : Наука, 1984. С. 13.

② *Левыкин К. Г.*, *Сиволобов А. М.*, *Шарапов Г. В.* О книге 《 Вопросы истории капиталистической России, Проблема многоукладности》 // Вопр. истории КПСС, 1973. №11. С. 115; *Кузнецов И. В.* Об укладах и многоукладности капиталистической России // Вопр. Истории, 1974. №7.

残余现象。当时俄国的帝国主义仅被视为"多层经济结构"中的一种，而非主导的生产方式，这削弱了苏联史学家对帝国主义阶段资本主义发展的重要过程的研究兴趣。这些发展过程是促成社会变革发生的重要力量，主要包括生产集中、国民经济的垄断化、金融资本的形成、国家垄断组织的建立。70年代出版的多本具有重要史学价值的专著在批判上述学者所提出的"新方向"的错误观念上发挥了重要作用，其主要阐述了19世纪末20世纪初俄国农业经济的资本主义演变过程，其中包括 И.Д. 科瓦里钦科、Л.В. 米洛夫的专著《18~20世纪初全俄的农业市场》，А.С. 尼丰托夫的专著《19世纪下半期俄国的粮食生产》，И.М. 德鲁日宁的专著《1861~1880年俄国的农村》，Л.Г. 雷恩德久斯基的专著《1850~1880年俄国资本主义的确立》，А.М. 安菲莫夫的专著《1881~1904年欧俄的农业经济》。①

（3）20世纪70年代中期至今

一系列研究成果的问世标志着苏联史学界对俄国垄断资本主义形成和发展过程的研究进入了一个新的阶段。这些成果主要包括 Л.Е. 舍别列夫的专著《俄国股份公司》、В.А. 纳尔多娃的专著《1880~1890年俄国石油工业垄断的起源》、Ц.Л. 弗里布曼的专著《1900~1914年俄国哈萨克斯坦的银行与信贷》、

① Ковальченко И. Д., Милов Л. В. Всероссийский аграрный рынок XVIII—начала XX века. М.: Наука, 1974; Нифонтов А. С. Зерновое производство в России во второй половине XIX в. М.: Наука, 1974; Дружинин И. М. Русская деревня на иеррлрме, 1861—1880 гг. М.: Наука, 1978; Рындзюнский Л. Г. Утверждение капитализму в России 1850—1880 гг. М.: Наука, 1978; Анфимов А. М. Крестьянское хозяйство Европейской России. 1881—1904. М.: Наука, 1980.

С. С. 阿利亚洛夫的专著《第一次世界大战时期阿塞拜疆的石油垄断》、Г. Х. 拉比诺维奇的专著《19 世纪末 20 世纪初西伯利亚的大资产阶级和垄断资本》和 В. И. 鲍维金的论文《俄国的石油工业与罗斯柴尔德》。①

　　在这一阶段，苏联史学家研究俄国垄断史的焦点主要集中在垄断联盟的形成和发展上。这些垄断联盟在 20 世纪五六十年代的苏联史学界或是研究较为薄弱，或是未被研究，如石油工业、机器制造工业、铜加工业、有色金属工业、烟草工业和运输工业中的垄断联盟。其代表作主要有 И. А. 季亚科诺娃的论文《诺贝尔石油垄断组织的黑幕》、《诺贝尔石油垄断组织和局外企业》和专著《俄国诺贝尔兄弟公司》，Ю. В. 日夫佐夫的论文《铜加工工业的垄断史》，Д. М. 埃芬季扎杰的论文《里海造船贸易中垄断资本的形成》，Н. И. 托尔潘的论文《19 世纪末 20 世纪初俄国的股份商业银行和爱沙尼亚的大型工业》和《19 世纪 90 年代爱沙尼亚工业中银行的新作用》，В. Н. 切尔尼科夫的论文《第一次世界大战前夕俄国的水泥工业史："水泥"辛迪加》，А. А. 阿拉洛罗夫的论文《俄国烟草工业垄断化》，

---

① *Шепелев Л. Е.* Акционерные компании в России. СПб. : Изд. дом Санкт-Петербургского гос. ун-та , 2006; *Нардова В. А.* Начало монополизации нефтяной промышленности России. 1880—1890 - е годы. Л. : Наука, 1974; *Фридман Ц. Л.* Банки и кредит в дореволюционном Казахстане （1900—1914гг）. Алма-Ата. : Казахстан, 1974; *Алияров С. С.* Нефтяные монополии в Азербайджане в период первой мировой войны. Б. : Издание АГУ, 1974; *Рабинович Г. Х.* Крупная буржуазия и монополистический капитал в экономике Сибири конца XIX — начала XXв. Томск. : Изд-во Томского ун-та, 1975; *Бовыкин В. И.* Российская нефть и Ротшильды // Вопросы истории, 1978. №4.

O. A. 库比卡亚的专著《1900~1907 年俄国蒸汽机车垄断的形成》。①

与此同时，苏联学者也重新恢复了对俄国国家垄断资本主义问题的研究。其代表作主要有 C. C. 阿利亚洛夫的论文《俄国国家垄断资本主义史》，B. Я. 拉维雷切夫的论文《十月社会主义革命前夕的客观条件》、《列宁关于国家垄断资本主义学说的历史意义》、《1861 年改革后俄国的国家垄断资本主义》、《19 世纪末俄国经济中的国家垄断趋势的产生》和专著《20 世纪初沙皇干涉俄国的经济生活》、《十月革命前夕俄国的国家与

---

① *Дьяконова И. А.* За кулисами нобелевской монополии // Вопр. Истории, 1975. №9; *Она же.* Нобелевская нефтяная монополия и аутсайдеры // История СССР, 1975. №6; *Она же.* Нобелевская корпорация в России. М., 1980; *Живцов Ю. В.* Из истории монополизации медеобрабатывающей промышленности России // Вестн. МГУ. Сер. 8. История, 1976. №5; *Эфендизаде Д. М.* Формирование монополистического капитала в торговом судоходстве на Каспийском море // Материалы по истории СССР периода капитализма. М. : Изд-во Моск. ун-та, 1976; *Торпан Н. И.* Акционерные коммерческие банки России и крупная промышленность Эстонии в конце XIX и начале XX в // Учен. Зап. Тарт. ун-та, вып. 386. Труды по политической экономии IV. Тарту, 1976; *Она же.* О новой роли байков в промышленности Эстонии в 90 – е годы XIX века // Изв. АН ЭССР. Обществ. науки, 1978. Т. 27. №3; 1979. Т. 28. № 1; *Черников В. Н.* Из истории монополизации цементной промышленности России накануне первой мировой войны: Синдикат 《Цементкрут》 // История СССР, 1980. №1; *Аракелов А. А.* Монополизация табачной промышленности России // Вопр. Истории, 1981. №9; *Кубицкая О. А.* Становление паровозостроительной монополии в России（1900—1907）// Самодержавие и крупный капитал в России в концеXIX— начале XX в. М. : Ин-т истории СССР, 1982; и др.

垄断》、《战时国家垄断资本主义》等。①《十月革命前夕俄国
的国家与垄断》是最早出版的一部专门系统研究沙皇专制政府
与垄断资本相互作用的史学专著。作者首先全面确定了国家干
涉经济生活的方向和后果，同时揭示了在资本主义发展的不同
阶段垄断资本与国家机器各环节相互作用的特点；其次揭露了
国家垄断资本主义的雏形及其与垄断资本的产生和发展之间的
关系。《战时国家垄断资本主义》是作者在利用丰富史料的基
础上完成的巨著，作者早在 20 世纪 50 年代就开始关注国家垄
断资本主义的问题，就该问题曾多次与莫斯科大学历史系资本
主义时期苏联史教研室和苏联科学院苏联史研究所帝国主义时
期苏联研究室的知名学者探讨。该书内容分为列宁关于国家垄
断资本主义的论述、国家调节机构的形成与垄断资本、垄断资
产阶级在国家调控经济体系中的作用、国家和垄断资本家反对
工人阶级四个部分。它深入研究了国家调控机构在机器制造业、
粮食生产、铁路运输三个主要部门中的调节情况，阐述了国家

---

① *Алияров С. С.* Из истории государственно-монополистического капитализма в
России // История СССР, 1977. №6; *Лаверычев В. Я.* Объективные
предпосылки Великой Октябрьской социалистической революции //
История СССР, 1977. №3; *Оно же.* В. И. Ленин об историческом
значении государственно-монополистического капитализма // История
СССР, 1978. №1; Государственный капитализм в пореформенной
России // История СССР, 1982. №1; *Он же.* К вопросу о вмешательстве
царизма в экономическую жизнь России в начале XX в // Самодержавие и
крупный капитал в России в конце XIX—начале XX в. М. : Ин-т истории
СССР, 1982; *Он же.* Государство и монополии в дореволюционной
России. М. : Ин-т истории СССР, 1982; *Он же.* Зарождение
государственно-монополистических тенденций в российской экономике
конца XIX в // Ист. зап, 1983. Т. 109; *Он же.* Военный государственно-
монополистический капитализм в России. М. : Наука, 1988.

调节和分配机构的形成和变异，并分析了它们与垄断联盟、银行、合作社之间的相互关系。

近年来，苏联学者对外国资本在国民经济发展和俄国垄断资本主义形成中的作用问题的研究仅取得初步性的成果。但与之前相比，此时苏联学术界对这一问题的研究已经获得了明显的进步。在 20 世纪七八十年代，苏联学者出版和发表了一系列有关 19 世纪末 20 世纪初外国资本参与俄国工业的历史著作，代表作有 В. В. 阿纳尼奇的论文《1897~1914 年俄国和国际资本》，М. Ю. 拉恰耶夫的论文《20 世纪初外国资本渗入乌拉尔和西伯利亚有色金属的历史》和《20 世纪初在乌拉尔和西伯利亚制铜工业中的英国资本》，Н. Г. 阿布拉莫娃的论文《1905~1914 年俄国的外国股份公司》和《1905~1914 年俄国的外国股份公司》，Н. Л. 纳尼塔什维利的论文《外高加索的德国资本》，М. П. 沙罗欣的论文《辛格尔公司与俄国国内外银行资本的金融和结构关系》，В. И. 鲍维金的专著《19 世纪末至 1908 年俄国金融资本的形成》。[①]

① *Апаньич В. В.* Россия и международный капитал. 1897—1914. Л.: Наука, 1970; *Дякин В. С.* Германские капиталы в России // Изистории Сибири. Томск.: Томский ун-т, 1971. вып. 3; *Лачаева М. Ю.* Из история проникновения иностранного капитала в цветную металлургию Урала и Сибири начала XX в // Вестн. МГУ. Сер. 8. История, 1975. №3; *Она же.* Английский капитал в меднорудной промышленности Урала и Сибири в начале XX в // Ист. зап, 1982 Т. 108; *Абрамова Н. Г.* Иностранные акционерные общества в России в 1905—1914 гг // Вестн. МГУ. Сер. 8. История, 1980. №4; *Она же.* Из истории иностра акционерных обществ в России （1905—1914 гг.） // Вестн. （转下页注）

可见，俄国学者对这一问题的研究相对较多，相关成果可谓浩如烟海。这些成果可分为两类。一为原始文献类，主要指出版的各档案文件汇编本。二为学术研究类，主要指相关专著和论文。此类成果依据研究视角大体可以归为以下四类：关于俄国经济垄断的概述性著作；关于俄国国内外银行资本与俄国工业垄断之间关系的研究著作；关于各个行业垄断的研究著作；国家垄断资本主义的研究著作。

综上所述，国内外史学界对俄国工业垄断的相关研究成果较为丰富。它们或是对某一垄断工业部门的档案资料进行整理出版，或是对国家垄断资本主义、银行资本与工业资本的融合、个别工业部门垄断的特点等相关问题进行研究，但很少有学者以俄国整个工业部门的垄断作为研究对象，并试图深入系统研究其成因及影响，以期揭示俄国工业垄断的基本规律及垄断对当时国家政治和经济生活的影响，故本选题具有很大的学术价值。

三　写作思路

（一）研究目标与研究对象

本书通过考察和梳理帝俄晚期俄国工业垄断的发展历程，

（接上页注①）МГУ. Сер. 8. История，1982. №3；*Нанишашвили Н. Л.* Германский капитал в Закавказь. Тбилиси，1982；*Шарохина М. П.* Финансовые и структурные сняаи《Комп нии Зингер》о российским и иностранным капиталом // Самодержа вне и крупный капитал в России в конце XIX — начале XX в. М.：Ин-т истории СССР，1982；*Бовыкин В. И.* Формирование финансового капитала в России：конец XIX в-1908 г. М.：Наука，1984.

对俄国工业垄断的成因及影响予以深入研究，进而从根本上揭示俄国工业垄断发展的基本规律及其对十月革命爆发的影响。

本书写作的基本思路是从分析俄国工业部门垄断的形成与发展过程入手，探讨工业垄断组织、银行和政府之间的关系及相互作用，由此分析工业垄断资本对国家经济和政治发展的影响。

本书以工业垄断为研究对象，论述帝俄晚期俄国工业垄断的成因、发展过程及其影响。由于帝俄晚期存在垄断现象的工业部门较多，如煤炭、石油、冶金、机器制造、桥梁建筑、军事工业、建筑材料、水路运输、纺织、制盐、制糖和火柴等，因此笔者以垄断程度较高且影响范围较广为标准，选取重工业部门中的石油、冶金和轻工业部门中的纺织工业作为考察样本。

本书以 1861 年农奴制改革至 1917 年十月革命的爆发为时间断限。这一时间段是俄国工业垄断形成和发展的连贯而完整的周期。笔者先对俄国工业垄断发展的总体趋势进行宏观研究，再从微观的视角分别对纺织石油、冶金工业部门中垄断的形成和发展进行系统论述，以期全面和客观地揭示俄国工业垄断发展的基本规律，并深入分析俄国工业垄断对十月革命爆发的影响。

（二）主要内容

本书在纵向梳理与横向比较研究相结合的基础上，力求对 1861 年农奴制改革以后至十月革命前夕俄国工业垄断发展进程进行整体考察。

第一章主要概述了 1861 年农奴制改革以后俄国工业垄断发

展的总体趋势。帝俄晚期，俄国工业资本主义的发展从自由竞争进入了垄断阶段。垄断的形成和发展使俄国工业生产集中的程度达到了相当高的水平，到第一次世界大战前夕甚至超过美国、德国、英国和法国居世界第一。本章旨在考察俄国整个工业部门垄断形成和发展的过程，分析工业资本与银行资本融合的方式、过程和结果，揭示垄断资本与国家政权结合的现象以及两者关系变化的特点，进而探寻垄断对俄国工业本身，甚至对国家经济和政治发展产生的重要影响。

　　第一节主要阐述了俄国工业垄断形成的必要条件：生产和资本的集中。在这一时期的俄国工业部门中，工业革命的完成、股份公司的建立和发展、外国资本的引进等因素共同推动了俄国工业中出现了两次生产和资本集中的高潮，它们为俄国工业垄断组织的产生以及快速发展创造了条件。第二节主要阐述了俄国工业垄断的形成与发展过程经历三个时期：19 世纪 70~90 年代早期垄断组织的出现；1900~1909 年工业高涨前夕卡特尔和辛迪加的广泛发展；1910~1914 年工业高涨时期托拉斯和康采恩的出现与发展。第三节则主要阐述了这一时期俄国工业垄断资本与国家相互关系的变化。国家与工业垄断资本之间的关系在相互变化的过程中呈现以下三方面特点。首先，国家政权与工业垄断资本逐渐向深度和广度结合是这时期两者关系发展的总体趋势。其次，追求利用国家机器服务自身利益是工业垄断资本贯彻始终的目标。最后，尽管沙皇政府试图不断扩大干预俄国工业并加强对国家经济生活的影响，但随着工业垄断资本逐渐在国家经济生活中发挥主导作用，国家机器的各个环节也逐渐沦为服从于工业垄断资本的工具。

　　第二章主要阐述的是俄国纺织工业垄断的形成与发展。纺织业是俄国轻工业的重要组成部分，在俄国工业中的比重远高于其他先进的资本主义国家。这一时期俄国纺织工业有两个鲜明的特点：一是生产和劳动力的高度集中；二是联合生产的广泛应用，这加快了俄国纺织工业的垄断进程。20世纪初，在俄国纺织工业生产中出现了拥有数千名工人的数十家大型的联合纺织企业。它们为获得高额垄断利润凭借其垄断统治地位，缩减产量制定并提高垄断价格，加强剥削工人联合镇压工人运动。第一次世界大战爆发之后，为了调动纺织工业生产满足军队的需要，沙皇政府在棉纺、毛纺、麻纺、丝纺等纺织工业部门中建立了一系列国家调控机构。纺织垄断资本派遣代表积极参与上述国家调控机构的活动，以期实现利用这些机构服务自己利益的目的。本章旨在分析纺织工业垄断形成的必要条件，考察垄断组织的建立及其活动，以探寻纺织工业垄断的特点及其影响。

　　第三章主要阐述的是俄国石油工业垄断的形成与发展。本章试图从石油垄断形成的原因、垄断组织的建立及其活动以及国家对石油部门的调控三个方面进行考察，从而揭露石油工业垄断的特点及其影响。俄国石油工业中的垄断组织最早出现于19世纪80年代，90年代末20世纪初得以迅速发展。一战前夕，俄国石油工业中出现了诺贝尔兄弟公司、英荷壳牌集团和俄国石油总公司三大垄断资本集团鼎足而立的局面。究其缘由，主要是股份公司的建立和推广、企业之间激烈的自由竞争、外国资本的渗入、银行资本与工业资本的融合等因素共同促进了俄国石油工业中生产和资本的空前集中，为垄断的出现提供了必要条件。它们凭借其垄断统治地位，通过对石油及其产品制定垄断价格攫取了巨额垄断利润，并极力阻挠国家调控燃料供应和降低价格的各项措施，此外在垄断俄国市场的基础上还极力向外扩张，积极参与划分世界石油市场的争夺，旨在垄断世界的石油销售。石油工业垄断资本对俄国经济发展产生了双重影响，既有正面的促进作用，又有负面的抑制作用。

　　第四章主要阐述的是俄国冶金工业垄断的形成与发展。本章旨在通过探讨冶金工业垄断形成与发展的过程，分析俄国冶金工业垄断的特点及其影响。得益于冶金技术革命的完成、生产联合组织形式的广泛应用、银行资本与冶金工业资本的融合以及沙皇政府的经济政策等因素，俄国冶金工业垄断形成并得以发展。在这一时期，俄国冶金工业中出现了"冶金制品销售"辛迪加、"屋顶铁皮"辛迪加、"铜"辛迪加、"钉子"辛迪加等大垄断联盟。以南俄地区的"冶金制品销售"辛迪加和乌拉尔地区的"屋顶铁皮"辛迪加为代表的冶金垄断组织先后建立并开展了广泛的活动，即通过制定冶金产品的垄断价格攫取高额的垄断利润；积极参与争夺俄国冶金市场；利用冶金委员会扩大自己的利益。这些活动给俄国冶金工业，甚至整个俄国经济的发展都产生了消极影响，其主要体现在以下四个方面：阻碍技术和设备的升级，抑制生产效率的提高；制造冶金"饥荒"，破坏市场秩序；严重损害消费者的利益；加强对工人的剥削，恶化工人的生活条件。

　　最后是结语。在以宏观视角对俄国工业垄断发展的总体趋势和以微观视角对纺织、石油、冶金工业垄断的成因和特点进行考察的基础上，笔者深入分析了俄国工业垄断对国家经济和政治生活的影响，其主要体现在三方面：一是，垄断所形成的经济条件对俄国工业发展的影响具有双重性，既有促进作用也有抑制作用，两者同时存在、相互交织；二是，少数大金融资本集团通过聘请政府官员在企业任职，或在政府部门委派代理人的方式与国家政权结合，从而推动国家制定有利于垄断资本集团的各项方针政策；三是，为最大程度剥削工人的无偿劳动和打击工人的罢工运动，垄断资本家推行了一系列反工人政策，这激化了垄断资本家与雇佣工人之间的阶级矛盾，推动了俄国革命运动走向新的高潮。

四 研究方法、创新与不足

研究方法：

本书以马克思主义唯物史观为指导，以历史学研究方法为主，同时尽力借鉴西方相关理论和学科的方法，其在研究方法上特点如下。

（1）采取史料分析和史论结合的研究方法。以历史学为主线，梳理俄国工业垄断形成的历史进程，同时吸收和借鉴经济学、政治学等学科的思想和方法，以求多视角、更全面和更立体地剖析研究对象，运用以上学科的有关理论对史实进行深入分析。

（2）坚持理论与实际、历史与现实相结合的原则。既注重相关理论的探讨，也注意历史事实的复原；既进行历史的审视，也关注其与现实的联系。

（3）使用档案分析法。笔者对所搜集到的 5 部档案资料汇编进行甄别、整理和分析。

（4）运用历史计量分析方法。本书写作过程中会使用大量的数据，通过量化分析俄工业垄断组织的资金数量、产量、市场份额等数据，使俄国工业部门的垄断程度得以直观呈现。

（5）研究对象本质是揭示帝俄时期俄国不同行业垄断形成的具体体现、影响因素、形成的特点以及存在的问题，所以也会较多使用对比的研究方法。

创新与不足之处：

由上述可知，国内外学者已就相关主题做了大量研究。本书在充分吸收和借鉴前人研究成果的基础上，也体现出了自身的创新性。

首先，本书在研究视角上具有创新性。以垄断视角作为切入点，对帝俄晚期俄国经济展开研究是本书的一大特点。研究帝俄晚期俄国工业垄断形成和发展的过程，并揭示其对当时俄国工业甚至整个国家政治经济发展的影响，是对俄国近代经济史研究微观化的一次尝试。深入探讨俄国工业垄断形成的历史溯源及存在的内在规律性，有助于深层次认识当下我国的行业垄断问题。

其次，本书在研究内容上具有创新性。第一，对俄国工业垄断发展的总体趋势进行了宏观研究；第二，从微观的视角分别对纺织、石油、冶金工业部门中垄断的形成与发展进行详细和系统的论述；第三，力图揭示俄国工业垄断发展的基本规律，并深入分析俄国工业垄断对十月革命爆发的影响。

再次，本书在资料运用上的创新。本书研究以俄文文献资料为基础展开研究。笔者已收集到多部有关俄国工业垄断的俄方档案材料汇编，如《1883~1914 年俄国石油工业中的垄断资本》、《1914~1917 年俄国石油工业中的垄断资本》、《1900~1917 年俄国冶金工业中的垄断资本》和《十月革命前夕俄国的经济状况》，这些资料在以往的研究中尚未被使用，因此实现了史料运用上的创新。

最后，本书注重理论的运用、思考和探索。本书以史为基，以史为鉴，但不就史论史。本书不仅要还原历史事实，分析具体问题，更要在此基础上，对帝俄晚期俄国工业垄断形成与发展历程进行深入思考，从其发展进程的特点中寻找其内在的社会经济发展规律，做些力所能及的理论探讨，以提升研究的理论水平。

由于笔者驾驭史料和史学理论水平有限，本书也难免存在其他疏漏，敬请各位专家和学者对本书的缺点和不足提出宝贵意见，本人将在今后的学习和研究中继续修改和完善。

第一章　俄国工业垄断发展的总体概况

19世纪末20世纪初，俄国工业资本主义从自由竞争进入了垄断阶段。垄断的形成和发展使俄国工业生产的集中程度达到了很高的水平，到第一次世界大战前夕甚至超过美国、德国、英国和法国居世界第一①，这不仅对俄国工业本身，还对国家经济和政治的发展均产生了重要影响。鉴于目前国内学界尚未有人对此展开专门的深入探讨，笔者参考俄罗斯学者的相关研究成果，以俄国工业垄断史为研究对象，拟从俄国工业垄断的形成条件、发展过程及其与国家政权相互关系的变化三个方面对俄国工业垄断发展的总体趋势进行系统论述。

第一节　工业垄断形成的必要条件：
生产和资本集中

生产和资本的高度集中是垄断形成的经济基础。当集中发展到一定程度时必然引起垄断。正如列宁所言："集中发展到一定阶段，可以说就自然而然地走到垄断。因为几十个大型企业彼此之间容易达成协议；另一方面，正是企业的规模巨大造

---

① *Маевский И. В.* Экономика русской промышленности в условиях первой мировой войны. М.：Дело，2003. С. 201.

成了竞争的困难，产生了垄断的趋势。"① 1861 年农奴制改革以后，俄国工业资本主义获得迅猛发展，工业生产和资本集中的过程也随之加快，究其原因主要有如下三点。

第一，工业革命的完成。从 19 世纪 40 年代，特别是 50 年代开始，俄国工业普遍并持续地从手工工场生产转向机器生产，开始了真正意义上的工业革命。同欧洲国家一样，年轻的棉纺织工业在实行机器生产方面遥遥领先于其他工业部门。1849~1860 年，新棉纺织工厂数量虽然仅增加了 26%，但机械化的纱锭增加了近 150%，工厂产值增长了近 150%。② 可见，机械化生产实现了俄国棉纺织工业生产力的快速发展。到 70 年代末，随着机器生产在棉纺织工业中的推广，各工厂之间生产力的差距逐渐凸显，如 1879 年机械化纱锭数量超过 10 万以上的 4 家大型棉纺织工厂平均生产 16.5 万匹布，机械化纱锭数量介于 4 万~10 万的 19 家中型棉纺织工厂平均生产 6.3 万匹布，机械化纱锭数量少于 4 万的 32 家小型棉纺织工厂平均生产 2.1 万匹布，可见，大型棉纺织工厂的年均产量分别是中型棉纺织工厂和小型棉纺织工厂的 2.62 倍和 7.86 倍。③ 大型棉纺织工厂凭借高生产率的竞争优势，在市场上排挤了效率低下的中小型棉纺织工厂并逐渐占据主导地位，从而加快了棉纺织工业生产的集中过程。1866~1879 年，欧俄（不包括波兰）大型纺纱-织布

---

① 《列宁全集》第 27 卷，中共中央马克思、恩格斯、列宁、斯大林著作编译局编译，人民出版社，2017，第 333 页。

② *Соловьева А. М.* Промышленная революция в России в XIX в. М. : Наука, 1990. С. 67.

③ *Соловьева А. М.* Промышленная революция в России в XIX в. М. : Наука, 1990. С. 163.

联合工厂的数量从 18 个增加到 32 个, 棉纱产量从 110.6 万普特增加到 275.2 万普特, 占俄国棉纱总产量的比重由 58.4% 提高到 64.2%。[①]

类似的过程在工业革命时期发展起来的石油、冶金和煤炭等重工业部门中则更为鲜明地体现出来。在石油工业部门中, 19 世纪末建立的诺贝尔兄弟公司、希巴耶夫股份公司、黑海-里海工商业公司和诺贝尔-重油公司等多家石油开采和加工公司, 为降低成本提高劳动生产率开始不断改进和推广新技术, 其中包括改进钻探和开采技术、使用大功率蒸汽抽水机、采用炼油蒸馏器、使用油轮和油罐车等, 如 1870~1882 年钻油井由 15 口增加到 204 口, 其产量占俄国石油开采量的比重由 17.5% 提高到 99.7%[②]; 1878~1900 年巴库石油业的蒸汽机数量增长了 26 倍, 人均动力功率增长了 9.5 倍[③]; 1889 年蒸馏器组占蒸馏器总数的 60.4%[④]; 1900 年石油加工业中建起了总容积为 2.94 亿普特的 1944 个储油罐[⑤], 这反映了石油工业生产的机械化程度有了大幅度的提高。结果, 俄国石油工业生产在突飞猛进增长的同时也逐渐集中到少数大企业。

1899~1900 年, 诺贝尔兄弟公司、希巴耶夫股份公司、黑

---

① *Соловьева А. М.* Промышленная революция в России в XIX в. М.: Наука, 1990. С. 163.

② *Мавейчук А. А.*, *Фукс И. Г.* Истоки российской нефти: Исторические очерки. М.: Древлехранилище, 2008. С. 65.

③ *Соловьева А. М.* Промышленная революция в России в XIX в. М.: Наука, 1990. С. 233.

④ *Самедов В. А.* Нефть и экономика России (80-90-е годы XIX века). Баку.: Элм, 1988. С. 21.

⑤ *Самедов В. А.* Нефть и экономика России (80-90-е годы XIX века). Баку.: Элм, 1988. С. 22.

海-里海工商业公司、曼塔舍夫股份公司、里海公司 5 大石油开采和加工公司控制了俄国石油开采量的 40%，煤油生产量的 49.3% 和石油废料的 47.8%。[①] 在冶金工业部门中，采用蒸汽动力保证了冶金工业生产的连续进行和生产规模的不断扩大，是提高冶金工业生产力的决定性因素。与 1890 年相比，1900 年冶金企业数仅增加了 20 个，而蒸汽动力功率、工人数量、人均拥有的蒸汽动力功率和生铁产量则分别增长了 488.7%、65%、262.1% 和 216.3%。[②]

除动力技术之外，掌握热吹工艺和采用平炉炼钢法也是工业革命时期冶金工业的主要技术成就。19 世纪 80 年代，俄国炼钢生产采用热吹工艺使高炉的生产效率提高了 25%~30%，1890 年俄国 214 座高炉中有热吹高炉 145 座，约占全国高炉总数的 67.8%。1885~1900 年俄国冶金工业的平炉从 70 座增加到 215 座，钢产量却从 500 万普特增长到 9300 万普特，增长了 17.6 倍。[③] 技术革新在推动冶金工业部门生产力大幅度提高的同时也使其生产集中的程度达到更高的水平，1900 年南俄冶金基地年产量超过 2000 万普特的新俄罗斯和第聂伯罗夫两大巨型冶金工厂集中了该地区 38% 的冶金生产量和 31% 的工人。[④] 在煤炭工业部门，工业和运输业大规模采用蒸汽动力刺激了俄国

① *Ахундов Б. Ю.* Монополистический капитал в дореволюционной бакинской нефтяной промышленности. М.: Социально-экономическая литература, 1959. C. 78–79.

② *Соловьева А. М.* Промышленная революция в России в XIX в. М.: Наука, 1990. C. 224.

③ *Соловьева А. М.* Промышленная революция в России в XIX в. М.: Наука, 1990. C. 225–227.

④ *Соловьева А. М.* Промышленная революция в России в XIX в. М.: Наука, 1990. C. 229.

煤炭工业的快速发展，1880～1900 年俄国采煤量从 20080 万普特增加到 98630 万普特，俄国最大的新兴煤炭中心顿涅茨煤炭基地的采煤量从 8630 万普特增加到 67170 万普特，从占俄国煤炭总产量的 43% 增长到 68.1%。俄国煤炭生产在快速增长的同时也出现了逐渐向大企业集中的趋势，这在顿涅茨煤炭基地表现得最为突出，在 1900 年顿涅茨煤炭基地的 280 家煤炭公司中，年产量超过 500 万普特的 31 家大型公司集中了该地区 78% 的采煤量和 67% 的矿工，年产量超过 2000 万普特的 11 家特大型公司集中了该地区 44% 以上的采煤量。[①] 可见，这次工业革命在推动俄国工业生产力快速发展的同时，也拉大了工业部门内部各企业之间生产力的差距，俄国工业生产和资本的集中水平因企业兼并速度的加快而显著提高。

第二，股份公司的建立和发展。从 19 世纪 80 年代开始，俄国工业企业的经营规模在技术革命和银行资本的作用下出现了日益扩大的趋势。大规模工业企业对资本高集中的需求使股份公司逐渐成为俄国工业中占据统治地位的企业组织形式。到 20 世纪初，俄国股份公司资本已占俄国工业总资本的 2/3。[②] 这时期股份制的公司形式在俄国工业中的进化过程主要经历了两个阶段，一是股份公司逐渐取代个人企业和私人企业的阶段，二是大型股份公司逐渐在俄国工业中占据主导地位的阶段。前者最为明显地反映于 19 世纪 90 年代工业高涨时期，俄国工业股份公司的数量和资本在 1881～1893 年的十二年间仅分别增长

---

① *Соловьева А. М.* Промышленная революция в России в XIX в. М.：Наука，1990. С. 230.

② *Шепелёв Л. Е.* Акционерное учредительство в России // Из истории империализма в России. М-Л.：Академии наук СССР，1959. С. 156.

了 16.2% 和 51.7%，但在 1893~1900 年的七年间则分别增长了 131.8% 和 200.4%[①]，这反映了俄国工业生产和资本集中的速度在这时期的飞快提升。后者则在 20 世纪初的俄国采矿、冶金、机器制造、纺织等大规模工业企业中最为典型，例如 1911 年在 231 家采矿和冶金企业中，17 家大型股份公司的资本占 29.5%；在 151 家金属加工和机器制造企业中，11 家大型股份公司的资本占 37.6%；在 273 家纺织企业中，22 家大型股份公司的资本占 31.5%[②]，这反映了俄国工业生产和资本集中的程度已达到了更高的水平。

股份公司的快速发展促进了俄国工业生产和资本的集中。首先，股份公司不同于个人企业和私人企业，其通过发行股票即可吸引国内外资本市场中一切闲置的私人资本，在聚集资本方面已完全突破了个人财力限制，这一方面有力地推动了俄国工业企业生产规模的不断扩大，1881~1914 年俄国企业总资本从 8.28 亿卢布增加到 41.3 亿卢布[③]，其中工业企业股份资本从 3.3 亿卢布增加到 32.23 亿卢布，约占总资本的 78%[④]；另一方面又使大股份公司不受自身财力约束进行企业兼并，从而导致俄国工业生产和资本的集中过程因企业兼并而加快。其次，股份公司的"参与制"为俄国工业企业的联合和银行资本参与工

---

① *Шепелёв Л. Е.* Акционерное учредительство в России // Из истории империализма в России. М-Л.: Академии наук СССР, 1959. С. 152-153.

② *Шепелёв Л. Е.* Акционерное учредительство в России // Из истории империализма в России. М-Л.: Академии наук СССР, 1959. С. 157.

③ *Шепелёв Л. Е.* Акционерное учредительство в России // Из истории империализма в России. М-Л.: Академии наук СССР, 1959. С. 148.

④ *Шепелёв Л. Е.* Акционерное учредительство в России // Из истории империализма в России. М-Л.: Академии наук СССР, 1959. С. 152-153.

业企业提供了可能。俄国工业企业联合是指大资本家通过母公司购买其他公司股票的方式形成对各级子公司的层层控制，这在 19 世纪 90 年代后半期获得了快速发展。1896 年，855 家俄国股份公司中有 521 家因参与制而相互关联，约占公司总数的 61%，到 1902 年，1293 家公司中存在同样联系的达 890 家，约占公司总数的 69%。[1] 与此同时，银行资本也通过金融机构借助参与制渗入俄国工业企业，从而实现了银行资本和工业资本的融合，如圣彼得堡商业银行通过参与制与 48 家股份公司建立了紧密联系，其中包括 5 家银行、2 家保险公司、3 家铁路公司、3 家轮船公司和 35 家工业企业。[2] 企业的联合和银行资本与工业资本的融合共同促进了俄国工业企业经营规模的扩大，从而使俄国工业生产和资本集中的程度达到更高的水平。

第三，引进外国资本。鉴于克里米亚战争失败的教训，沙皇政府推行了加快国内工业发展的方针。然而，俄国资本积累主要用于维系专制制度的运转和满足地主阶级的各种需要，因此利用外资弥补本国建设资本的不足也就成为此时发展俄国工业生产力唯一可行的途径。[3] 同时，俄国廉价的劳动力、丰富的资源和巨大的市场潜力满足了外国资本家寻求扩大国外市场的需求。这两种需求的合力掀起了外国资本在俄国投资的狂潮。从 19 世纪后半期开始，外国资本主要通过直接投资即创办企业的形式和间接投资即贷款形式进入俄国市场，其投资的重点领

---

① *Бовыкин В. И.* Формирование финансового капитала в России: конец XIX в. -1908г. М. : Наука, 1984. С. 120.

② *Бовыкин В. И.* Формирование финансового капитала в России: конец XIX в. -1908г. М. : Наука, 1984. С. 120-121.

③ 张广翔：《外国资本与俄国工业化》，《历史研究》1995 年第 6 期，第 145 页。

域主要是铁路和股份企业。

在对俄国铁路建设投资方面，自 1856 年俄国大臣会议提出修建铁路的雄伟计划并将修筑权赋予私营铁路总公司之后，铁路修建就成了外国资本追逐利润的主要场所。1860～1917 年，大量外国资本以国家或政府担保的铁路债券形式投入俄国的铁路建设。[①] 外国资本在 1861～1881 年和 1893～1900 年的俄国铁路建设总额中分别占 94.25% 和 82.95%。[②] 到 20 世纪初，俄国引进外资修建了 3.5 万～5 万俄里铁路，占俄国铁路总里程的70%。大规模的铁路建设刺激了俄国冶金、煤炭、机械、石油等工业的迅速发展，一方面建立铁路网开拓了俄国工业产品市场，为工业原料的供应和工业产品的销售提供便利，另一方面建设铁路本身就需要大量工业品，如机车设备、车厢、铁轨以及石油、木材、煤炭等。[③] 在对俄国股份企业投资方面，外国资本在 1861～1914 年俄国股份企业投资总额中所占比重为41.6%。[④] 外国资本对俄国股份企业的作用不断增强，1890 年外资投入俄国股份企业的资本是 2.14 亿卢布，1900 年增加到9.11 亿卢布，即增加 3.3 倍。[⑤] 在 20 世纪 90 年代的工业上升时期，外国资本对利润高、收益快的工业部门掀起了巨大的投资热潮，1881 年对俄国采矿、冶金和金属加工工业的投资占总

① Пономарёв Б. Н. История СССР с древнейших времен до великой октябрьской социалистической революции. Том VI. М.: Наука, 1968. С. 292.

② 张广翔：《外国资本与俄国工业化》，《历史研究》1995 年第 6 期，第 152 页。

③ 白述礼：《试论近代俄国铁路网的发展》，《世界历史》1993 年第 1 期，第 67、69 页。

④ Бовыкин В. И. К вопросу о роли иностранного капиталавРоссии // Вестник Московского университета, 1964. №1. С. 71-77.

⑤ 刘爽：《19 世纪末俄国的工业高涨与外国资本》，《社会科学战线》1996 年第 4 期，第 221 页。

投额的比重为 32.2%，到 1900 年提高到 61.8%[①]，这不仅推动了上述工业部门的技术改造和巨型企业的成立，也促进了生产的集中。例如，法国资本在 1900 年控制了占顿巴斯煤炭开采总量 38% 的 9 家大型煤炭公司和南俄、乌拉尔及波兰地区若干冶金企业，并在俄国石油开采、加工和石油产品出口方面长期占据举足轻重的地位。德国资本在 1900 年控制了俄国 10 家电力工业公司中的 6 家，此外在采矿冶金和金属加工部门中也发挥着重要作用。英国资本从 19 世纪 90 年代末开始大幅度增加向石油工业的投资，到 1900 年控制了巴库地区 11 家和格罗兹尼地区 7 家石油公司，所控资本总额达到了 6500 万卢布。[②] 总之，外资的大规模引进一方面为俄国工业发展提供了强有力的资金支持，另一方面在很大程度上也是对国外先进技术和管理经验的引进，这对俄国原有工业的技术改造和新型企业组织形式的创建起着举足轻重的作用，从而促进了俄国工业生产力的跳跃式发展和工业生产的集中。

在上述因素的共同作用下，19 世纪末 20 世纪初的俄国工业中出现了两次生产和资本集中的高潮，分别发生在 19 世纪 90 年代的工业高涨时期和 20 世纪前十年的工业萧条时期。

自 1861 年农奴制改革以来，农奴制的废除为俄国工业资本主义发展提供了大量雇佣劳动力，大规模铁路建设扩大了俄国工业品的销售市场，技术革命的快速发展推动了俄国工业技术

---

① *Бовыкин В. И.* К вопросу о роли иностранного капиталав России // Вестник Московского университета，1964. №1. С. 78.

② *Бовыкин В. И.* Формирование финансового капитала в России：конец XIX в. -1908г. М.：Наука，1984. С. 181-182.

的显著进步和新兴工业部门的出现，加之外国资本的流入满足了俄国工业发展所需的资金等多重因素，推动了俄国工业迎来第一个发展高峰期。随着工业生产力的快速发展，俄国工业企业之间争夺超额利润的竞争日趋激烈，这使酝酿已久的小企业向大企业集中的趋势到 19 世纪 90 年代达到高潮。在 1890~1900 年的企业合并浪潮中，俄国工业企业数量减少了 26.5%，生产总值却增长了 95%，企业平均年产值提高了 165.4%。此次浪潮席卷了俄国各个工业部门，引起了几乎所有工业部门的集中，如在煤炭、石油和冶金工业中，企业数量仅增加了 23.6%，总产值却增长了 206.6%，企业平均年产值增长了 262.7%；在化学工业中，企业数量减少了 64.1%，总产值增长了 93.7%，企业平均年产值增长了 440%；在纺织工业中，企业数量减少了 16.2%，总产值增长了 61.8%，企业平均年产值增长了 93.2%；在食品工业中，企业数量减少了 40.5%，总产值增长了 55.1%，企业平均产值增长了 161% 等。[1] 这次集中高潮的主要特征是大量中小型企业被少数大型企业合并，大企业居于主导地位的现象逐渐由个别工业部门扩散到绝大多数工业部门，在 1890~1900 年大企业（年产值在 10 万卢布以上）居于主导地位的工业部门由 8 个增加到 21 个[2]，这表明垄断在俄国工业中已基本形成。

　　经过 19 世纪 90 年代的工业繁荣之后，俄国爆发了周期性的工业危机。1900~1903 年的经济危机导致俄国工业产品价格

① *Бовыкин В. И.* Формирование финансового капитала в России: конец XIX в. -1908г. М.: Наука, 1984. С. 72-73.

② *Бовыкин В. И.* Формирование финансового капитала в России: конец XIX в. -1908г. М.: Наука, 1984. С. 80.

大幅度下跌，俄国工业品销售市场的竞争也随之空前激烈。此时，大工业企业一方面趁机兼并陷入困境的中小企业，另一方面为共同抵御降价浪潮开始寻求彼此联合，这次危机再次掀起了俄国工业生产和资本集中的高潮。在 1900~1908 年的合并浪潮中，大企业（年产值在 10 万卢布以上）居于主导地位的工业部门达到 23 个。在大企业占优势的工业部门中，企业平均产值增长了近 40%；在小企业占优势的工业部门中，企业平均产值增长了近 30%①，这表明工业生产的集中在大企业占优势的工业部门中表现得更为活跃。

同时需要指出的是，在俄国 31 个主要工业部门中，与 1900 年相比，1908 年企业平均产值在 50 万卢布以上和 10 万卢布以下的工业部门仅分别增加 1 个和减少 2 个，而企业平均产值在 20 万~50 万卢布和 10 万~20 万卢布的工业部门则分别增加 5 个和减少 4 个②，可见这次工业生产和资本的集中过程在企业平均产值 10 万~50 万卢布的工业部门中表现得更为激烈。以其中的金属加工工业和亚麻工业为例，在金属加工工业中，与 1900 年相比，1908 年年产值在 10 万~100 万卢布的企业减少了 48 家，占总产值的比重下降了 2%；年产值在 100 万卢布以上的企业增加了 15 家，占总产值的比重提高了 1.4%；年产值在 500 万卢布以上的企业增加了 6 家，占总产值的比重提高了 4%。在亚麻工业中，与 1900 年相比，1908 年年产值在 10 万~100 万卢布的企业减少了 25 家，占总产值的比重下降了

① *Бовыкин В. И.* Формирование финансового капитала в России: конец XIX в. –1908г. М. : Наука, 1984. С. 80.

② *Бовыкин В. И.* Формирование финансового капитала в России: конец XIX в. –1908г. М. : Наука, 1984. С. 74–75.

19.2%；年产值 100 万卢布以上的企业增加了 9 家，占总产值的比重提高了 16.6%；年产值在 300 万卢布以上的企业增加了 6 家，占总产值的比重提高了 20.4%。[①] 可见，这次集中高潮主要发生在大企业占优势且企业产值为 10 万~50 万卢布的工业部门，企业规模大型化的进一步发展表明俄国工业生产和资本集中达到了更高的水平，大垄断资本在俄国工业中的统治地位日益巩固。

第二节　工业垄断的形成与发展

1861 年农奴制改革以后，俄国迎来了工业化发展的高峰期。生产力的巨大发展促进了俄国生产的高集中和资本的高度积累，为俄国工业实现由自由竞争向垄断的转变准备了必要条件，此后俄国工业垄断组织产生并得到快速发展。垄断组织是指在一个或多个工业部门中居于垄断地位的大企业按照一定组织形式而结合的巨型资本主义企业或企业联合，其形式随着垄断程度的提高和垄断统治的加强而发生变化。到第一次世界大战前，俄国工业垄断的发展过程可以分为三个时期。

一　19 世纪 70 年代至 90 年代早期垄断组织的出现

俄国工业垄断组织的出现并非始于资本主义进入垄断阶段

---

① *Бовыкин В.И.* Формирование финансового капитала в России: конец XIX в. -1908г. М. : Наука, 1984. С. 88-91.

之后，在资本主义发展初期，俄国工业中就出现了各种形式的垄断组织。与西方资本主义国家一样，俄国工业垄断组织的出现和发展与国内的经济形势紧密相关。受 1873 年经济危机的影响，早在 19 世纪 70 年代中期俄国工业商品流通领域中就零星出现了地方投机协议形式的早期垄断组织①，随后在受经济危机影响较大且集中程度较高的轻工业部门中出现了简单的卡特尔形式的垄断组织，如 1876 年制糖工厂主为分配国家银行基辅分行提供的短期信贷而签订了卡特尔协议。② 不过，此时卡特尔的出现仅是俄国工业部门中的个别现象。③

　　在经历 19 世纪 70 年代后半期至 80 年代初的短暂发展之后，俄国工业于 1882 年再次爆发危机，其持续时间长达五年之久，给俄国各个工业部门的发展带来沉重打击。受危机的影响，俄国各工业企业争夺工业制成品销售市场的竞争愈演愈烈，从而使相互竞争的企业为维持生存、保证利润签订了划分商品销售范围、规定商品质量和商品销售价格的卡特尔协议。随后，卡特尔协议被急于摆脱销售困境的俄国各工业部门广泛采用，其中大多数相似协议存在时间较短，仅在冶金、金属加工、机器制造、石油和制糖工业部门中出现了相对稳定的垄断联盟，但大多数垄断联盟到 90 年代的工业快速发展时期也相继解

---

①　*Лившин Я. И.* Монополии в экономике России. М. : Социально-экономическая литература，1961. С. 14.

②　*Лившин Я. И.* Монополии в экономике России. М. : Социально-экономическая литература，1961. С. 21.

③　*Бовыкин В. И.* Формирование финансового капитала в России: конец XIX в. -1908г. М. : Наука，1984. С. 194.

体①，如全俄制糖工厂主协会卡特尔是基辅制糖工厂主代表大会于 1887 年 4 月创建的，其目的是一方面通过限制供应国内市场糖的数量而提高利润，另一方面通过倾销价格占据国外糖的销售市场，到 19 世纪 90 年代中期因同盟内部成员争夺销售份额和违背部分协议内容最终解体。② 这时期俄国工业中出现的卡特尔还仅是以追求划分商品销售范围、规定商品质量和商品销售价格为目标的最为简单的销售垄断联盟，其多半是短暂和不稳定的，一旦市场情况、商品销售条件和参与者的经济实力对比发生变化就会解体。

随着参与者对垄断联盟稳定性的需求日益增强，19 世纪 80 年代的很多卡特尔协议开始规定必须创建监督参与者执行协议内容的专门机构，其最初执行的仅是监督和分配订单的职能，随后逐渐变成在参与者与客户之间起着媒介作用的销售办事处。为了规避禁止商人相互勾结的法律规定，俄国工业中的销售垄断联盟一直以非公开的形式存在，即在工厂主同盟的名义下非法执行销售办事处的职能，如钢轨工厂主同盟、桥梁建筑工厂同盟、七大公司同盟、巴库煤油工厂主同盟等。这时期的销售垄断联盟虽然创建了执行监督和分配订单职能的专门机构，但其仅作为参与者和客户之间联系的媒介，并不具有代替参与者与客户签订销售合同的权限，这表明参与者并未完全丧失商业的独立性，换言之参与者与客户的联系仍被保留下来。可见，

---

① *Бовыкин В. И.* Формирование финансового капитала в России: конец XIX в. -1908 г. М.：Наука, 1984. С. 121.

② *Лившин Я. И.* Монополии в экономике России. М.：Социально-экономическая литература, 1961. С. 21-22.

此时的销售垄断联盟应该属于从卡特尔向辛迪加形式过渡的一种垄断组织。以"钢轨工厂主同盟"为例，该同盟是普季洛夫工厂、布良斯克工厂、瓦尔沙夫斯克工厂、普拉格工厂和亚历山大工厂于1882年1月创建而成，由五大工厂代表组成的委员会作为其最高管理机构，主要执行预先规定钢轨价格和依据协议规定的份额在五大工厂之间集中分配钢轨订单的职能。该销售同盟尽管试图发挥辛迪加的作用，但因不具有独立的法人资格而在结构上仍然保持卡特尔的组织特点。① 这种介于卡特尔和辛迪加形式之间的垄断组织，虽然加强了销售办事处与客户之间的联系，但却无法执行与客户签订合同的职能，因此参与者开始尝试将垄断联盟合法化，将工厂主同盟的形式变成可以合法执行销售办事职能且具有独立法人资格的企业。尽管这种形式的垄断组织在此时没有得到迅速发展，但仍然可以找到，如这种尝试首次出现在1890年3月里加金属丝生产公司、贝克尔股份公司和圣彼得堡轧铁厂所签订的共同出售电线和钉子的协议中，其为19世纪90年代以股份公司为幌子合法执行销售办事处职能的辛迪加形式垄断组织的出现迈出了重要一步。②

到19世纪90年代工业发展的上升时期，工业产品供不应求的市场形势使俄国工业企业争夺的领域由工业制成品销售市场转向燃料和原料采购，它们竭尽所能地试图控制原料和燃料的来源，导致俄国工业中出现了不同工业部门的企业联合成一个企业的趋势，即纵向联合，主要以辛迪加形式的垄断组织表

---

① *Бовыкин В. И.* Зарождение финансового капитала в России. М.：Издательство Московского университета，1967. С. 99-107.

② *Бовыкин В. И.* Формирование финансового капитала в России：конец XIX в.-1908г. М.：Наука，1984. С. 196.

现出来。与之不同的是，在 19 世纪 80 年代的经济萧条时期，工业制成品销售市场的激烈争夺引发了同一部门多家工业企业联合的趋势，即横向联合，主要以卡特尔形式的垄断组织呈现出来。这两种趋势紧密相关，交替出现，共同促进了俄国工业生产和资本的集中。

在八九十年代的俄国工业中出现了大约 20 个相对稳定的销售垄断联盟[①]，虽然在影响范围上大多数具有地方性的特点[②]，但加强了俄国工业生产和资本的集中程度，为更稳固的垄断组织在俄国工业中的出现准备了条件。在这一时期俄国工业垄断化的过程中，随着垄断联盟数量的逐渐增多、其控制范围的逐渐扩大以及对国家经济生活影响的逐渐增强，俄国工业资本主义生产关系实现了由自由竞争向垄断阶段的转变。

二 1900~1909 年卡特尔和辛迪加的广泛发展

1900~1903 年的经济危机再次掀起了俄国工业企业合并的浪潮，一方面中小加工企业因无法摆脱销售困境纷纷破产，另一方面大型企业为共同抵御危机开始寻求联合，俄国工业垄断化的进程也随之加快。这一进程主要发生在相互竞争的企业更易达成垄断协议，主要体现在以下三种类型的俄国工业生产中，首先是生产集中程度较高且产品种类单一的工业生产，如建筑材料工业中的水泥生产、化学工业中的苏打水生产、纺织工业

---

① *Бовыкин В. И.* Зарождение финансового капитала в России. М.: Издательство Московского университета, 1967. C. 186.

② *Лившин Я. И.* Монополии в экономике России. М.: Социально-экономическая литература, 1961. C. 22-23.

的棉纺织品生产、食品工业中的食糖生产等；其次是集中需求程度较高的工业生产，如 1902 年成立的铁路订单分配委员会有力地促进了钢轨、车厢制造、蒸汽机车生产等销售垄断联盟的出现①；最后是相互竞争的企业数量较少的工业生产领域，例如水泥作为长距离运输无利可图的产品，其行业竞争通常在相对封闭的区域内展开，这就使水泥企业因为数量有限而更易达成消除竞争的地方性垄断协议。②

这一时期俄国工业垄断化的过程主要表现为卡特尔和辛迪加形式的垄断联盟的广泛发展。随着 1900～1905 年经济萧条时期俄国工业企业横向联合趋势的加强，卡特尔形式的垄断联盟在俄国工业中获得快速发展，在 1900～1905 年俄国主要工业部门出现的 32 个垄断联盟中有 23 个卡特尔。这时期卡特尔形式的垄断联盟的发展主要呈现两种趋势：一是产生和发展于俄国主要工业部门的卡特尔被推广到其他的相关工业部门；二是其组织形式逐渐向更为稳固的辛迪加形式的垄断联盟转变。③ 随着俄国工业生产和资本集中程度的进一步加强，俄国大工业企业对更为稳固的销售垄断联盟的需求也日益高涨，加之政府为挽救濒临破产的大企业而采取了一系列推动俄国工业垄断化进程的诸多措施，如对大公司给予财政支援、对国家订单进行有利于辛迪加的监管以及协调参与谈判的各个企业主之间的争议

① *Бовыкин В. И.* Формирование финансового капитала в России: конец XIX в. -1908г. М.: Наука, 1984. С. 229.

② *Бовыкин В. И.* Формирование финансового капитала в России: конец XIX в. -1908г. М.: Наука, 1984. С. 234.

③ *Бовыкин В. И.* Формирование финансового капитала в России: конец XIX в. -1908г. М.: Наука, 1984. С. 234-235.

性问题等，从而使辛迪加形式的销售垄断联盟得以被推广到采矿、冶金、机器制造、建材生产、纺织等诸多工业部门，它们或与银行和外国资本家存在紧密联系，或与各大企业之间长期存在垄断协议且相互关系稳定。① 以冶金工业为例，1902～1908年相继出现了"薄铁"辛迪加、"钢管和铁管"辛迪加、"轴和轮箍"辛迪加、"罐和槽铁"辛迪加、"钉子"辛迪加、"铜"辛迪加、"金属丝"辛迪加等近10个销售垄断联盟。②

1900～1908年，俄国工业中出现了50多个卡特尔和辛迪加形式的垄断销售联盟，几乎覆盖了俄国所有工业部门③，其中在煤炭、石油、机器制造、冶金、纺织等工业部门的垄断程度达到了很高的水平，如1906年"煤炭销售"辛迪加垄断了顿巴斯2/3以上的煤炭开采量；"诺贝尔-重油"卡特尔到一战前夕占全国石油产品销售总额的77%；1904年"供应铁路道岔"辛迪加占全国订单总量的75%；1907年车厢制造厂销售辛迪加占俄国车厢订单总额的93.7%；1901年蒸汽机车制造厂同盟联合了俄国8家蒸汽制造工厂中的7家④；1908年"冶金制品销售"辛迪加集中的轴、铁梁和槽钢、轧铁、轮箍、铁管分别占俄国总量的93.3%、82.1%、66.4%、64.6%、62.3%⑤；1909

① *Лившин Я. И.* Монополии в экономике России. М.: Социально-экономическая литература, 1961. С. 24-26.
② *Бовыкин В. И.* Формирование финансового капитала в России: конец XIX в. -1908г. М.: Наука, 1984. С. 235.
③ *Бовыкин В. И.* Формирование финансового капитала в России: конец XIX в. -1908г. М.: Наука, 1984. С. 234-235.
④ *Лившин Я. И.* Монополии в экономике России. М.: Социально-экономическая литература, 1961. С. 26, 31.
⑤ *Бовыкин В. И.* Формирование финансового капитала в России: конец XIX в. -1908г. М.: Наука, 1984. С. 237.

年俄国纺织产品出口公司联合了几乎所有的莫斯科省和伊万诺沃-沃兹涅先斯克的纺织工厂等。① 可见，卡特尔和辛迪加形式的垄断联盟在俄国工业中逐渐占据统治地位，其促进俄国工业生产和资本的集中程度达到了更高的水平，为更发达的垄断组织形式在俄国工业中的出现创造了有利的条件。

三　1910~1914 年托拉斯和康采恩的出现与发展

1910~1914 年，工业高涨进一步促进了俄国工业生产和资本的集中，随着垄断竞争的日趋激烈和金融资本作用的增强，俄国工业中出现了托拉斯化和康采恩化的趋势。这一趋势的出现主要源于俄国工业垄断程度的不断提高和垄断统治的日益加强使卡特尔和辛迪加形式的中低级垄断组织难以满足大垄断资本对更稳固和更强大的高级垄断组织的需求。1908~1909 年发生经济危机，辛迪加垄断组织因参与者违背部分协议规定和激烈争夺销售份额而纷纷解体，大垄断资本公开呼吁创建托拉斯形式的垄断组织抵御危机，其中冶金工厂主 Ю. П. 古容的发言最为典型，他提出："辛迪加已经过时，无法稳固而长期地发挥生产调节器的功能，必须用更发达的垄断组织取代它。"②

托拉斯式的垄断组织创建通常采用两种方式：一种是以企业完全合并为基础；另一种是以股票控制为基础，这两种方式在俄国工业托拉斯化中均有所体现。前者相对复杂且耗时较长，

---

① *Лившин Я. И.* Монополии в экономике России. М. : Социально-экономическая литература，1961．C. 39.

② *Лившин Я. И.* Монополии в экономике России. М. : Социально-экономическая литература，1961．C. 49.

需对托拉斯化的企业进行财务、管理和技术上的完全改造，要求复杂的法律形式和巨额的资本。这种方式受到俄国经济和政治因素的制约，一是缺少对合并企业进行复杂且长期改组所需的充足资金；二是相关政府部门为满足地主阶级的要求禁止企业合并，因而在工业托拉斯化中采用较少。后者在很大程度上符合俄国经济和技术的特点，一方面可以使强大的金融集团借助相对较少的资金就可以在俄国工业中建立寡头统治，另一方面对工业技术落后的俄国而言，控股公司无须进行技术结构调整，仅需持有对方股票即可实现对所联合企业的控制，因而在工业托拉斯化中采用较为广泛。[①] 在这一方式的推动下，俄国工业托拉斯化在石油、冶金、纺织、烟草等工业部门中获得了广泛发展。

康采恩是以资本最为雄厚的垄断企业为核心将不同工业部门的企业联合而成的多种企业集团，其在俄国工业中尽管以多样化经营的形式存在，即为了适应生产和科学技术的发展或降低经济危机的影响，将资本投入到其他工业部门，但仍以固有部门为经营主体，如纺织工业中最大的联合企业孔申公司，虽然控制了多家铸造厂、砖厂并积极渗入煤炭、石油、化工等工业部门，但仍以纺纱、印花和染色为经营重心。[②]

可见，这时期托拉斯和康采恩的出现并非个别现象，其形成过程覆盖了俄国的主要工业部门，推动工业生产和资本的集中程度达到更高的水平。在这一时期的俄国工业垄断化的过程

---

① *Лившин Я. И.* Монополии в экономике России. М. : Социально-экономическая литература，1961. С. 50–51.

② *Лившин Я. И.* Монополии в экономике России. М. : Социально-экономическая литература，1961. С. 71.

中，银行资本和工业资本相互渗透、混合生长形成了最高形态的垄断资本，即金融资本，并在此基础上形成了既是银行巨头又是工业巨头的一小撮金融寡头，如石油大亨诺贝尔兄弟公司和煤炭大亨阿夫塔科夫公司等，它们控制着国民经济命脉且与国家政权密切联合，对这时期俄国政治和经济生活产生着至关重要的影响。

第三节　工业垄断资本与国家

19 世纪末 20 世纪初，俄国资本主义工业经历了从自由资本主义向垄断资本主义的过渡、一般垄断资本主义的形成和发展、国家垄断资本主义的确立三个阶段。沙皇政府对工业垄断资本态度和政策的变化，不仅对俄国工业垄断资本的发展产生着至关重要的影响，而且也使两者的关系在不同阶段呈现不同的特点。

一　垄断资本与国家政权结合现象的出现

俄国资本主义工业自形成之初就被沙皇政府干预。沙皇政府一直在俄国工业资本主义生产关系的产生到统治地位确立的过程中扮演重要角色。沙皇政府认识到为维系专制制度必须发展现代化工业，于是从 19 世纪中期开始便通过保护关税、兴修铁路、引进外资等政策扶植俄国资本主义工业的发展。19 世纪末，即俄国资本主义工业从自由竞争向垄断阶段过渡的时期，在私人工业垄断资本有了很大发展的基础上，沙皇政府在不断加强干预工业的趋势中开始出现国家政权同实力雄厚的工业垄断资本相结合的现象，其表现为一方面国家开始加强对生产的领导，直接或间接参与工业生产和分配的过程，另一方面工业垄断资本作用国家机器服务自己的利益。这种现象在这一时期仅零星出现在政府对食糖的生产和销售、铁路运营的管理、铁路设备的订购和分配等几个方面。

（一）规定食糖生产额度法令的颁布和实施

全俄制糖工厂主协会早在 1887 年就尝试通过国家限制食糖生产和销售的方式攫取垄断利润，但这一努力并未取得任何成果。随着全俄制糖工厂主协会内部矛盾的升级，国家限制食糖生产和销售的问题再次被提上日程。在 1893 年全俄制糖工厂主协会的会议上，为协调协会内部成员的分歧，财政部提出通过吸引非协会工厂加入实现扩大协议范围的解决方案。尽管制糖工厂主协议在财政部的干预下得以延长，但现行垄断组织已经没有能力解决制糖工厂主所面临的各种矛盾。于是，1894 年全俄制糖工厂主协会的领导者们开始迅速起草有关国家限制食糖生产和销售额度的提案。该提案在制糖工厂主大会获得通过之后，又被提交到财政部审查。此时，沙皇政府考虑到该提案既有利于增加财政收入，又有利于加强对制糖工业生产的控制，遂于 1895 年 11 月 20 日颁布了国家规定食糖生产额度的法令。[1]

---

① *Лаверычев В. Я.* Зарождение государственно-монополистических тенденций в Российской экономике конца XIX в // Исторические записки, 1983. Т. 109. С. 121.

该法令旨在通过预先规定俄国的食糖产量和过高的食糖市场价格保证制糖工厂主的高额垄断利润和稳定的国家财政收入。正如财政部特别会议评价该项法令的实施结果时指出，"这些措施有效抑制了俄国大型制糖工厂的建立和食糖产量的增长"[1]。随后，全俄制糖工厂主协会在1902年2月17日的报告中也指出："1895年法令对俄国制糖工业的发展起到了良好的促进作用，预先规定食糖生产额度的措施有效避免了国内市场出现食糖过剩或食糖价格过低的不良后果。"[2]

国家规定食糖生产额度的法令将俄国制糖工业置于财政部的监管之下，即财政部有权确定投放俄国市场的食糖数量、制糖工厂应急储备的食糖数量、食糖的市场价格、投放应急储备食糖到市场的条件等。[3] 国家预先规定食糖生产的标准主要以制糖工厂主所拟定的限制俄国市场食糖数量的协议为基础。如果1894年俄国市场的食糖供应量是3530万普特，那么1895年将缩减到2500万普特。[4] 可见，国家预先规定食糖生产标准在本质上是国家取代全俄制糖工厂主协会执行限制食糖生产的职能，是较现行垄断食糖生产的卡特尔更为完善的垄断组织形式。[5] 它标志着国家开始承担对制糖工业生产的领导职责，直

---

① *Лаверычев В. Я.* Зарождение государственно-монополистических тенденций в Российской экономике конца XIX в // Исторические записки，1983. Т. 109. С. 122.

② *Лаверычев В. Я.* Государство и монополии в дореволюционной России. М. : Мысль，1982. С. 101.

③ Лившин Я. И. Монополии в экономике России. М. : Социально-экономическая литература，1961. С. 155.

④ *Лаверычев В. Я.* Зарождение государственно-монополистических тенденций в Российской экономике конца XIX в // Исторические записки，1983. Т. 109. С. 121.

⑤ Лившин Я. И. Монополии в экономике России. М. : Социально-экономическая литература，1961. С. 155.

接或间接地参与制糖工业生产和分配的过程。因此可以说，规定食糖生产额度的法令为国家调控制糖工业奠定了基础，促进了国家组织与全俄制糖工厂主协会相互作用体制的形成，以及国家政权和制糖工业垄断资本在制糖工业中的结合。该项法令的颁布和实施，一方面保证了制糖工厂主在俄国市场的垄断地位，使其所获利润在20世纪初达到企业固定资本的50%，另一方面增加了国家的财政收入，这是因为该法令使政府在调控食糖生产和销售时可以更便利地提高食糖消费税。从1905年至1913年，国家征收食糖消费税的收入从7870万卢布增加到1.39亿卢布。①

（二）国家对铁路运营的管理

鉴于克里米亚战争失败的教训，沙皇政府意识到修建铁路的重要性，遂于1856年批准了《铁路网发展规划》。在沙皇政府的积极推动下，19世纪六七十年代俄国迎来了铁路建设的高潮。19世纪70年代，国家鼓励私人投资修建铁路，并将亏损的国有企业出售给私营铁路公司，所以俄国几乎所有的铁路均被私营化。此时铁路运营管理的事务主要通过铁路公司代表大会协商解决。1869年6月，为了解决直达商品交通和直达旅客交通的问题，在圣彼得堡召开了第一次俄国铁路公司代表大会。依据本次会议的决议，俄国所有铁路被分成三组，分别开展直达铁路运输的事务。铁路公司代表大会协商制度自19世纪60年代末形成一直运行到90年代初。在这一期间俄国铁路公司代表大会达成了一系列具有垄断性质的协议。其中有关直达铁路

---

① *Лаверычев В. Я.* Государство и монополии в дореволюционной России. М.：Мысль，1982. С.106.

交通的协议完全可以与确定工业产品出售条件的卡特尔等量齐观，而运价问题的协议更类似于确定商品价格的卡特尔。[①] 这些垄断协议在管理俄国铁路运营上发挥着重要的作用。正如铁路商人在评价俄国铁路公司代表大会对全俄铁路运营的意义时指出，"几乎所有铁路事务都由其经手，在长达40年的时间里，它促进了铁路事务的进步，改善了铁路运营的秩序"[②]。此时，俄国铁路公司代表大会作为半官僚性质的资本家组织，尽管政府保留一定的监督其活动的权力，但它在铁路管理方面仍享受着广泛的、不受监督的自由。

到19世纪80年代中期，俄国铁路公司代表大会拟定的垄断协议开始与国家组织机构交织在一起，这是由于赎买私营铁路为国家扩大干涉铁路事务提供可能。从80年代初期开始，国家以赎买的方式将私营铁路收归国有[③]，1881~1900年国家赎回私营铁路37条，总长度达到2.1万俄里。[④] 随着私营铁路逐渐被国家收回，铁路运营的管理权也从俄国铁路公司代表大会逐渐集中到国家组织机构中。此外，私营铁路运营的诸多弊端也加快了国家干预铁路运营的步伐。从80年代开始，俄国私营铁路公司围绕运价问题的斗争愈演愈烈。到1887年，这场斗争席卷了俄国大部分铁路公司，引起粮食货物运价制度的全面崩

---

① *Лаверычев В. Я.* Зарождение государственно-монополистических тенденций в Российской экономике конца XIX в//Исторические записки，1983. T. 109. C. 99.

② *Лаверычев В. Я.* Зарождение государственно-монополистических тенденций в Российской экономике конца XIX в//Исторические записки，1983. T. 109. C. 101.

③ Лившин Я. И. Монополии в экономике России. М.：Социально-экономическая литература，1961. C. 157.

④ *Соловьева А. М.* Железнодорожный транспорт России во второй половине XIX в. М.：Наука，1975. C. 178.

溃，甚至给各农业区的粮食生产也带来一定的消极后果，这迫使沙皇政府依据运输成本对粮食货物的铁路运价进行了统一的调控。① 这项措施开创了国家直接干预铁路运营事务的先河。

私营铁路运价的持续上涨引起了承担高额运费的工业企业主们的强烈不满，他们不断呼吁国家管理铁路运营事务。迫于俄国工商界的舆论压力，1887年6月15日，沙皇政府批准了有关铁路公司在规定运价事务上必须服从政府出台的决议。为执行这一决议，1889年3月8日，亚历山大二世批准了由财政部拟定的铁路运价临时条例。② 依据条例规定，铁路运价所有事务由财政部的专门机构负责。③ 此时，俄国铁路公司代表大会已经变成国家官僚部门的附属物，仅保留拟定规章和改变铁路运价建议的权力，但这并不意味着私营铁路公司失去了对铁路运价事务的影响力，因为有关运价事务的宏观问题主要由运价事务委员会解决，而相对具体的问题则由铁路局解决。在运价事务委员会中，19名私营铁路公司代表不仅参与讨论运价事务的相关问题，并且对解决运价方案产生着直接或间接的作用，而铁路局在解决运价事务的具体问题时通常会邀请铁路商人参与协商。④ 可见，铁路运营管理权在从俄国铁路公司代表大会

① *Лаверычев В. Я.* Зарождение государственно-монополистических тенденций в Российской экономике конца XIX в // Исторические записки, 1983. Т. 109. С. 106.

② *Лаверычев В. Я.* Зарождение государственно-монополистических тенденций в Российской экономике конца XIX в // Исторические записки, 1983. Т. 109. С. 107.

③ *Соловьева А. М.* Железнодорожный транспорт России во второй половине XIX в. М.: Наука, 1975. С. 164.

④ *Лаверычев В. Я.* Зарождение государственно-монополистических тенденций в Российской экономике конца XIX в // Исторические записки, 1983. Т. 109. С. 108-109.

转移到财政部的过程中，俄国铁路事务中也出现了国家政权与私营铁路垄断资本相结合的趋势。

（三）国家干预铁路设备的订购和分配

19世纪六七十年代，俄国铁路修建迎来了第一个高峰期。为了鼓励机器制造业和冶金工业的发展，1868年沙皇政府制定了国家订购铁路设备的制度。按照制度规定，"政府亲自与各大工厂签订生产钢轨、机车车辆和其他铁路用具的合同"，这标志着钢轨、机车车辆和其他铁路用具的供应开始不断集中到国家组织中。这一订货制度的实行有力地促进了一批俄国冶金工业和制造工业企业的产生和发展。1868~1874年，国家向生产铁路设备的工厂支付的订单总额达到2110万卢布，其中为钢轨支付670万卢布、蒸汽机车支付350万卢布、车厢支付390万卢布，这有力推动了俄国8个钢轨厂、5个蒸汽机车厂和12个车厢制造工厂的建立。[1]

1875年4月，在俄国技术协会的倡议下，由 А.И. 杰利维格主持的矿山和机械工厂主代表大会在圣彼得堡召开，与会者提出了一系列有关俄国铁路物资供应困难的问题，其中加快国家发展俄国冶金工业的呼声最为强烈。在代表大会的决议中，俄国资产阶级代表向沙皇政府提出加强关税保护，建立严格的国家订购制度，提供优惠信贷，修建连接国有煤矿、乌拉尔铁矿的铁路网等，以加强国家对冶金和机器制造工业的促进作用。[2] 为此，1875年12月沙皇政府创建了跨部门政府委员会，

---

[1] *Соловьева А. М.* Железнодорожный транспорт России во второй половине XIX в. М.：Наука，1975. С. 129.

[2] *Соловьева А. М.* Железнодорожный транспорт России во второй половине XIX в. М.：Наука，1975. С. 134.

专门调查前副财政大臣 Г. П. 涅博利普任职期间国家订购钢轨、机车车辆和其他铁路用具的基本情况。[1] 跨部门政府委员会事先做了大量的筹备工作，吸引大批技术专家揭示俄国重工业部门中的真实情况。专家依据俄国铁路对钢轨和机车车辆需求的统计数据指出，国家每年从国外进口大量的铁路设备，这给国家的收支平衡带来了巨大压力。针对这一情况，委员会指出，"我们不能频繁地进口国外的钢轨和机车车辆，这样我们将永远依赖外国资本家"。于是，从 1877 年起国家开始加强关税保护政策，其中包括取消进口火车头和机车车辆的零关税政策，并对该产品征收每普特 1 卢布 25 戈比的重税，还严格限制无关税进口钢轨。与此同时，为鼓励俄国冶金和机器制造企业的发展，国家还为承担国有铁路订单的钢轨生产厂发放高额的奖金。此外，国家还制定了刺激俄国钢轨生产的新制度，其核心是国家为私营钢轨厂提供期限较长且价格较高的订单。1877 年，沙皇政府将 1200 万普特钢轨的订单分配给俄国 6 家冶金加工工厂。在上述政策的作用下，1877~1880 年，俄国钢轨产量从 280 万增加到 1230 万普特，钢轨进口量从 1145 万普特减少到 340 万普特，进口钢轨在俄国钢轨总消费中所占比重由 80.5% 降低到 21.6%。[2] 承担订单的各工厂所申请的订货价格，由政府委员会规定，通常比产品的成本费高出许多。例如，1897~1898 年，钢轨的订货价格为每普特 1 卢布 10 戈比至 1 卢布 25 戈比，在大型的南俄工厂的钢轨生产成本是每普特 77~89 戈

---

[1] Лаверычев В. Я. Зарождение государственно-монополистических тенденций в Российской экономике конца XIX в // Исторические записки, 1983. Т. 109. С. 111.

[2] Соловьева А. М. Железнодорожный транспорт России во второй половине XIX в. М.: Наука, 1975. С. 134–136.

比，在自由销售市场上钢轨的销售价格是每普特 85~89 戈比，从国外进口的钢轨价格则为每普特 60~65 戈比。① 国家出台的上述政策加快了俄国工业的发展，提高了冶金工厂的生产能力，并促进了大型冶金工厂的建立。

19 世纪 80 年代初，俄国铁路修建项目数量的急剧缩减导致钢轨、蒸汽机车和车厢等其他铁路用具供过于求，国家订购的大量铁路设备因而被运往国库。针对这一情况，1883 年，Ф. Г. 特尔纳政府委员会制定了预先规定国家订货数量的决议，其主旨是限制国家订货，减少国库储备。该项决议使俄国各工厂为争夺有限的国家订单展开激烈斗争，结果导致很多中小工厂因为国家订单量的减少而纷纷破产，少数大工厂为排挤竞争者夺取大量国家订单而走向联合。可见，国家限购措施加快了俄国冶金和制造工业生产和资本集中的过程，促进了工业垄断组织的出现。例如，1882 年创建的钢轨工厂主同盟，其联合了占全俄钢轨生产总量75%的 5 家钢轨厂；1884 年创建了钢轨扣件工厂主同盟；1889 年初创建的车厢制造联盟联合了布良斯克工厂、普季洛夫工厂、俄国-巴尔季斯克工厂、科洛姆纳工厂、索尔莫夫工厂和马利采夫工厂等。②

19 世纪 90 年代的铁路建设高潮扩大了国家铁路采购订单的规模，这在加快俄国冶金和制造工业快速发展的同时，也促进了大工业垄断资本的形成。以修筑西伯利亚铁路的国家订单为例，国家将 76%的钢轨订单主要分给了由 5 家工厂组成的大

---

① 〔苏〕梁士琴科：《苏联国民经济史》第 2 卷，李延栋等译，人民出版社，1954，第 271 页。

② *Лившин Я. И.* Монополии в экономике России. М. : Социально-экономическая литература, 1961. С. 15-16.

企业集团和两家大型的乌拉尔钢轨企业，将全部机车车辆订单分给了布良斯克工厂、普季洛夫工厂和涅夫斯基工厂等 7 家大型企业，这使控制 3/4 西伯利亚铁路订单的少数大型企业获得了高额的垄断利润。[1] 为了利用国家机器巩固自己的垄断地位，企业主多次呼吁政府创建专门采购铁路设备的机构。沙皇政府曾三次着手拟定创建铁路订货委员会的草案，但因担心垄断资本集团借助该机构向政府施加压力而被迫放弃，直到 1902 年为临时挽救冶金和机器制造业才最终创建了铁路订单分配委员会。这是俄国第一个国家垄断组织，其活动已经远远超出了消除工业危机影响的目标，实际上已经变成保证特权工厂获得高价格订单的国家机构。[2] 该机构完全处于工业垄断联盟的监控之下。一方面表现在它将订单只分配给少数大型冶金和机器制造厂。例如，该委员会将 70% 的订单分配给了第聂伯罗夫工厂、新俄罗斯工厂、顿涅茨克工厂、布良斯克工厂、顿涅茨克－尤里耶夫工厂等南俄 8 家钢轨工厂，虽然这些工厂的生产能力仅可以执行 40%~45% 的钢轨订单。[3] 另一方面表现在解决有关价格规定、质量要求等重要问题时，它与大工业垄断资本预先协商。正如 1912 年蒸汽机车辛迪加理事会在描述其与铁路订单分配委员会的相互关系时这样写道："理事会积极参与讨论有关委员

---

① *Соловьева А. М.* Железнодорожный транспорт России во второй половине XIX в. М. : Наука, 1975. C. 283.

② *Лившин Я. И.* Монополии в экономике России. М. : Социально-экономическая литература, 1961. C. 160.

③ *Цукерник А. Л.* Синдикат 《Продамет》. М. : Социально-экономическая литература, 1959. C. 80.

会在各个工厂之间分配钢轨订单的工作。"① 委员会为满足大垄断资本的要求往往规定较高的订购价格，这使国库因为国家订购价格高于市场价格而向承担订货的大垄断资本家额外支付了巨额资金。例如，据 А. Л. 楚克尔尼克的统计，国库每年仅钢轨订单就额外支付 300 万卢布②；据工厂主 Ю. П. 古容的统计，1904 年，国库为高价格订单额外支付了 1630 万卢布，在 1907 年支付了 1080 万卢布。③ 此时的铁路订单分配委员会已变成保证大垄断资本获得高额垄断利润并排挤其他非垄断企业的有效工具。可见，在沙皇政府加强干预俄国铁路设备定购和分配的过程中，冶金和制造工业垄断资本逐渐形成并与国家政权日益结合。

综上所述，国家政权与工业垄断资本相结合是俄国资本主义工业从自由竞争向垄断过渡的阶段，在沙皇政府的干预下，俄国资本主义工业垄断现象出现在个别工业部门中。这一现象的产生，一方面源于沙皇政府为消除工业发展中的各种弊端，或是为调节各工业垄断资本之间的利益冲突而试图通过颁布专门的法令或创建专门的政府机构的形式参与工业的生产和分配，另一方面，在私人工业垄断资本获得快速发展之后，大垄断资本家为借助国家力量保证自己的高垄断利润而不断呼吁政府参与工业的生产和分配。应该指出的是，这一现象

---

① *Погребинский А. П.* Государственно-монополистический капитализм в России. М. : Социально-экономическая литература, 1959. C. 66.

② *Цукерник А. Л.* Синдикат 《Продамет》. М. : Социально-экономическая литература, 1959. C. 81.

③ *Лившин Я. И.* Монополии в экономике России. М. : Социально-экономическая литература, 1961. C. 162.

在这一时期的出现通常具有偶然性，是属于工业部门中的现象，对俄国工业发展的影响也仅局限于个别工业部门，但有利于加强国家对工业生产的控制和工业垄断的形成，并为日后国家政权与工业垄断资本的结合向更深度和更广度的发展奠定基础。

二 垄断资本与国家政权结合的加强

20 世纪初，俄国资本主义工业从自由竞争发展到垄断阶段，垄断在俄国工业中已基本形成，此时沙皇政府在加强干预资本主义工业的过程中对工业垄断资本的双重态度日渐明显。一方面，随着工业垄断资本地位的巩固，大资产阶级控制国家机器服务自身利益的趋势也随之不断增强，这不仅威胁了贵族地主的利益，也削弱了沙皇专制政府干预俄国工业的能力，这导致俄国政界反工业垄断组织的情绪逐渐上涨；另一方面以财政大臣维特为首的资产阶级化的政府官员认识到垄断组织是维持专制政府存在的基础，坚持推行支持俄国工业垄断资本的方针。沙皇政府对工业垄断资本的双重态度在其所出台的相互矛盾的经济政策中鲜明地体现出来。与此同时，随着工业垄断资本实力的增强，既寻求利用国家机器维护自己的利益，又试图摆脱国家官僚机构监管的羁绊。上述因素导致这时期国家和工业垄断资本的关系具有以下三方面特点。

（一）国家通过财政金融政策维护垄断资本的利益

1900~1903 年的经济危机给俄国工业发展带来了极为严重

的后果。为维护大工业垄断资本免受危机的打击，以维特为首的财政部采取了一系列挽救濒临破产的大工业企业的措施，主要可以归结为以下三点。

第一，通过税收和发放津贴等方式对国民收入进行有利于垄断资本集团的再分配。国家实行非累进税率和返还消费税等税收政策减轻垄断资本的税收负担。如果采用累进税率征收个人所得税有利于大幅度增加国家的财政收入，并在一定程度上可以减轻广大劳动人民的税收负担，但由于资产阶级代表的坚决反对一直未能施行。针对沙皇政府所提出的推行累进税率的相关问题，资产阶级代表组织即刻表示："累进税率的税收政策使其无法忍受，并终将导致工业的崩溃。"按照非累进税率征收个人所得税体现了沙皇政府税收政策的反动性。这项税收政策不仅使大工业垄断资本家仅将巨额收入中的小部分财富上缴国库，而且还使收入较低的工人和农民成为税收的主要承担者。[①] 国家为鼓励商品出口向工业垄断集团返还消费税或发放津贴。例如，国家不仅向食糖出口商返还对食糖征收的消费税，还为每普特食糖支付 80 戈比至 1 卢布的出口津贴；为鼓励石油出口商争夺国外市场返还对石油征收的消费税；为鼓励棉纺织品出口，按照每普特棉纺织品支付 5.4~6.25 卢布的标准向棉纺织品出口商发放出口津贴等。此外，从 1904 年至 1913 年，国家还向私营铁路公司发放了 7630 万卢布作为保证私营铁路运营持续盈利的资金。俄国工厂主获得返还消费税的收入甚至超

---

① *Погребинский А. П.* Государственно-монополистический капитализм в России. М. : Социально-экономическая литература, 1959. С. 56.

过了产品的生产成本。①

第二，实施有利于垄断组织的金融货币政策。早在 1899 年 11 月，刚出现工业危机征兆的时期，维特就拟定了一份援助大股份公司和银行的计划。维特建议创建银行联盟辛迪加以抑制大企业股票价格下跌。该银行联盟由俄国主要几家银行组成，其所有活动由国家银行统一管理。最初，这一组织被资产阶级刊物视为仅能维持一年的临时组织，但银行联盟各成员之间的协议却被年复一年地更新，银行联盟的资本也逐年大幅度增加。银行联盟资本创建之初是 550 万卢布，1910 年增加到 1000 万卢布，到一战前夕达到 1 亿卢布，其中 5000 万卢布被银行联盟用于购买股票和债券，以期提高大工业企业和银行的股票价格。其支出的基本情况如下：购买俄国 4 大银行股票 800 万卢布、石油垄断组织股票 2000 万卢布、尼科波尔-马里乌波尔工厂股票 600 万卢布、普季洛夫工厂债券 250 万卢布、布良斯克工厂债券 320 万卢布，剩余金额主要用于购买顿涅茨克-尤里耶夫工厂、塔甘罗格工厂等其他公司的债券。② 这些数据充分证明了国家银行确实存在为支援俄国大银行和工业垄断组织而干涉股票交易的行为。与此同时，从工业危机开始，国家还向工业企业和银行大规模发放非常规贷款。它是在现行条令尚未明确规定的条件下由国家银行发放的贷款，通常具有隐秘性，必须经过沙皇的专门许可。这些贷款主要发给大工业企业和银行。

---

① *Лившин Я. И.* Монополии в экономике России. М.: Социально-экономическая литература, 1961. С. 173–174.

② *Погребинский А. П.* Государственно-монополистический капитализм в России. М.: Социально-экономическая литература, 1959. С. 74–76.

1904～1913 年国家发放非常规贷款的清单显示，金融寡头波利亚科夫的银行和企业负债 2700 万卢布、涅夫斯基造船厂负债 1550 万卢布、亚述－顿河银行负债 650 万卢布。这些贷款对帮助工业企业走出困境具有重要作用。以国家银行对食糖大亨哈里托涅科的信贷支持为例。随着经济危机不断深化，1908 年，哈里托涅科的企业陷入濒临破产的处境。该企业拖欠其他公司和个人的债务近 1200 万卢布。此时，国家银行基辅办事处的负责人阿法纳西耶夫将这一情况上报国家银行，他认为，哈里托涅科的企业正面临经营困境，该企业的破产将给边区工商业带来混乱。鉴于此，1908 年 4 月，国家银行立即讨论了哈里托涅科的申请，并通过了为其发放 1500 万卢布贷款的决议。除提供贷款之外，国家银行还与多家私人商业银行签署了关于延长哈里托涅科企业期票的协议。此外，国家银行以该企业生产军事物资为由还额外发放了 400 万卢布的贷款。这些资金都是经财政部特批之后由国家银行拨给哈里托涅科的。此项贷款为大工业企业带来巨大益处的同时，也使沙皇政府遭到了巨额财政损失。1904～1913 年，俄国国家银行非常规贷款的损失总额达到 4200 万卢布。[①] 上述措施反映了国家金融货币政策极力维护垄断资本利益的本质。

第三，增加军事和铁路订单为垄断资本家提供有保证的市场和利润。增加军事订单和铁路订单是国家财政支出逐渐满足俄国工业垄断资本需要的又一重要体现。沙皇政府的直接军事开支从 1900 年的 4.2 亿卢布增加到 1913 年的 9.6 亿卢布，几

---

① *Погребинский А. П.* Государственно-монополистический капитализм в России. М. : Социально-экономическая литература，1959. C. 78-79.

乎增长了 129%，到第一次世界大战时期的增长幅度更大。资料显示，俄国的军事开支从战争爆发到 1917 年 4 月初达到了 326 亿卢布。俄国在 1914 年、1915 年、1916 年和 1917 年 5 月之前平均每天的军费开支依次为 900 万、2400 万、3200 万和 6000 万卢布，其中大部分支付给了承担军事订单的各工业垄断组织。[①] 这是因为国有企业生产能力有限，沙皇政府只能将大部分军事订单分给普季洛夫工厂、布良斯克工厂、索尔莫夫工厂等大私营工业企业。

承担军事订单的各工厂所报的订货价格通常比市场价格高出很多。如 1908 年时任海军部技术委员会主席的 A. H. 克雷洛夫在回忆录中曾讲述了这样的事实：海军部将制造军舰的订单像往常一样转交给了俄国"冶金制品销售"辛迪加，同时也将同样的订单交给了未加入辛迪加的维克聪斯基工厂。经过对两者报出的订货价格进行比较之后发现，辛迪加所报的订货价格远远高于市场价格。维克聪斯基工厂每普特普通钢铁价格为 2 卢布 25 戈比，辛迪加则要求 3 卢布 25 戈比；维克聪斯基工厂每普特高级钢铁价格为 4 卢布 75 戈比，辛迪加则要求 5 卢布 10 戈比。上述大私营工业企业借助军事订单获得了巨额垄断利润。例如，普季洛夫工厂在 1912~1914 年用于更新工厂设备的费用达到 3000 万卢布。到第一次世界大战前夕，俄国出现了供应武器和军事物资的 4 大军事工业联盟。这些垄断大亨采用贿赂官员、吸收官员成为联盟成员等方式左右国家机构，以达到排挤

---

① Лившин Я. И. Монополии в экономике России. М. : Социально-экономическая литература，1961. C. 172-173.

竞争者并完全占有军事订单的目的。① 铁路订单使部分国家财政支出再次流入垄断资本家的手中。1909～1913 年，国家为新修铁路紧急支出了 4.6 亿卢布，仅订购国有铁路的机车车辆就支出了 1.4 亿卢布。同时，铁路订单分配委员会还为承担铁路订货的各工厂多支付部分资金，因为它们所报的订货价格高于市场价格。例如，为每台蒸汽机多支付 3000 卢布、每节车厢多支付 300 卢布，为每普特钢轨多支付 23 戈比。这部分资金的数额也是相当庞大的，仅 1904 年国家向各工厂多支付的资金就达到 1600 万卢布。国家支付铁路订单的大部分资金被少数工业垄断大亨占有。因为铁路订单分配委员会不仅在少数大型冶金和机器制造厂之间分配订单，而且就价格规定、质量要求等重要问题的解决也预先与各大工业垄断组织协商。② 可见，在国家对军事订单和铁路订单进行有利于工业垄断资本分配的过程中，国家政权机构和工业垄断资本的关系逐渐交织在一起。

（二）为国家和贵族地主利益出台反垄断资本的政策

　　1900～1903 年的经济危机加快了俄国工业生产和资本集中的过程，大工业垄断资本在俄国工业市场中的垄断地位日益巩固。一方面，大资产阶级对国家经济政策作用的不断增强引发了贵族地主阶级的不安和担忧，他们为维持其在政界的统治地位而积极促使政府出台反资产阶级的措施；另一方面，大工业

---

① *Погребинский А. П.* Государственно-монополистический капитализм в России. М.: Социально-экономическая литература, 1959. С. 62–64.

② *Погребинский А. П.* Государственно-монополистический капитализм в России. М.: Социально-экономическая литература, 1959. С. 66.

垄断资本为攫取巨额垄断利益推行限制生产提高垄断价格的垄断政策严重损害了垄断工业品消费者的利益，这使俄国政界反垄断组织的情绪逐渐高涨。基于既要平衡大资产阶级和贵族地主阶级之间的利益，协调垄断组织、局外企业和消费者之间的利益，又要维护作为工业垄断产品最大消费者——国家的利益，沙皇政府出台了一系列反工业垄断组织活动的政策，其主要可以归结为以下几点。

第一，调整国家订货制度打击垄断组织的活动。"煤炭销售"辛迪加与交通部之间的摩擦引起了沙皇政府对垄断组织活动的特别关注。对煤炭资本家而言，在经济萧条时期，国家垄断煤炭订购帮助煤炭工厂摆脱了销售困境，工厂主还能忍受国家苛刻的采购制度和烦琐的采购程序，但随着市场形势的好转，尤其是煤炭工厂主同盟创建之后，他们开始越来越抵制国家垄断煤炭订购的做法。"煤炭销售"辛迪加追求改善订购条件，而交通部为捍卫国家利益和鼓励局外企业发展则坚持执行严苛的煤炭采购制度，这导致"煤炭销售"辛迪加和交通部之间的关系日趋恶化。此时，"煤炭销售"辛迪加对国家采购煤炭制度日渐不满，并经常投诉采购人员态度恶劣、对所需技术条件规定模糊等相关问题，同时又试图积极利用市场实现利益最大化，其中包括实行低价倾销政策排挤竞争者。"煤炭销售"辛迪加的这些行为引起了一名大臣会议成员的担忧，其在工作日志中写道："必须全力反击辛迪加和托拉斯的活动，各相关部门着手准备拟定合理的解决方案。"① 这一明确的指示对国家各

---

① *Лаверычев В. Я.* Государство и монополии в дореволюционной России. М.：Мысль，1982. С. 70-71.

部门反辛迪加的行为产生了重要的影响。降低采购价格、缩减采购数量和允许国外进口是国家各部门反辛迪加斗争的惯用方法。例如，1908~1910年交通部为国有铁路采购煤炭的数据显示，在国家采购的4.87亿普特的煤炭中仅有2.53亿普特订单分给了"煤炭销售"辛迪加；每普特煤炭的平均采购价格在1909年、1910年和1911年分别为8.62戈比、8.40戈比和7.77戈比。[①] 1910年5月，大臣会议担心煤炭价格持续提高而以更合理的价格从国外进口了400万普特煤炭，铁路公司也被允许从国外进口2500万普特的煤炭。[②] 上述反辛迪加措施给俄国工业发展带来了消极影响。《工商业杂志》编辑И.格利维茨指出："国家拒绝向'冶金制品销售'辛迪加分配铁路所需轮箍的订单导致铁路陷入轮箍不足的困境。"[③] 到第一次世界大战前夕，供不应求的市场形势迫使政府将解决冶金和燃料危机的问题寄希望于垄断组织。这样，尽管社会各界反辛迪加的情绪仍持续高涨，但某些国家部门的高级官员已经开始表达维护辛迪加的言论。例如，工商大臣在回应司法部的询问时说道："我不赞成辛迪加为了提高价格人为阻碍煤炭开采的主流观点。"沙皇政府对"煤炭销售"和"冶金制品销售"辛迪加垄断活动的调查最终也以证据不足而终止。[④] 可见，沙皇政府虽然寻求

---

① *Лаверычев В. Я.* Государство и монополии в дореволюционной России. М. : Мысль, 1982. С. 70-71.

② *Лаверычев В. Я.* Государство и монополии в дореволюционной России. М. : Мысль, 1982. С. 74.

③ *Лаверычев В. Я.* Государство и монополии в дореволюционной России. М. : Мысль, 1982. С. 74, 71.

④ *Лаверычев В. Я.* Государство и монополии в дореволюционной России. М. : Мысль, 1982. С. 75-77.

借助国家力量限制垄断组织的活动，但是国家经济发展对垄断资本依赖的日渐增强决定其无法坚定不移地推行反垄断组织的方针。

第二，扩大国有经济抑制私营垄断企业的发展。俄国工业垄断资本推行缩减生产提高价格的垄断政策导致冶金、燃料和其他工业品的市场供应陷入困境。此时，反垄断组织者以消费者的名义呼吁政府依靠发展国有经济满足垄断产品的市场需求。例如，1913 年贵族地主代表和 15 名交易委员会代表以石油消费者的名义提出国家垄断石油的主张。[①] 此时发展国有经济被视为反工业垄断联盟的有效武器。1912~1914 年，在反垄断组织者的努力下，俄国出现了一系列发展国有企业的方案，这些方案涉及煤炭、石油、冶金、机器制造等俄国主要工业部门。例如，交通部计划在顿巴斯建立国家煤矿基地，在阿普歇伦半岛建立国家油田；矿务局计划自己开采石油；海军部为保证军舰能源供应制定了自己开采石油的方案；铁道部获得 8000 万卢布的经费用于扩建车厢修配厂等；工商部也表示支持依靠发展国有企业缓解俄国市场的燃料危机。1913 年 3 月 22 日，工商大臣 С.И. 季玛舍夫在国家杜马声明："工商部和交通部对组织国家开采矿物燃料的态度是完全一致的。"[②] 这些措施引起了以工商业代表大会委员会为首的企业主们的坚决反对，他们认为沙皇政府发展国有企业的目的就是排挤私营企业，并试图将整个国民经济纳入自己的控制范畴。为阻止上述提案的实施，企业

---

① *Лаверычев В. Я.* Государство и монополии в дореволюционной России. М. : Мысль, 1982. С. 78.

② *Шепелев Л. Е.* Царизм и буржуазия в 1904 – 1914 гг. Л. : Наука, 1987. С. 247.

主们不断加强对国家机构的影响。例如，工商业代表大会委员会决定协调国有企业与沙皇政府的工商业政策，并将其提上日程。这一问题很快被列入了第八次工商业代表大会纲要。工商业代表在向代表大会委员会提交的报告中断言："当前沙皇政府追求扶植国有企业的经济政策是相当危险的。国家参与生产越深入，国有经济对市场形势的依赖越强且受市场波动的影响越明显……"工商业代表大会委员会批准了这一报告，并向大臣会议提出，国家垄断石油企业将给整个俄国工业发展带来不良的后果。与此同时，企业主们还在各刊物上发表反对发展国有企业的言论。例如，石油企业主组织在 1914 年第 2 期的《石油事务》杂志上发表了类似的观点："解决燃料供应危机的有效方法不是国家垄断石油，而是增加石油市场的供应数量，换言之增加石油开采量。"[①] 国有工业企业在这一时期的经济政治意义是双面的，一方面加强了沙皇专制制度，并一定程度上限制了垄断组织的活动，另一方面落后的国家官僚主义管理模式阻碍了俄国工业生产力的快速发展。

第三，拟定反垄断组织活动的相关法案。1908 年 6 月，106 名杜马右派议员向大臣会议代表提交了一份关于拟定规范垄断组织活动法案的书面报告。杜马对拟定反垄断协议法案表示积极支持。П. А. 斯托雷平也许诺："颁布该项法令捍卫国家利益。"[②] 为拟定规范辛迪加和托拉斯活动的法案，工商部创建了由副工商大臣领导的专门委员会。该委员会在对现行垄断协

---

① *Лаверычев В. Я.* Государство и монополии в дореволюционной России. М. : Мысль，1982. С. 88-89.

② *Шепелев Л. Е.* Царизм и буржуазия в 1904-1914 гг. Л. : Наука，1987. С. 230.

议调查之后拟定了一份限制垄断组织活动的法律草案。该项草案经工商大臣 В. И. 季米里亚泽夫主持召开的会议详细研究之后，其基本原则获得一致通过。1914 年 5 月，重新修订之后的法律草案被提交到大臣会议，其保留了对辛迪加随意提高价格行为追究刑事责任的某些重要原则。该项法案的颁布在政界获得了鲁赫洛夫、谢格洛维托夫等反垄断官员的积极支持。同时，企业组织代表对该法案给予了消极的评价。该项法案虽然保留了一系列传统的调控措施，但并不意味着其具有明显的反辛迪加的特点。事实上，该项法律在调控垄断活动方面并未超越西方的经验。正如 P. A. 多布罗特沃利斯基在最初的提案中曾强调："国外立法实践表明，国家必须对工商业企业的联合进行监督、调节和限制，甚至在某些特殊情况下需要强制终止这种活动。此时国家对经济的干预是完全正确的，因为给予工商业企业充分自由的理论已经不适应当前经济发展的需要。该理论的引入已经导致俄国经济生活中出现生产过剩、工业危机、盲目竞争等消极后果。这种盲目竞争导致大量实力弱小的企业相继破产，实力雄厚的企业成为市场的主导者。"在当前的经济条件下，沙皇政府应该借助国家调控的力量，消除生产的盲目性并抑制垄断联盟的活动。但沙皇政府所出台的反辛迪加法案因为垄断组织控制了国家机器各个环节而并未取得明显的效果。正如 В. И. 科科夫佐夫在国家杜马预算委员会上指出，一方面证明辛迪加的存在是相当困难的，另一方面对辛迪加违背法案的刑事惩罚重视不够。① 垄断资本地位巩固将损害贵族地主阶

---

① *Лаверычев В. Я.* Государство и монополии в дореволюционной России. М.： Мысль，1982. С. 72-73.

级利益的思想推动了股份公司新规则的出台。1913 年 4 月，土地管理总局的负责人向大臣会议表达了对股份公司占有大片土地现象的担忧。鉴于此，大臣会议详细讨论了股份公司的规则并明确指出，股份公司占有大规模土地是相当危险的，其对国家的影响弊远大于利。于是，1914 年 4 月 18 日，沙皇政府批准了有关股份公司的新规则，其明确规定股份公司占有地产的数量不得超过 200 俄亩，这引起了企业组织的坚决反对。拥有近千万俄亩地产的垄断联盟领导者强迫政府必须做出让步。于是，6 月 15 日，大臣会议主席向沙皇呈报："虽然限制性规则在短期内取得了一定的成效，但需要指出的是，这些规则正以相当隐秘的方式影响俄国股份企业的发展。"[①] 他建议重新采用先前的规则，即取消对股份公司获得土地资源的限制。第二天，尼古拉二世就批准了这项措施。

（三）沙皇政府与垄断大亨"人事联合"的发展

20 世纪初，沙皇政府对工业垄断资本集团所出台的"支持"和"抑制"并存的经济政策，促进了沙皇政府与工业垄断大亨"人事联合"的发展。一方面沙皇政府在执行发放津贴、非常规贷款和增加国家订单等财政货币金融政策时，垄断资本集团为实现利益最大化加强利用国家机器；另一方面沙皇政府在实施反垄断组织法、调整国家供货制度等反垄断组织的相关措施时，垄断资本集团为维护自身利益又委派政府机关的代理人干预政府决策，这使垄断资本与沙皇政府之间的关系日趋紧

---

① *Лаверычев В. Я.* Государство и монополии в дореволюционной России. М. : Мысль，1982. С. 78-79.

密。沙皇政府和垄断大亨"人事联合"的形式主要可以归结为以下两种。

第一，垄断大亨亲自或委派代理人到政府机关担任要职，使政府制定的法令政策符合垄断资本集团的利益。如伏尔加-卡马银行行长、工商业代表大会委员会成员 П. Л. 巴尔克于1911 年末被任命为副工商大臣，之后又担任财政大臣。[①] 此外，1908~1911 年，沙皇政府彻查海军和陆军部门舞弊行为时还发现了为垄断资本家服务的大批军官，他们在任职期间还兼任薪资丰厚的大工业企业的顾问。如海军部技术委员会的总负责人 Н. Е. 季托夫兼任尼古拉耶夫造船厂顾问、海军部技术委员会成员少将伊利英同时兼任索尔莫夫和尼古拉耶夫两家造船厂的顾问，船舶制造和供应管理总局局长、海军上将罗季奥诺夫，海军部工事负责人少将拉德洛夫和海军上将 М. Ф. 洛新斯基等军官也为造船托拉斯提供类似的服务。[②]

第二，垄断大亨还聘请曾经在政界和军界担任要职的官员担任自己公司的高级职务，利用他们同政界和军界千丝万缕的联系影响政府的决策。如曾先后担任副财政大臣及工商大臣的 В. И. 季米里亚泽夫是工商业代表大会委员会首任主席、俄国对外贸易银行和圣彼得堡私人商业银行理事会成员以及大约 10个股份公司的董事[③]，俄国前政府首脑、任职多年的财政大臣

① *Лаверычев В. Я.* Государство и монополии в дореволюционной России. М. : Мысль，1982. С. 164.

② *Лившин Я. И.* Монополии в экономике России. М. : Социально-экономическая литература，1961. С. 191–192.

③ *Лаверычев В. Я.* Государство и монополии в дореволюционной России. М. : Мысль，1982. С. 164.

В. И. 科科夫佐夫担任俄国对外贸易银行董事会成员。此外，财政部和工商部的高级官员 М. М. 费多罗夫、В. Д. 西比列夫、Н. П. 莱格，外交部官员 Н. Н. 波克罗夫斯基，农业部官员 Н. Н. 库特勒，信贷办事处的主任 А. И. 普季洛夫、Л. Ф. 达维多夫和副主任 А. И. 维什涅格拉德斯基以及国家银行的管理人员 А. В. 孔申等离职官员均进入了金融寡头的行列。[1]

　　列宁在描述这时期沙皇政府和垄断资本之间的紧密关系时，曾在《银行和部长》一文中这样写道："今天是部长，明天是银行家；今天是银行家，明天是部长"[2]，这完全适用于此时在沙皇专制制度庇护下发展的俄国垄断资本主义。沙皇政府和垄断大亨"人事联合"的发展使垄断资本对中央国家机构的政策和活动产生重要的影响。这些机构包括财政部、工商部、交通部、国家银行、矿务局以及分配国家订单的组织机构。以 1908 年成立的隶属于海军部的造船会议为例，沙皇政府创建该机构的主要目的是审查执行制造军舰措施中所出现的经济和财政问题。参与成员主要包括海军部和其他部门的官员以及大企业垄断组织的代表，其中工业垄断大亨发挥着更为主导的作用。这是因为负责造船会议的官员完全成了垄断大亨的代理人。著名历史学家 К. Ф. 沙齐洛通过研究大量档案文件之后指出："海军部管理层对造船垄断组织的活动表现出'格外的兴趣'，这与

---

[1]　*Лившин Я. И. Монополии в экономике России.* М.：Социально-экономическая литература，1961. С. 190.

[2]　《列宁全集》第 29 卷，中共中央马克思、恩格斯、列宁、斯大林著作编译局编译，人民出版社，1985，第 224 页。

多数官员在大造船工厂和公司兼任高级职位直接相关。"① 同时，垄断资本通过利用上述中央国家机构甚至可以成功影响大臣会议的决策。著名历史学家 M. Я. 格夫捷尔曾在研究中指出，"大臣会议出台的重大经济政策必须符合金融寡头所主使的国家机构领导人的意见"②。可见，沙皇政府与垄断资本"人事联合"的发展促进了国家机器各环节更好地服务于垄断资本的利益。

综上所述，20 世纪初，俄国工业资本主义从自由竞争发展到垄断阶段，沙皇政府对工业垄断资本的矛盾心态使其对垄断资本出台了"支持"和"抑制"并存的经济政策。沙皇政府在执行发放津贴、非常规贷款、增加国家订单等财政货币金融政策时，垄断资本集团为实现利益最大化加强对国家机器施加影响。沙皇政府在实施反垄断组织法、调整国家供货制度等反垄断组织的相关措施时，垄断资本集团又委派政府机关的代理人干预政府决策。垄断资本寻求利用国家政权服务本集团利益的行为，推动了沙皇政府与垄断大亨"人事联合"的发展。这种"人事联合"的现象在这一时期已经普遍存在于冶金、石油、煤炭等俄国主要工业部门，并对中央国家机构的决策，甚至整个俄国工业的发展产生重要的影响，这表明此时国家政权和垄断资本的结合在广度和深度上均实现了更高程度的发展。

---

① *Погребинский А. П.* Государственно-монополистический капитализм в России. М.: Социально-экономическая литература, 1959. C. 68-69.

② *Лившин Я. И.* Монополии в экономике России. М.: Социально-экономическая литература, 1961. C. 191.

三　垄断资本与国家政权的全面结合

第一次世界大战期间，沙皇政府为支持战争对俄国经济实行了全面管制，建立了沙皇政府管制下的战时调控体制，沙皇政府开始全面干预俄国工业生产和分配。为保证军事物资的供应，沙皇政府建立了战时国家经济组织。但大部分军事物资集中于大工业垄断资本的现实，一方面使战时国家调控机构无法独立于工业垄断资本发挥作用，另一方面使垄断资本得以借此时机利用国家调控机器服务自己的利益。鉴于此，国家与工业垄断资本的关系在这一时期表现出以下三方面的特点。

（一）垄断资本倡议创建战时国家调控机构

第一次世界大战爆发以后，沙皇俄国即刻进入备战状态。调动军事物资保证军队需求成为俄国当务之急。此时正寻求利用战争形势攫取超额利润的垄断资本家对实行战时经济管制表现出浓厚的兴趣。1915 年 1 月，工商业代表大会委员会率先详细阐述了有关战时国家调控的想法。委员会成员提出，为最大限度地提高武器和弹药的产量，必须设立拥有巨大权力的专门组织，它不仅负责军事订单的分配，而且还保证工业企业原料和燃料的供应以及工业品的运输。随后，垄断资本家 A. И. 普季洛夫又拟定了建立最高权力机关领导军事化经济的方案。该方案建议，建立隶属于国家杜马的军队供应委员会，其成员由工业资产阶级代表和军事部官员组成。除 A. И. 普季洛夫的方案之外，其他垄断资产阶级集团成员也提出了类似方案，他们均表达了垄断资本追求参与并领导国民经济军事化的主张。其中以 А.И. 科诺瓦洛夫为首的杜马进步党派的方案最为典型，其要求改组军事部的专门会议，使该机构不仅为社会组织代表提供调整军事物资供应的可能，而且也为其调动俄国工业活动开辟了空间。①

在垄断资本的积极倡议下，沙皇政府相继成立了一系列战时国家经济组织。1915 年春，军事部成立了供应军队弹药的专门组织，其有权依据市场形势规定弹药价格；1915 年 5 月，沙皇军队最高指挥部创建了火炮供应特别委员会；1915 年 8 月，沙皇政府创建了用于供应燃料、粮食和运输的国防专门委员会。它们分别隶属于军事部、工商部以及交通部和农业部，其成员包括中央各部代表、议会两院代表、地方自治局和大资本家组织代表。② 国防专门委员会拥有复杂而庞大的组织结构，其中包括 12 大工业区的工厂会议和大量分配军事订单的委员会，主要规划有关供应武器、弹药及其所有必需品的相关问题。燃料专门委员会是为保证工业企业燃料供应创建而成，其设立了多个地方会议，主要负责在各地方工业企业之间分配燃料。运输专门委员会是管理俄国铁路运输的最高组织，主要讨论有关铁路修建、提高铁路运输能力、制定运输规则等问题。粮食专门委员会则是为保证军队的粮食供应而创建的。随后，工商部为调控轻工业生产先后创建了棉纺织工厂原料供应委员会、皮革工业事务委员会、呢绒工业事务委员会、亚麻和黄麻工业事务

---

① *Погребинский А. П.* Государственно-монополистический капитализм в России. М.：Социально-экономическая литература，1959. С. 112–113.

② *Лившин Я. И.* Монополии в экономике России. М.：Социально-экономическая литература，1961. С. 197–198.

委员会。这些委员会的成员由相关主管部门的官员和垄断资产阶级代表组成，其职能主要是规定各部门产品的价格、确定企业的生产能力、在企业之间分配燃料和半成品、按照委员会规定的价格强制出售原料和材料等。

1916 年初，某些中央部门机构还成立了个别工业部门的中央管理局，如农业部成立了食糖中央管理局，其职权范围包括分配企业产品，确定产品价格，发放企业所需的燃料、原料等。这些机构下设专门的咨询委员会，其成员由相关部门的垄断组织代表组成。所有重要问题先由咨询委员会解决，再提交到中央管理局审批。[①] 沙皇政府通过创建上述国家经济组织对俄国工业实行了全面管制，这标志着俄国资本主义工业已从一般垄断资本主义发展到国家垄断资本主义阶段。

（二）垄断资本与战时国家调控机构的结合

为满足战时需要，沙皇政府赋予了战时国家经济组织调控工业生产和分配的广泛权力。垄断资本为利用战时国家经济组织维护自己的利益，试图渗入并控制国家调控机器各个环节，从而使垄断资本与战时国家经济组织完全交织在一起，其主要体现在以下几个方面。

首先，垄断大亨作为资产阶级组织的代表成为战时国家经济组织的成员，这为他们利用该调控机构服务自身利益提供了广泛的可能。例如，运输专门委员会的成员除国家杜马和国家各部代表、地方自治机关和城市联盟的代表之外，还包括工商

---

① *Лившин Я. И.* Монополии в экономике России. М. : Социально-экономическая литература，1961. C. 197–198.

业代表大会委员会、中央军事工业委员会、冶金加工工业代表
大会委员会、乌拉尔采矿工业代表大会委员会和私营铁路公司
管理局等垄断组织的代表。他们在运输专门委员会上积极参与
讨论有关新修铁路、提高铁路运输能力、制定运输和保存货物
规则等相关问题。① 在粮食专门委员会中，政府官员和资产阶
级代表的人数各占一半。② 历史学家 А. Л. 西多罗夫在评价垄断
资产阶级在国防专门委员会中的作用时指出："参加国家调控
机构的垄断资产阶级代表，不仅在战时调控组织中帮助了沙皇
政府，而且也捍卫了狭隘的集团利益。"③ 垄断资产阶级除在专
门会议之外，还在其他战时调控组织中发挥着决定性的作用。
以纺织工业中出现的一系列委员会为例，1915 年 6 月，在大臣
会议成员 Н. И. 古奇科夫主持召开的会议上通过了创建负责限
制棉花价格并负责在各工厂之间分配棉花的委员会的决议。最
初，该委员会隶属于莫斯科交易委员会，莫斯科棉纺织工厂主
协会在其中起着主导作用。但棉花商人不仅一直与该委员会进
行斗争，而且不执行委员会所规定棉花价格的决议。于是，根
据莫斯科棉纺织工厂主协会的申请，沙皇政府创建了隶属于工
商部的棉花供应委员会，主要职责是规定棉花价格并在各棉纺
织工厂之间分配原材料。沙皇政府对棉花供应委员会给予了大
力支持。1915 年 11 月 27 日，大臣会议扩大了棉花供应委员会

① *Погребинский А. П.* Государственно-монополистический капитализм в России. М. : Социально-экономическая литература, 1959. С. 140-141.

② *Лаверычев В. Я.* Военный государственно-монополистический капитализм в России. М. : Наука, 1988. С. 86.

③ *Лаверычев В. Я.* Военный государственно-монополистический капитализм в России. М. : Наука, 1988. С. 119.

的权力。[①] 委员会有权规定纱线和棉布的价格并监督军事订单的供应。[②] 在创建棉花供应委员会的同时，沙皇政府在工商部下设了联合呢绒、亚麻、黄麻、棉花和皮革工业的委员会。军事机构通过这些委员会为军队分配订单。[③] 纺织工业垄断资产阶级利用这些战时调控组织维护自己的利益。大型棉纺织工厂厂主利用棉花供应委员会的职能实现利益最大化，其主要体现在以下两个方面。一是，利用棉花供应委员会对棉花限价职能获取高额利润。在 1916 年 5 月的专门备忘录中，棉花供应委员会的领导人承认，限制棉花价格的根本目的就是提高棉纺织工厂的利润。限制棉花价格使俄国棉纺织工厂在战时棉花严重短缺且价格持续升高的情况下，不但未陷入经营困境而且利润还实现了大幅度增长。二是，棉花供应委员会打击以提高销售价格为目的囤积棉花的棉花贸易公司，为棉纺织工厂将这些棉花集中到自己手里提供了可能。当棉纺织公司试图高价格销售棉花时，棉花供应委员会具有强制征购棉花的特权。例如，1915年 10 月，棉花供应委员会查封了捷尔别涅夫的棉花贸易公司所囤积的大量棉花。捷尔别涅夫试图将从中亚购买的棉花以更高的价格转售出去。虽然，捷尔别涅夫向相关部门申诉棉花供应委员会的上述行为，但毫无结果。[④] 随着棉花供应委员会与工

① *Погребинский А. П.* Государственно-монополистический капитализм в России. М. : Социально-экономическая литература, 1959. С. 153–155.

② *Лаверычев В. Я.* Военный государственно-монополистический капитализм в России. М. : Наука, 1988. С. 262.

③ *Погребинский А. П.* Государственно-монополистический капитализм в России. М. : Социально-экономическая литература, 1959. С. 155.

④ *Погребинский А. П.* Государственно-монополистический капитализм в России. М. : Социально-экономическая литература, 1959. С. 156–158.

商部融合的逐渐增强，其调控职能也随之扩大。这使在委员会中发挥着决定性作用的大型棉纺织工厂厂主逐渐将整个棉纺工业纳入其控制范围。

其次，战时国家经济组织依靠大资产阶级组织发挥作用。大资产阶级组织形式上仅是连接国家和工业企业之间的媒介，但实际上则是国家调控机构的执行组织。以国防专门委员会为例，这一机构有着复杂而发达的管理系统。地区工厂会议（以下简称工厂会议）是国防专门委员会的地方组织机构，它们覆盖了圣彼得堡、莫斯科、雷瓦尔、下诺夫哥罗德、基辅、哈尔科夫、叶卡捷琳诺斯拉夫、高加索、罗斯托夫、敖德萨、乌拉尔和西伯利亚 12 大工业区。工厂会议的成员包括企业代表、陆军部以及地方军事工业委员会的代表和地方自治局与城市同盟的代表。工厂会议的首脑由陆军部委任。国防专门委员会主席与地方会议的所有业务联系主要通过这些负责监督完成军事订单的全权代表人员得以实现的。工厂会议管辖了拥有工人总数达 200 万人的 5000 多家大型企业。军事部门借助工厂会议得以全面监督执行军事订单的工厂的活动。工厂会议拥有广泛的职权，它不仅可以调查所有执行军事订单的企业，而且还规定各个工厂执行这些订单的顺序。工厂会议不但监督工厂适时且高质量地执行军事订单，而且还预先规定向企业所发放的预付款的数额。工厂会议主席有权询问工厂管理人员，并要求其提供反映企业经营和商业活动的工厂账簿。除工厂会议之外，还包括很多从事军事订单分配的委员会，如冶金委员会和中央军事工业委员会。冶金委员会的主要职责是分配冶金订单保证军事工业的需要。[1] 中央军

---

① *Погребинский А. П.* Государственно-монополистический капитализм в России. М. : Социально-экономическая литература, 1959. C. 116.

事工业委员会在分配军事订单方面也发挥着重要的作用。莫斯科地区财政部门的官方资料显示：在 1917 年 5 月 1 日之前，中央军事工业委员会棉花部门负责的军事订单总额是 8 亿卢布，其中仅在 1915~1916 年执行的订单总额就达到 6 亿卢布。中央和各地区的军事工业委员会是俄国各工业部门垄断联盟影响国家调控机器各环节的重要渠道之一，也是国家垄断资本主义在俄国经济中确立的重要途径之一。[①]

最后，战时国家经济组织借助垄断组织创建的统计-分配机制开展自己的活动，这促进了国家机器和垄断组织机器的直接结合。垄断组织的所有分配委员会及其地方办事处都是专门会议和战时委员会的据点。它们借助冶金垄断组织为生产武器和弹药的企业分配军事部门的巨额冶金订单，借助石油垄断组织分配军队和工业所需的燃料。[②] 以国防专门委员会的冶金委员会为例，该委员会自 1915 年 12 月 17 日创建之后，在吸取国家分配冶金订单经验的基础上，为实现订单高效和有序地分配，开始利用南俄"冶金制品销售"辛迪加和乌拉尔地区的"屋顶铁皮"辛迪加进行统计和分配。南俄"冶金制品销售"辛迪加在表面上不负责任何订单，但实际上却执行分配订单的职能。正如 1916 年 6 月 4 日冶金委员会主席在地方自治同盟和城市同盟的总委员会上揭示冶金委员会和南俄"冶金制品销售"辛迪加的关系时指出："如果我们自己分配订单，不仅秩序混乱而且一年之后也不会得到产品。" 1916 年，基于乌拉尔采矿企业

①　*Лаверычев В. Я.* Военный государственно-монополистический капитализм в России. М. : Наука，1988. С. 123.

②　*Погребинский А. П.* Государственно-монополистический капитализм в России. М. : Социально-экономическая литература，1959. С. 108.

主代表大会委员会的媒介作用，冶金委员会将分配乌拉尔地区屋顶铁皮订单的事务交由"屋顶铁皮"辛迪加办理。1916年10月底，该辛迪加开始收集乌拉尔地区高级铁、锅炉以及其他金属制品的信息并对其进行分配。1917年1月3日，辛迪加开始为中央各部门和各社会组织分配屋顶铁皮订单。1917年2月13日，在乌拉尔采矿企业主代表大会上，该辛迪加领导人参与讨论了有关确定冶金价格的原则问题。[①] 可见，冶金委员会不断扩大"屋顶铁皮"辛迪加的职权，其从最初分配乌拉尔地区屋顶铁皮订单发展到分配大部分乌拉尔企业所生产的黑色金属的订单，最后甚至有权参与冶金制品价格的制定。

（三）垄断资本借助国家调控机构深化垄断的进程

战时国家经济组织与垄断资本的结合为垄断资本利用国家调控机器维护自身利益提供了可能。例如，冶金委员会的所有活动都是在利用南俄"冶金制品销售"辛迪加和"屋顶铁皮"辛迪加的统计-分配机制下实现的，这决定了其在解决规定冶金价格、在各部门之间分配冶金、冶金工厂执行订单制度等重要问题时完全符合冶金大亨的利益。垄断资本在战时国家经济组织中的主导作用使其控制了大部分高利润的军事订单。例如，列斯涅尔工厂、索尔莫夫工厂和埃里克森工厂等大型机械制造厂是火炮和军舰订单的主要承担者[②]；车厢制造厂销售辛迪加的军事订单金额从1913年的3700万卢布增加到1916年的6250

---

① *Лаверычев В. Я.* Военный государственно-монополистический капитализм в России. М. : Наука, 1988. С. 149–151.

② *Погребинский А. П.* Государственно-монополистический капитализм в России. М. : Социально-экономическая литература, 1959. С. 176–177.

万卢布。[①] 执行这些高利润的军事订单促进了俄国工业生产和资本的集中，实现了俄国工业垄断进程的进一步深化。

一方面，俄国工业企业因为执行高利润的军事订单获得巨额财富。首先，高利润的军事订单使俄国工业企业获得高额的垄断利润并实现了企业固定资本的大幅度增加。大工业垄断资本在战争期间直接从战时国家经济组织获得的订单中，90%以上的订单的价格是由垄断组织制定的，这一价格远远高于市场价格。以国有企业和私营企业产品价格差别为例，3英寸榴霰弹的订购价格在私营工厂是15卢布32戈比，在国有工厂是9卢布83戈比；每枚手榴弹的订购价格在私营工厂是12卢布13戈比，在国有工厂是9卢布；每普特无烟火药的订购价格在私营工厂是100卢布，在国有工厂是72卢布。[②] 较高的订单价格为俄国工业企业带来巨额的垄断利润。从1913年至1916年，7家冶金加工企业、8家冶金企业和6家石油企业的年利润分别增长了712%、109%和71%；5家棉纺织厂、4家亚麻工厂、7家面粉厂和14家制糖工厂的年利润分别增长了26%、297%、451%和243%。与此同时，俄国工业企业的固定资本也实现了高速增长。以执行军事订单的一些机械制造工厂为例。1915年，布朗利机械厂的固定资本从150万卢布增加到300万卢布；吉利佐夫机械工厂和巴拉诺夫钢管厂的固定资本从1350万卢布增加到2200万卢布；科洛缅斯科机械厂的固定资本从1500万

---

①　*Лившин Я. И.* Монополии в экономике России. М. : Социально-экономическая литература，1961. С. 84.

②　*Маевский И. В.* Экономика Русской промышленности в условиях первой мировой войны. М. : Дело，2003. С. 233.

卢布增加到 2600 万卢布。[1] 其次，执行军事订单的俄国工业企业获得了巨额贷款和预付款。大臣会议为改造和扩建执行军事订单的大工业企业发放大额贷款。例如，1916 年 6 月，大臣会议通过了为执行军事订单的波罗的海机械厂提供 500 万卢布贷款的决议。[2] 同时，依据 1915 年 11 月 30 日陆军部批准的规则，陆军部有权为工业企业发放相当于军事订单总额 30%~65% 的预付款，这部分资金的数额也是相当庞大的。例如，1915 年，尼古拉耶夫斯基公司的造船工厂在执行生产 20 万个 3 英寸榴霰弹军事订单时获得预付款 150 万卢布；尼科波尔–马里乌波尔工厂在执行生产 36 万个 48 俄分爆破弹的军事订单时获得预付款 550 万卢布；苏梅机械工厂在执行生产 30 万个 "4-ГТ" 系统导火管的军事订单时获得预付款 216 万卢布，相当于订单总额的 60%。[3] 俄国大工业企业依靠这些巨额财富更新企业设备、扩大企业规模并新建大型企业，有力地促进了大工业垄断资本实力的增长及其垄断地位的巩固。

另一方面，执行高利润的军事订单巩固了原有的垄断组织并促进了一系列新垄断组织的建立。一战创建的军事工业联盟为扩大军事订单的规模不断兼并和联合其他工业企业。例如，1915 年，科洛明索斯克公司收购了巴奇马诺夫斯克工厂、别罗列茨克铁厂以及一些乌拉尔地区的煤矿工厂。1916 年 5 月，以

① *Маевский И. В.* Экономика Русской промышленности в условиях первой мировой войны М.：Дело，2003. С. 206.

② *Погребинский А. П.* Государственно-монополистический капитализм в России. М.：Социально-экономическая литература，1959. С. 183.

③ *Маевский И. В.* Экономика Русской промышленности в условиях первой мировой войны. М.：Дело，2003. С. 224.

普季洛夫工厂为中心创建的企业联盟实现了新俄罗斯工厂与炮弹和军用品生产的俄国公司的合并。1916 年，马利采夫工厂集团在收购矿业联盟所控制的炼钢厂、煤矿工厂和铁矿企业之后已成为大军事工业托拉斯。[①] 与此同时，高利润的军事订单还使俄国工业中出现了各种类型的新垄断组织。首先是为最大限度地夺取军事订单而出现的少数大工业企业联盟。例如，1917 年创建的"炮弹同盟"辛迪加，它由 19 家生产炮弹的大工业企业联合而成，有权制定炮弹订购价格，并按照企业的生产能力在辛迪加成员之间分配订单。其次是为共同执行军事订单而出现的小工业企业联盟，它们从政府组织获得价格高的订单之后，再将其分配给同盟其他成员，其中最为典型的就是联合一系列小加工企业的伊兹诺夫股份公司。最后是为供应工业企业所需的原材料而出现的采购辛迪加。例如，为供应自己工厂所需的原材料而创建的棉纺织公司，同时也联合 23 家棉花公司，经营多家扎棉厂，并销售棉花、棉花加工品以及其他棉纺织工业所必需的原材料。[②]

综上所述，第一次世界大战时期，俄国资本主义工业从一般垄断发展到国家垄断阶段，为满足战时需要，沙皇政府通过创建战时国家经济组织对俄国工业生产和分配实行了全面干预。这些经济组织依靠垄断组织和大企业组织开展活动，一方面实现了国家政权与俄国工业垄断资本的完全结合，另一方面也使垄断资本利用国家机器深化了俄国工业垄断的进程。

---

① *Лившин Я. И.* Монополии в экономике России. М.: Социально-экономическая литература, 1961. C. 87–88.

② *Лившин Я. И.* Монополии в экономике России. М.: Социально-экономическая литература, 1961. C. 84–85.

四 垄断资本与国家政权关系变化的特点

19世纪末20世纪初，俄国资本主义工业经历了从自由资本主义向一般垄断资本主义过渡、一般垄断资本主义形成和发展、国家垄断资本主义确立的三个阶段。沙皇政府对工业垄断资本态度和政策的变化，不仅对俄国工业垄断资本的发展产生至关重要的影响，而且也使两者的关系在不同阶段呈现不同的特点。仔细回顾和深入研究这一历程，笔者认为以下几点值得注意。

首先，国家政权与工业垄断资本逐渐向深度和广度结合是这时期两者关系发展的总体趋势。国家政权与工业垄断资本相结合是俄国资本主义工业从自由竞争向垄断过渡的阶段，在沙皇政府参与和干预俄国资本主义工业的过程中出现在个别工业部门中的经济现象。这一现象的出现通常具有偶然性，是属于工业部门中的个别现象，对俄国工业发展的影响也仅局限于个别工业部门。20世纪初到一战前夕，俄国资本主义工业从自由竞争发展到垄断阶段，沙皇政府对工业垄断资本出台了"支持"和"抑制"并存的经济政策推动了沙皇政府与垄断大亨"人事联合"的发展。"人事联合"普遍存在于冶金、石油、煤炭等俄国主要工业部门的现象表明此时国家政权和工业垄断资本的结合在广度和深度上均实现了更高程度的发展。第一次世界大战时期，俄国资本主义工业从一般垄断发展到国家垄断阶段，沙皇政府为实现对工业生产和分配的全面干预创建了一些战时国家经济组织，它们借助垄断组织和大资产阶级组织发挥作用，实现了国家政权与工业垄断资本的完全结合。

其次，追求利用国家机器维护自身利益是工业垄断资本贯彻始终的目标。早在19世纪末，私人工业垄断资本获得快速发展的时期，就出现了个别工业部门的垄断资本试图借助国家力量维持其垄断利润的现象，其中最为典型的就是食糖工业垄断资本推动沙皇政府颁布规定食糖生产额度的法令。该法令的颁布使制糖工厂主通过预先规定俄国市场的食糖产量和食糖市场价格获得了高额垄断利润。20世纪初，垄断在俄国工业中已基本形成，俄国大工业垄断资本为利用国家机器实现利益最大化，一方面通过亲自或委派代理人到政府机关担任要职使政府制定的法令政策为垄断资本集团的利益服务，另一方面还聘请曾经在政界和军界担任要职的官员担任自己公司的高级职位，利用他们同政界和军界千丝万缕的联系影响政府的决策，这促进了沙皇政府与工业垄断资本"人事联合"的发展。这种"人事联合"的现象此时已经普遍存在于冶金、石油、煤炭等俄国主要工业部门，并对中央国家机构的决策，甚至整个俄国工业的发展均产生重要的影响。第一次世界大战时期，工业垄断资本为利用战争形势垄断超额利润，一方面积极建议沙皇政府创建战时国家调控机构，另一方面又积极参与并执行国家调控机构的活动。垄断资本利用在战时国家调控机构中的职能控制了大部分高利润的军事订单。执行这些高利润的军事订单，一方面使俄国工业企业获得巨额财富，工业企业依靠这些巨额财富更新企业设备、扩大企业规模并新建大型企业，有力地促进了大工业垄断资本实力的增长及其垄断地位的巩固，另一方面巩固了原有的垄断组织并促进了一系列新垄断组织的建立。可见，垄断资本利用国家调控机构促进了俄国工业生产和资本的集中，实现了俄国工业垄断进程的进一步深化。

最后，尽管沙皇政府试图不断扩大对俄国工业的干预并加强对国家经济生活的影响，但随着工业垄断资本逐渐在国家经济生活中发挥主导作用，国家机器也逐渐沦为服从于工业垄断资本的工具。20世纪初到一战前夕，随着大工业垄断资本在俄国工业市场中的垄断地位日益巩固，俄国政界反垄断组织的情绪日渐高涨。为限制垄断组织的活动，沙皇政府出台了调整国家订货制度、扩大国有经济以及拟定法案等反垄断组织活动的措施，但迫于垄断资本的压力，沙皇政府出台的这些措施或被取消，或收效甚微，并未实现打击垄断组织活动的目的。第一次世界大战爆发以后，沙皇政府为支持战争对俄国经济实行了全面管制。为保证军用物资的供应，沙皇政府成立了战时国家经济组织，但大部分军用物资集中于大工业垄断资本的现实使其无法独立于工业垄断资本发挥作用。战时国家经济组织依靠垄断组织和大企业组织开展活动，促进国家机器和垄断组织直接结合的同时，也使其逐渐被垄断资本控制。

第二章　俄国纺织工业垄断的形成与发展

　　纺织业是俄国最大的工业部门之一，也是俄国轻工业的重要组成部分。纺织工业的产值在俄国工业总产值中的比重远高于其他先进的资本主义国家，但外国资本对其影响却远低于采矿、冶金机械制造工业部门。纺织工业中心主要分布在莫斯科、伊万诺沃-沃兹涅先斯克、圣彼得堡、罗兹和纳尔瓦等地。俄国纺织工业主要有两个特点。一是，生产和劳动力的集中程度达到了相当高的水平。1913 年，工人数量超过 1000 人的大型棉纺企业的工人数量占纺织工业总工人数量的 77.6%，工人数量在 500~1000 人的中型棉纺企业的工人数量占纺织工业总工人数量的 10.6%。二是，联合生产的广泛应用。纺织企业通过建立联合企业大幅度降低了生产成本，特别是棉布和纱线的运输费用，这为联合企业比非联合企业获得更高利润提供了可能。大型纱线-棉布联合企业可以为工厂主带来 15%~20% 的利润，而依靠购买纱线生产的非联合企业只能获得 7%~10% 的利润。[①]联合企业的建立使俄国工业生产和工人数量的集中程度达到更高的水平。生产和资本的高度集中促进了俄国纺织企业垄断联盟的形成和发展。笔者试图从纺织工业垄断形成的必要条件、纺织工业垄断组织的建立、国家对纺织工业部门的调控三个方

[①]　*Маевский И. В.* Экономика Русской промышленности в условиях первой мировой войны. М. : Дело，2003. С. 112-113.

面对纺织工业垄断的情况进行系统论述。

第一节　纺织工业垄断形成的必要条件

　　自 1861 年农奴制改革以来，农奴制的废除为俄国纺织工业的发展提供了大量雇佣劳动力，大规模铁路建设扩大了俄国纺织品的销售市场，沙皇政府的关税保护政策使俄国纺织品免受国外纺织品的冲击，这些因素加快了 19 世纪 90 年代末俄纺织工业的发展。与 1890 年相比，1900 年俄国棉纺织工业中的纱锭数量增长了 92.2%、织布机数量增长了 73.6%、纱线产量增长了 95.7%、坯布产量增长了 75.4%[1]，与 1865 年相比，棉纺织工厂的年生产总值由 8.7 万卢布增加到 46.2 万卢布，即增长了 431%。[2] 1890~1900 年，在亚麻工业中，纱锭数量由 21.8 万锭增加到 30.5 万锭，即增加了近 40%，麻纱产量由 143.1 万普特增长到 215.2 万普特，增长了约 50%。[3] 在丝纺工业中，丝织品的生产总值由 1890 年的 1030.6 万卢布增加到 1900 年的 2100.2 万卢布，增长了约 104%。[4] 俄国纺织工业在快速发展的

---

[1]　*Хромов П. А.* Очерки экономики России периода монополистического капитализма. М.: Академия общественны наук при ЦИ КПСС, 1960. С. 55.

[2]　*Хромов П. А.* Очерки экономики России периода монополистического капитализма. М.: Академия общественны наук при ЦИ КПСС, 1960. С. 6.

[3]　*Пажитнов К. А.* Очерки истории текстильной промышленности дореволюционной России. Хлопчатообумажная, льно-пеньковая и шелковая промышленность. М.: Академия наук СССР, 1958. С. 241.

[4]　*Пажитнов К. А.* Очерки истории текстильной промышленности дореволюционной России. Хлопчатообумажная, льно-пеньковая и шелковая промышленность. М.: Академия наук СССР, 1958. С. 360−361.

同时，纺织工业生产和资本集中的过程也随之加快，究其原因主要有如下三点。

第一，纺织工业部门的技术革新。从 19 世纪 50 年代开始，俄国工业普遍而持续地从手工工场生产转向机器生产，开始了真正意义上的工业革命。同欧洲国家一样，棉纺工业在实行机器生产方面遥遥领先于其他工业部门。1849～1860 年，新棉纺织工厂数量虽然仅增长了 26%，但机械化的纱锭数量却增长了近 150%，工厂产值增长了近 150%。① 棉纺工业的技术革命也刺激了其他纺织工业部门的技术革新。机械化生产提高了棉纺工业的劳动生产效率，降低了棉布的价格，从而迫使其他纺织工业部门相继开始机械化的过程以增强市场竞争力。在呢绒工业中，据经济学家 Г.С. 伊萨耶夫粗略统计，1959 年呢绒工业的纱锭数量达到 80 万个，在 14 年内纱锭数量增加 2 倍；在毛纺织工业中，莫斯科省是当时毛纺织工业最为发达的省份，其毛纺织工厂中机械化织布机的数量由 1859 年的 261 台增加到 1861 年的 1037 台，增长了 297%；在麻纺织工业中，19 世纪 50 年代初开始出现机械化亚麻织布厂，到 1854 年，在 66 家亚麻企业中已经有 10 家实现了机械化生产；在丝纺织工业中，1858 年莫斯科省首次实行机械化纺丝并在一系列企业中采用蒸汽机。据不完全统计，1861 年在丝纺织工业中共有约 65 台并线机（拥有 25 个纱锭）和 125 台倒线机（拥有 7000 个纱锭）。② 随着机器生产在纺织工业中的推广，各企业之间生产能力的差距

① *Соловьева А. М.* Промышленная революция в России в ⅩⅨ в. М.: Наука, 1990. С. 67.

② *Соловьева А. М.* Промышленная революция в России в ⅩⅨ в. М.: Наука, 1990. С. 83-90.

逐渐凸显。大型机械化纺织工厂凭借生产效率高的竞争优势，在市场上排挤了效率低下的中小型纺织工厂并逐渐占据主导地位，从而加快了俄国纺织工业生产集中的过程。1866~1879年，欧俄（不包括波兰）大型纺纱-织布联合工厂的数量从18个增加到32个，棉纱产量从110.6万普特增加到275.2万普特，占俄国棉纱产量的比重由58.4%提高到64.2%。[①] 20世纪初，在137家俄国丝织企业中，3家大型工厂的工人数量占丝织工厂总工人数量的37%。1913年，在632家毛纺织企业中，63家大型工厂的工人数量占毛纺织工厂总工人数量的61.4%。在111家亚麻、大麻和黄麻企业中，29家工厂的工人数量占亚麻、大麻和黄麻工厂总工人数量的67%。[②]

第二，银行参与纺织工业事务。从19世纪末开始，俄国纺织工业中就出现了银行资本与纺织工业资本融合的趋势。俄国纺织企业随着生产规模的不断扩大开始寻求商业信贷机构的金融支持。从19世纪中期开始，在纺织工厂主的积极参与下，莫斯科地区出现了专门的商业银行，即莫斯科商业银行、莫斯科贴现银行、莫斯科贸易银行、莫斯科商业信贷互助公司。到20世纪初，随着纺织工厂对资金周转需求的增强，俄国银行的信贷业务也随之扩大。俄国银行的领导者为陷入困境的多家纺织工厂提供大量贷款，其除了追求高额利息之外，还试图借此机会对债务人公司建立行政监督并干预其生产事务，以此巩固自己在俄国纺织生产上的影响力。1912~1916年，莫斯科银行对

---

① *Соловьева А. М.* Промышленная революция в России в XIX в. М.: Наука, 1990. С. 163.

② *Лаверычев В. Я.* Монополистический капитал в текстильной промышленности России (1900-1917гг). М.: Московский университет, 1963. С. 28-29.

亚休年斯基纺织企业的"帮助"是典型的事例。该企业负债总额达 600 多万卢布，其中欠莫斯科银行 350 万卢布。该企业从国家银行获得了大额信贷。在国家银行的支持下，该企业从协议参与者那里得到了新的贷款，但该企业的金融商业活动也随之被债权人所创建的检察委员会控制。可见，纺织工厂对资金的迫切需求和银行试图参与纺织工业的需求为银行资本和纺织工业资本的融合提供了可能。

银行参与纺织工业的方式主要有以下四种。一是提供信贷。1913 年，莫斯科商业银行和莫斯科商业信贷互助公司为管理所提供信贷的企业，成立了由 5 名成员组成的管理机构，其中 1 名成员与纺织企业所有人共同管理这些企业，其他 4 名成员则在不同程度上对其活动进行监督。[①] 二是参与金融改革。俄国多家纺织工厂为改善企业经济危机处境借助银行中介实行企业金融改革，这为银行成为该企业股东并参与其生产经营事务提供了可能。例如，1895 年，罗兹地区的两家公司在圣彼得堡国际银行的参与下，其固定资本由 150 万卢布增加到 300 万卢布；1912 年，奥库洛夫卡地区的黄麻加工工厂，在银行的领导下创建了库洛京亚麻股份公司；从 19 世纪末开始，圣彼得堡贴现信贷银行参与罗兹地区纺织企业的股票销售。三是购买企业股票。股权参与是银行资本渗入纺织工业的主要途径，它使银行通过持有纺织公司的股票而实现对纺织企业的控制。例如，1912 年，莫斯科银行通过购买股票获得俄国亚麻股份公司 70.9% 的

①　*Лаверычев В. Я.* Монополистический капитал в текстильной промышленности России（1900 – 1917гг）. М.：Московский университет, 1963. С. 37.

股份。四是建立"人事联合"。许多大纺织工厂主在俄国各大
商业信贷机构的高层中任职。例如，钦德尔公司经理、大纺织
品批发公司的所有人 С. И. 休金还是莫斯科商业信贷互助公司
理事会主席和莫斯科贴现银行理事会成员；两家大型纺织企业
的所有人 М. Н. 巴尔德金还是莫斯科商业银行理事会成员；大
纺织企业主 Н. И. 普罗霍罗夫同时还是莫斯科商业银行、莫斯
科贸易银行、俄亚银行和俄国对外贸易银行理事会的成员。①
与此同时，多家银行的领导人也在俄国纺织公司董事会中任职。
截至 1917 年，俄亚银行、圣彼得堡国际银行、俄国对外贸易银
行、俄国工商业银行、西伯利亚商业银行、私人商业银行等 8
家圣彼得堡地区银行的领导人在俄国纺织公司董事会中担任了
34 个职位。②

　　银行资本与纺织工业资本的融合加快了俄国纺织工业生产
和资本的集中程度。一方面，纺织企业借助银行建成了庞大的
垄断组织集团。例如，大纺织企业主里亚布申斯基为巩固以其
为中心的垄断集团在俄国纺织工业中的地位，借助莫斯科银行
的力量创建了工商业贸易康采恩，并渗入其他工业生产部门。
1913 年，Ф. П. 里亚布申斯基集团购买了雅罗斯拉夫尔省的洛
卡罗夫斯克纺织工厂，它是俄国大型的亚麻纺织企业之一。
1913~1914 年，该集团与梅连科夫纺织厂和下诺夫哥罗德纺织
厂等工厂就购买其他亚麻加工厂的问题进行了磋商。到一战前

①　*Лаверычев В. Я.* Монополистический капитал в текстильной промышлен-
ности России（1900 - 1917гг）. М.：Московский университет, 1963.
С. 42, 45, 47-48.

②　*Лившин Я. И.* Монополии в экономике России. М.：Социально-
экономическая литература, 1961. С. 109-110.

夕，Ф. П. 里亚布申斯基集团不仅控制了奥库洛夫卡的造纸厂和茨纳的玻璃制造厂，还从事木材销售，甚至试图渗入黄金开采工业、俄国造船业以及自然资源勘测等行业。另一方面，股权参与和"人事联合"使多家纺织企业和各大银行之间形成了紧密的利益网。例如，圣彼得堡国际银行早在1898年就建立了销售博尔舍夫公司股票的辛迪加，同时它还与布列斯拉夫斯基贴现银行共同在该企业董事会中兼任多个职位。1912年，该银行为了在圣彼得堡交易所发行 Я. 格里博诺夫亚麻-纺纱和亚麻织布公司新股票而再次组建辛迪加，随后亚述、顿河银行、容克尔银行和其他商业机构先后成为该辛迪加成员。[1]

第三，联合生产组织形式的应用。联合生产组织形式在纺织工业尤其是棉纺织工业中被广泛推广。联合生产组织形式在俄国纺织企业中的应用主要通过两种方式实现的。一种方式是购买股票，例如，弗托罗夫贸易公司通过购买控股权参与了巴拉诺夫公司，甚至谢尔普霍夫地区的大型纺织企业孔申公司。[2]股权参与使其在初始资本额为10万卢布的条件下，实现了对资本总额为300万卢布企业的垄断控制。[3]另一种方式是"人事联合"。例如，在棉纺织工业中最具影响力的克诺普公司就是在"人事联合"的基础上控制了大量的棉纺织公司。1909

---

① *Лаверычев В. Я.* Монополистический капитал в текстильной промышлен-ности России（1900–1917гг）. М. : Московский университет, 1963. С. 40–41, 46.

② *Хромов П. А.* Очерки экономики России периода монополистического капитализма. М. : Академия общественны наук при ЦИ КПСС, 1960. С. 10.

③ *Лившин Я. И.* Монополии в экономике России. М. : Социально- эконом-ическая литература, 1961. С. 73.

年，克诺普是 6 家纺织企业董事会和两家银行理事会的成员。克诺普的弟弟除参与 3 家纺织工厂之外，还是钦德尔公司董事会和 1 家银行理事会的成员。克诺普兄弟通过这样的方式实际上控制了俄国大部分棉纺织工厂。[①] 它所控制的棉纺织工厂拥有 165.6 万个纱锭、2.5 万台织布机，即相当于俄国棉纺织工业生产机器的 20%~25%、莫斯科省棉纺织工业生产能力的 1/3 以及波罗的海沿岸地区棉纺织工业生产机器的 1/2。[②]

拥有数千工人的数十家大型的联合纺织企业早在 20 世纪初的纺织生产中，特别是棉纺生产中就已经出现了，其中 B. 莫罗佐夫、C. 莫罗佐夫、博戈罗茨克-格卢霍夫等个别联合纺织企业所拥有的工人数量甚至超过 1 万人以上。[③] 到十月革命前夕，在俄国的纺纱企业中（除波兰和芬兰之外）共有 777.3 万个纱锭，其中"纯粹"的纺纱企业中只有 136 万个纱锭，其余分配在 73 家纺纱-织布和纺织-织布-染色整理的联合企业中。这些联合企业拥有 12.9 万台织布机，其他的 6.3 万台织布机则分布在 131 家织布和织布-染色整理的工厂中。[④] 大联合企业一方面在规定半成品和制成品价格上通常具有决定性的话语权，从而为制成品销售垄断联盟的形成创造了条件；

① *Хромов П. А.* Очерки экономики России периода монополистического капитализма. М. : Академия общественны наук при ЦИ КПСС, 1960. C. 10.

② *Лившин Я. И.* Монополии в экономике России. М. : Социально-экономическая литература, 1961. C. 73-74.

③ *Лаверычев В. Я.* Монополистический капитал в текстильной промышленности России（1900-1917гг）. М. : Московский университет, 1963. C. 31.

④ *Лаверычев В. Я.* Монополистический капитал в текстильной промышленности России（1900-1917гг）. М. : Московский университет, 1963. C. 31.

另一方面，它们在持续联合的过程中使生产和资本的集中程度也随之不断增强，从而有力地推动了更高形式垄断组织的产生和发展。

　　上述因素共同促进了俄国纺织工业生产和资本的集中。在 19 世纪 70 年代至 20 世纪初期，俄国纺织工业生产的集中程度达到了很高的水平。在棉纺工业部门，1908 年末 1909 年初，在莫斯科省的棉纺织企业中，固定资本达百万以上的大企业拥有全省 79.9% 的工人和 89% 的动力功率；在弗拉基米尔省的棉纺企业中，同等规模的棉纺企业拥有全省 87% 的工人和 90% 的动力功率。在麻纺织工业部门中，20 世纪初，在运营的 10 ~ 11 家黄麻企业中，每家企业工人的平均数量有 500 人以上。[1] 1912 年，在 78 家大麻纺织企业中，4 家合伙企业和 2 家股份制公司的工人数量占 78 家企业工人总数的 46% 和资本周转总额的 53%。[2] 到 1910 年，在俄国整个纺织工业部门中，拥有工人数量超过 500 人的企业占据该部门 54% 的工人。生产和资本的高度集中为俄国纺织企业主垄断联盟的形成创造了必要条件。[3]

[1] *Лаверычев В. Я.* Монополистический капитал в текстильной промышленности России（1900-1917гг）. М.：Московский университет，1963. С. 29.

[2] *Пажитнов К. А.* Очерки истории текстильной промышленности дореволюционной России. Хлопчатообумажная，льно-пеньковая и шелковая промышленность. М.：Академия наук СССР，1958. С. 280，286.

[3] *Лаверычев В. Я.* Монополистический капитал в текстильной промышленности России（1900-1917гг）. М.：Московский университет，1963. С. 29.

第二节　纺织工业垄断组织的建立

早在 19 世纪中期，俄国纺织工业中就出现了垄断组织的萌芽。90 年代末相继出现了以追求提高商品价格为目标的简单的销售垄断联盟，但其多半是短暂而不稳定的。到 20 世纪初，更为稳定的卡特尔和辛迪加形式的垄断组织在棉纺、毛纺、麻纺、丝纺等纺织工业部门先后形成并获得了广泛发展。生产和资本集中水平的进一步提高，推动了俄国棉纺工业和丝纺工业托拉斯化趋势的产生和发展。

一　早期垄断组织的出现

早在 19 世纪中期，俄国纺织工业中就出现了垄断组织的萌芽。1854 年，织布工厂主因为不满纱线的价格高涨而签订了降低产量提高织布价格的协议。同年，Н. И. 普罗霍罗夫试图联合莫斯科棉布印花工厂主签订价格协议。在经历 1882 年危机之后，俄国纺织工业部门中出现了简单的、卡特尔形式的垄断组织。1885 年，纱线工厂主们签订了降低产量提高纱线价格的协议。1887 年末，该协议再次提高纱线价格。正如工商部的资料中指出，"纱线价格的增长幅度已经远高于由于棉花税收提高所带来的成本增长幅度"[1]。1893 年，莫斯科棉布印花企业签订

---

[1]　*Лаверычев В. Я.* Некоторые особенности развитии монополии в России (1900–1914) // История СССР, 1960. № 3. C. 82–83.

了提高价格的卡特尔协议，但该协议存在时间较短，最终因为
参与者单独行动而解体。类似的协议在俄国纺织工业中相继出
现。棉纺织企业所有人通常每年会在莫斯科或伊万诺沃－沃兹
涅先斯克召开的非公开的会议上签订这些协议。这些协议的作
用是显而易见的，它们使纺织企业主可以轻而易举地推行提高
价格的政策。① 但这时期所出现的卡特尔还仅是以追求提高商
品销售价格为目标的、最为简单的销售垄断联盟，其多半是短
暂和不稳定的，一旦市场情况、商品销售条件、参与者的经济
实力对比发生变化就会解体。

二　卡特尔和辛迪加的广泛发展

1900～1903 年的经济危机使俄国纺织工业部门陷入艰难的
处境。一方面，中小纺织企业因为无法抵御危机的冲击纷纷倒
闭，或是被大纺织企业吞并；另一方面，大纺织企业主为寻找
出路签订降低产量提高产品价格的销售协议，从而加快了俄国
纺织工业垄断化进程。这在棉纺织工业部门的印花布生产和纺
纱生产中均鲜明地体现出来。在棉布印花生产中，1900 年，俄
国出现了莫斯科和伊万诺沃－沃兹涅先斯克两大印花布工厂主
同盟。② 莫斯科印花布卡特尔最初联合了孔申公司、许布内公
司、钦德尔公司、库瓦耶夫公司、普罗霍罗夫公司和丹尼洛夫

---

① *Лившин Я. И.* Монополии в экономике России. М. : Социально-экономическая
литература, 1961. С. 20-21.

② *Лившин Я. И.* Монополии в экономике России. М. : Социально-экономическая
литература, 1961. С. 21.

公司 6 家印花企业。[①] 到第一次世界大战前夕，与莫罗佐夫企
业集团紧密相关并参与一系列印花布销售的特维尔工厂也加入
其中。1908 年，该卡特尔拥有 4.15 万名工人，相当于全俄棉
纺织生产工人总数的 8%，年生产总值达到 1.23 亿卢布，相当
于全俄棉纺织生产总值（其中包括纺纱、织布、纱线等其他企
业）的 14%，其所联合的工厂在莫斯科印花生产中占有较大份
额。莫斯科印花工厂主会议在每年的 3~4 月初、5 月末 6 月初、
10~11 月召开，主要讨论有关调整棉布销售条件和制定销售价
格的问题。按照个别协议参与者的要求，根据市场情况还会召
开紧急会议，其最终确定卡特尔成员的行为方针和统一行动战
略。[②] 钦德尔公司是莫斯科印花工厂主会议的组织中心[③]，它在
其中起着链接的作用。克诺普、莫罗佐夫、巴尔德金、克拉西
利希克、赫鲁多夫等其他大纺织工厂主均是钦德尔公司的股东。
钦德尔公司的代表们虽然是莫斯科印花工厂主会议多次联合行
动的鼓舞者、倡导者和组织者，但他们并没有一直独占该联盟
的领导地位。该卡特尔内部一直存在尖锐的斗争并不间断地进
行力量重组。最初，该卡特尔的职能（召开会议、协商当前协
定）一直由普罗霍罗夫公司控制，其领导人 Н. И. 普罗霍罗夫
在 1904~1908 年一直担任莫斯科印花工厂主会议的主席。1908
年末 1909 年初，该卡特尔的领导权集中到钦德尔公司。当时，

① *Бовыкин В. И.* Формирование финансового капитала в России: конец XIX
в. -1908г. М.：Наука, 1984. С. 226.

② *Лаверычев В. Я.* Монополистический капитал в текстильной промышленности
России（1900-1917гг）. М.：Московский университет, 1963. С. 78.

③ *Лившин Я. И.* Монополии в экономике России. М.：Социально-экономическая
литература, 1961. С. 39.

莫斯科的工厂主通常会聚集在钦德尔公司董事会的会议室研究下一季节印花布的价格。到一战前夕，钦德尔公司在卡特尔中的主导地位已经相当稳固。[①] "伊万诺沃-沃兹涅先斯克印花工厂主"卡特尔在 1908 年联合了 12 家以上的印花企业。[②] 这些企业拥有 2.76 万名工人，年生产总值大约为 5400 万卢布。此外，邻近地区的同类企业也参与了伊万诺沃-沃兹涅先斯克印花工厂主的卡特尔协议。最初，伊万诺沃-沃兹涅先斯克交易委员会的会议室是该卡特尔的活动中心。在某一段时间内，该委员会完全可以承担保证卡特尔协议的最为简单的工作。1908~1912 年，该委员会开始为伊万诺沃-沃兹涅先斯克资本家执行辅助性工作：收集有关在 4 个月之内的原料、燃料和工厂生产能力的统计数据，并将其发送到各个工厂。由于该机构无力解决在纺织工业中因为斗争日渐尖锐化而出现的更为复杂的问题。于是，1913 年，伊万诺沃-沃兹涅先斯克出现了地方工厂主协会。该工厂主协会对印花价格和降低产量问题的讨论一直持续到十月革命爆发前夕。工厂主协会不仅仅是纺织工厂主的代表机构，还为"伊万诺沃-沃兹涅先斯克印花工厂主"卡特尔执行具体工作。[③]

在棉纱生产中，罗兹地区的工厂主是签订垄断协议的先驱者。1901 年初，他们签订了减少产量并对各种纱线实行标准化价格的协议，此外还建议莫斯科和圣彼得堡的纱线工厂

① *Лаверычев В. Я.* Монополистический капитал в текстильной промышленности России (1900-1917гг.). М.: Московский университет, 1963. С. 79-81.

② *Бовыкин В. И.* Формирование финансового капитала в России: конец XIX в. -1908г. М.: Наука, 1984. С. 227.

③ *Лаверычев В. Я.* Монополистический капитал в текстильной промышленности России (1900-1917гг). М.: Московский университет, 1963. С. 81-83.

主共同调控棉纺织工业。1902 年 4 月 18 日，在 16 家大型棉纺织工厂参加的会议上，工厂主们详细确定了棉纱的销售条件并选出了 2 名代表。这 2 名代表负责每周末从各工厂获取纱线产量及其现有库存的统计数据。在这个卡特尔形式的垄断组织中已经出现了对参与成员的商业独立性进行限制的趋势。罗兹地区的垄断趋势并不仅限于创建卡特尔，其还获得了更高程度的发展。1904 年 9 月，罗兹工厂主呼吁莫斯科和圣彼得堡棉纱工厂主创建全俄纱线出口联盟，但其他地区工厂主对该方案持否认态度。直到 1907 年，由所有大棉纱加工企业参加的出口联盟最终创建完成。它存在时间不长，随着 1910~1911 年初市场形势的好转而最终解体。[①]

在圣彼得堡地区，1905 年革命的爆发加快了圣彼得堡棉纺织工厂联盟的形成。纱线工厂主会议在这时期更多的具有反工人联盟的特点，但该组织同时也执行某些其他职能。1906 年 9 月 5 日，圣彼得堡地区工厂主协会章程获得批准。协会章程确定了该组织的主要任务：保护该行业的利益、改善工人劳动和生产的环境、研究纱线生产和销售的条件。到 1917 年 3 月，圣彼得堡地区 17 家纺织企业加入其中。原料问题一直是该组织的工作重点。1907 年初，它拟定、讨论并批准了购买棉花的统一合同方案，与此同时，还执行收集棉纺织工厂中纱线-织布生产信息的相关工作。[②] 在莫斯科地区，1912 年 12 月至 1913 年，钦德尔公司通知，召开以规定生产为目的的纱线工厂主会议。

---

① *Лаверычев В. Я.* Монополистический капитал в текстильной промышленности России（1900-1917гг）. М.：Московский университет，1963. C. 84-85.

② *Лаверычев В. Я.* Монополистический капитал в текстильной промышленности России（1900-1917гг）. М.：Московский университет，1963. C. 87-88.

在此次会议上，拥有 250 万个纱锭的多家纱线工厂之间达成了缩减纱线生产的协议。1913 年，棉纺织工厂主协会创建完成。该协会的理事会主席由 П. П. 里亚布申斯基担任，其成员包括 А. И. 科诺瓦洛夫、Н. А. 弗托罗夫、Н. И. 普罗霍罗夫以及其他大纺织工厂主。最初加入该协会的是拥有 385.3 万个纱锭和 6.1 万台织布机的 47 家棉纺企业。随后是拥有 3.7 万名工人的印染企业、纱线-织布委员会中的大部分企业，甚至莫斯科和"伊万诺沃-沃兹涅先斯克印花工厂主"卡特尔的成员也相继加入。[1]

　　类似的趋势也出现在麻纺织和毛纺织工业部门。在麻纺织工业部门，1903 年出现了以涅夫斯基麻线工厂为中心联合多家大型麻线生产企业的"麻线"辛迪加，其几乎垄断了俄国整个麻线市场。[2] 1908 年，在黄麻工厂主代表大会上，工厂主讨论了黄麻企业联合的问题。直到 1909 年 1 月，黄麻工厂主才达成消除竞争并保证产品销售的协议。依据协议规定，参与协议的工厂必须共同减少产量并禁止以低于大会所规定的价格销售产品。1912 年，俄国亚麻股份公司在莫斯科成立，其 70.9% 的股份属于里亚布申斯基的莫斯科银行，29.1% 属于亚麻工厂主。该公司的主要目标是调整麻布价格和解决限制生产的问题。1913 年，里亚布申斯基又创建了"亚麻企业主"辛迪加，其垄断了亚麻生产并大幅度地提高了亚麻制品的价格。[3] 在一战前

① *Лаверычев В. Я.* Монополистический капитал в текстильной промышленности России（1900–1917гг）. М.：Московский университет，1963. С. 93–94.

② *Пажитнов К. А.* Очерки истории текстильной промышленности дореволюционной России. Хлопчатообумажная，льно-пеньковая и шелковая промышленность. М.：Академия наук СССР，1958. С. 280.

③ *Лаверычев В. Я.* Монополистический капитал в текстильной промышленности России（1900–1917гг）. М.：Московский университет，1963. С. 106，116–117.

夕，黄麻工业中纵向联合、合并和集中的过程也获得广泛的发展。例如，Т. А. 阿乌赫黄麻工厂与伊奥基什黄麻工厂实现了联合。弗拉基米尔·阿列克谢耶夫贸易公司与戈罗季先斯基黄麻工厂进行了合并，并在 А. 秋利亚耶夫黄麻工厂、休利茨黄麻工厂以及彼得·米特罗法诺夫黄麻贸易公司的事务中发挥自身的影响。①

在毛纺织工业部门，1910 年，在 Н. Т. 卡什塔诺夫、В. А. 雷日恩和 В. Д. 胡塔列夫大工厂主的倡议下，拟定了全俄呢绒工业工厂主协会章程，其随后获得了工厂专门委员会的批准。全俄呢绒工业工厂主协会的理事会主席由 Н. Т. 卡什塔诺夫担任，成员由 Г. И. 阿拉富佐夫、А. А. 多苏热夫、В. А. 雷日思和 В. Д. 胡塔列夫组成。该协会的工作内容主要是解决原料供应和限制毛织品出口的问题，在呢绒工厂与军需部门的相互关系中追求保护工厂主的商业利益，甚至还讨论并签订关于为军需部门的供货价格和销售条件的协议，这些协议最早出现于 1912 年 10 月初。1913 年 8 月，该协会的工厂主宣布将供应国家的呢绒价格再提高 30%。此外，该协会中还出现了规定自由市场纺织品价格的垄断协议。可见，该协会是呢绒工厂主签订呢绒价格和其他销售条件的垄断协议的中心，它已经完全具有垄断联盟的职能。②

---

① *Лившин Я. И.* Монополии в экономике России. М. : Социально- экономическая литература, 1961. С. 75.

② *Лаверычев В. Я.* Монополистический капитал в текстильной промышленности России（1900-1917гг）. М. : Московский университет, 1963. С. 100-104.

三　托拉斯的产生与发展

卡特尔和辛迪加在俄国纺织工业部门的广泛发展使俄国纺织工业生产和资本的集中程度达到了更高的水平，这有力地推动了俄国纺织工业部门托拉斯化的出现。在棉纺织工业部门，英国的科茨公司早在 19 世纪的时候就开始在俄国开展活动，1890 年收购了圣彼得堡涅夫斯基纱线纺织品公司。20世纪初，涅夫斯基纱线纺织品公司开始收购一些圣彼得堡的棉纺和纱线企业。1907～1908 年，该公司将固定资本从 1200万卢布增加到 1800 万卢布，吞并了罗兹纱线工厂股份公司和里加棉纺织工厂两家大型纱线企业。这两家企业虽然在形式上保持独立的经营形式，但实质上却受到涅夫斯基纱线纺织品公司的完全监控。涅夫斯基纱线纺织品公司对其所控制的纱线企业实行全面的技术统一，即整个托拉斯企业开始生产同一种类、同一质量的纱线，并创建新的品牌。与此同时，托拉斯还致力于垄断纱线产品的销售。到第一次世界大战前夕，托拉斯在莫斯科、敖德萨、塔什干、哈尔科夫等大城市设立了 22 家销售办事处和分支机构。[1]

1913 年，莫斯科地区的丹尼洛夫公司、孔申公司和许布内公司三家大型纺织公司创建了进出口贸易公司。[2] 该公司的股份属于上述三家联合企业，并且董事会和理事会的成员也由

---

① *Лившин Я. И.* Монополии в экономике России. М. : Социально-экономическая литература, 1961. С. 74-75.

② *Хромов П. А.* Очерки экономики России периода монополистического капитализма. М. : Академия общественны наук при ЦИ КПСС, 1960. С. 56.

其监察委员会和董事会成员兼任。该托拉斯联盟并没有完全消除集团参与者的独立性，也未对其实现完全的合并。它是集团参与者在"人事联合"、参与制和金融监督的基础上仍然保留形式上独立的托拉斯联盟。小股东克诺普和孔申与大股东 H. A. 弗托罗夫共同发挥着作用，但该联盟所有活动的领导权则归 H. A. 弗托罗夫所有。该托拉斯联盟在欧俄、中亚、西伯利亚地区设立很多销售分支机构和批发仓库，同时还在国外设立了私人代办处，这为其垄断产品销售排挤竞争者提供了可能。①

1913 年底，花边工厂开始联合起来。莫斯科花边制品工厂成立了新的花边工厂组织。因为一系列的金融业务和商业协议，莫斯科花边制品工厂将全国大型花边企业的产品销售权集中到自己的手里。不仅如此，它还开始购买 M. C. 法伊金德公司、古夫斯塔夫·盖耶尔花边工厂、弗列特切尔花边工厂的股份，力图收购加入辛迪加的花边工厂。莫斯科花边制品工厂及其创建的联盟受到亚述-顿河银行和容克尔银行的共同监督，其控股权归容克尔银行所有。1916 年底，在 H. A. 弗托罗夫将容克尔银行改组为莫斯科工业银行之后，该银行开始独自监督莫斯科花边制品工厂所联合的花边工厂集团。②

此外，丝纺织工业部门也出现了创建托拉斯化联盟的趋势。1908 年底，西蒙诺公司、日罗公司、A. 穆西纺丝公司三大莫斯科公司代表展开了谈判。经磋商之后，他们认为，简单的卡

---

① *Лаверычев В. Я.* Монополистический капитал в текстильной промышленности России（1900-1917гг）. M.：Московский университет, 1963. C. 148-152.

② *Лаверычев В. Я.* Монополистический капитал в текстильной промышленности России（1900-1917гг）. M.：Московский университет, 1963. C. 152.

特尔化生产无法满足垄断市场的需要，必须出台完全合并这些企业的决议。在后续的谈判中，与会者详细说明了有关创建俄国丝纺工厂股份公司及其理事会的具体事宜。参与者同意在公司中创建主管产品供应、销售、技术维护的三大专门机构，其中制定产品价格主要由企业技术机构负责，并决定实行企业专门化经营，消除相似的以及无利可图的产品，但该托拉斯并未创建成功。① 其主要原因是未能妥善处理在原有企业之间分配新公司股份的问题。此外，1909 年纺丝市场形势的好转对谈判失败也存在一定程度的影响。直到十月革命前夕，上述三大莫斯科纺丝公司仍然是独立运营的，它们之间仅限于签订短暂的卡特尔协议。②

第三节　国家对纺织工业部门的调控

第一次世界大战爆发之后，为了调动纺织工业扩大纺织品生产满足军队的需要，沙皇政府在棉纺、毛纺、麻纺等纺织工业部门中建立了一系列的国家调控机构。纺织垄断资本派遣代表积极参与上述国家调控机构的活动，从而实现了利用这些机构维护自己利益的目的。

---

① *Лившин Я. И.* Монополии в экономике России. М. : Социально-экономическая литература, 1961. С. 76.

② *Лаверычев В. Я.* Монополистический капитал в текстильной промышленности России（1900–1917гг）. М. : Московский университет, 1963. С. 153.

一 国家调控机构的建立

早在一战爆发初期，纺织工业就出现了创建国家调控机构的趋势。随着棉纺织品军事订单数量的持续增加，总军需部为保证棉花供应开始采取某些措施。1914 年 8 月 6 日，在总军需部领导人舒瓦耶夫组织召开的棉纺织工业工厂主大会上，与会人员组建了隶属于莫斯科交易委员会的专门军需委员会。该委员会的成员只有一些工厂主，其主要任务是制定棉织品的样本、规定供应棉布的价格、组织棉布验收。到1915 年 6 月 26 日，莫斯科军事工业委员会的棉花分部创建之后，调控棉纺织工业的工作逐渐集中到这一组织。专门军需委员会与棉花分部一起共同运行。专门军需委员会的成员全部加入了棉花分部，而专门军需委员会逐渐变成棉花分部的辅助机构，但这两大调控机构都处于棉纺织工业工厂主协会的监控之下。因此可以说，专门军需委员会和棉花分部实质上都是棉纺织工业工厂主协会的分支。所有保证专门军需委员会和棉花分部活动的筹备工作均由棉纺织工业工厂主协会完成。[1] 根据莫斯科棉纺织工业工厂主协会的申请，沙皇政府创建了隶属于工商部的棉花供应委员会。[2] 其成员包括 5 名中央工业区棉纺织工厂主代表、1 名圣彼得堡地区棉纺织工厂主代表、6 名棉花商人代表、5 名政府部门代表以及莫斯科交易委员会和浩汉交易

[1] *Лаверычев В. Я.* Монополистический капитал в текстильной промышленности России (1900-1917гг). М.: Московский университет, 1963. С. 244-247.

[2] *Погребинский А. П.* Государственно-монополистический капитализм в России. М.: Социально-экономическая литература, 1959. С. 153.

委员会的代表各 1 名，该委员会主席由工商大臣担任。在形
式上，棉纺织工厂主和棉花商人在委员会中人数是相等的。
但由于莫斯科交易委员会的代表是大棉纺织工厂主 Н. Д. 莫罗
佐夫，所以实际上棉纺织工厂主占多数。① 沙皇政府创建该委
员会的主要目的是规定棉花价格并在各棉纺织工厂之间分配原
材料。② 在棉花的销售价格被严格限制的同时，纱线和织布的
价格则在无限制地快速增长。棉布价格的持续高涨引起了广大
居民的强烈不满，他们通过某些资产阶级人士，如棉花商人、
地方自治和城市同盟代表等，呼吁国家和社会对棉布交易进行
调控。受这些因素的影响，沙皇政府着手调控纱线和棉布的价
格。③ 1915 年 11 月 27 日，大臣会议扩大了棉花供应委员会的
职权，它有权规定纱线和棉布的价格并监督军事订单的执行
情况。④

　　类似的调控机构也出现在毛纺工业和麻纺工业部门。在毛
纺织工业部门，1915 年 8 月，为保证毛线的供应创建了隶属于
工商部的呢绒工业事务委员会。该委员会包括 6 个独立部门：
薄呢子、粗呢子、绒线、人造羊皮、半粗毛织品、粗毛。呢绒
工业事务委员会自运行开始就在工厂主协会的帮助下干预个别
企业的生产。1915 年 8 月 10 日，呢绒工厂主协会在总军需部大

① *Лаверычев В. Я.* Монополистический капитал в текстильной промышленности России (1900-1917гг). М. : Московский университет, 1963. С. 253-254.

② *Погребинский А. П.* Государственно-монополистический капитализм в России. М. : Социально-экономическая литература, 1959. С. 153.

③ *Лаверычев В. Я.* Монополистический капитал в текстильной промышленности России (1900-1917гг). М. : Московский университет, 1963. С. 261-262.

④ *Погребинский А. П.* Государственно-монополистический капитализм в России. М. : Социально-экономическая литература, 1959. С. 155.

臣提议的基础上通过了调查辛比尔斯克和基辅两省某些呢绒工厂的决议。1915 年 8 月 20~21 日，呢绒工业事务委员会成员讨论了呢绒工厂主协会所提供的有关某些工厂生产能力严重不足的数据。在这些数据的基础上，委员会决定对未被充分利用的一些企业进行调查，并监察为执行军事订单而联合的这些小工厂。1915 年 12 月 17 日，大臣会议决议扩大呢绒工业事务委员会的职权，具体如下：在个别企业之间分配订单、规定毛纺织品价格、调查企业以揭示其现行的生产水平、执行对洗涤企业的监督。① 在麻纺织工业部门，创建亚麻和黄麻工业事务委员会的初步方案由莫斯科军事工业委员会亚麻分会和全俄亚麻企业主协会起草，经中央军事工业委员会讨论之后被提交到政府部门详细研究。1915 年 11 月 27 日，沙皇批准了建立亚麻和黄麻工业事务委员会的指令。该委员会由亚麻和黄麻两个独立分部组成。委员会主席和两个分部的副主席均由工商部任命。该委员会及其亚麻分部设在莫斯科，黄麻分部设在圣彼得堡。该委员会的职能是调查企业的生产能力，确定亚麻、麻线和麻布的销售价格，讨论关于征购麻织品和管制企业资产等问题。1915 年 12 月 19 日，按照总军需部领导的建议，全俄亚麻企业主协会创建了专门的军事委员会，其成员由工厂主代表和军需部门代表组成，负责确定军事订单数量、调查执行军事订单企业的生产能力以及分配军事订单。1916 年 1 月 1 日，为落实总军需部的意见，全俄亚麻企业主协会考察了纺纱厂和织布厂的生产能力。该协会理事会所制定的纱线和麻布的新价格获得了

---

① *Лаверычев В. Я.* Монополистический капитал в текстильной промышленности России（1900-1917гг）. М.：Московский университет, 1963. С. 293 -295.

中央军事工业委员会的批准。[①]

二　纺织垄断资本利用国家调控机构维护自己的利益

大纺织工厂主在国家调控纺织工业的机构中占据主导地位。在棉纺织工业部门，专门军需委员会和莫斯科军事工业委员会的棉花分部都处于棉纺织工业工厂主协会的监控之下。棉纺织工业工厂主协会的领导人 П. П. 里亚布申斯基、Н. Ф. 别利亚耶夫和 В. П. 罗戈任等均是莫斯科交易委员会专门军需委员会的成员。而莫斯科军事工业委员会的棉花分部则由 15 人组成，其中 5 人是棉纺织工业工厂主协会理事会的成员。可以说，专门军需委员会和棉花分部实质上都是棉纺织工业工厂主协会的分支。保证专门军需委员会和棉花分部活动的所有筹备工作均由棉纺织工业工厂主协会完成。Н. И. 古奇科夫所领导的这一调控机构与莫斯科金融集团的关系相当紧密。在棉花供应委员会中有自己代表的大部分莫斯科棉花贸易公司都处于大型棉纺织工厂或莫斯科银行的影响之下。[②] 在毛纺织工业部门的呢绒工业事务委员会的成员中，有 17 名工厂主代表，4 名政府部门代表，8 名绒毛商人、养羊专家等。可见，毛纺工厂主占绝对的数量优势。该委员会的重要部门完全由大型毛纺工厂厂主控制。Н. Т. 卡什塔诺夫担任薄布分会委员会的副主席，呢绒工

---

①　*Лаверычев В. Я.* Монополистический капитал в текстильной промышленности России（1900-1917гг）. М. : Московский университет，1963. С. 302-304.

②　*Лаверычев В. Я.* Монополистический капитал в текстильной промышленности России（1900-1917гг）. М. : Московский университет，1963. С. 246，253-254.

厂主协会副主席 B.H. 帕特里克耶夫担任粗布分会委员会副主席。工厂主自己也坦言，呢绒工业事务委员会与呢绒工厂主协会几乎实现了完全的合并。在亚麻工业部门，麻纺织工厂主代表的数量在亚麻和黄麻工业事务委员会中也占多数。此外，该委员会调控国家麻纺织工业的具体事务都是由企业代表组织执行的。亚麻和黄麻工业事务委员会仅有部分职能，其所出台的决议或措施必须征求全俄亚麻企业主协会和莫斯科军事工业委员会亚麻分会的意见。①

纺织工业垄断资本在战时国家调控组织中的决定性作用为其利用这些机构维护自己的利益提供了可能。在棉纺织工业部门，大棉纺织工厂主利用棉花供应委员会的职能实现利益最大化，其主要体现在以下两方面。一是利用棉花供应委员会对棉花限价职能获取高额利润。在 1916 年 5 月的专门备忘录中，棉花供应委员会的领导人承认，限制棉花价格的根本目的就是提高棉纺织工厂的利润。限制棉花价格使俄国棉纺织工厂在战时棉花严重短缺且价格持续上涨的情况下，不但未陷入经营困境，利润反而得到了大幅度的提升。二是利用棉花供应委员会打击以提高销售价格为目的而囤积棉花的棉花贸易公司的职能，将这些棉花集中到自己的手里。当棉纺织公司试图高价销售棉花时，棉花供应委员具有强制征购棉花的特权。例如，1915 年 10 月，棉花委供应员会查封了捷尔别涅夫的棉花贸易公司所囤积的大量棉花。捷尔别涅夫试图把从中亚购得的棉花以更高的价格再转售出去。虽然，捷尔别涅夫向相关部门申诉棉花供应委

① *Лаверычев В. Я.* Монополистический капитал в текстильной промышленности России（1900–1917гг）. М.：Московский универсетет，1963. C. 293，304–305.

员会的上述行为，但毫无结果。[①]

在毛纺织工业部门，事实上，呢绒工业事务委员会分配军事订单和规定毛纺织品价格的特权依然在工厂主的手里。这些事务都是呢绒工厂主协会或莫斯科军事工业委员会毛纺织分会执行的。例如，1916 年 10 月，在莫斯科军事工业委员会毛纺织分会的会议上为执行军事订单分配毛纱并批准某些毛织品的价格。验收供应军需部门的毛纺织品的工作也由莫斯科军事工业委员会毛纺织分会完成。1917 年 1 月 25 日，呢绒工业事务委员会薄呢子分部呼吁工商部对拥有数万普特毛线的 29 名工厂主进行检查。最终，毛纺织工厂主成功达到了他们的目的。到二月革命前夕，薄呢子分部获得了这批毛线，开始着手组织毛线的验收和派送。[②]

在麻纺织工业部门，国家调控麻纺织工业事务中的决定性作用仍然属于全俄亚麻企业主协会。自亚麻和黄麻工业事务委员会正式运行起，大型麻纺织工厂厂主就围绕确定满足执行军事订单的麻布生产所需的麻线价格开展了一系列的工作。1916 年 5 月 23 日，全俄亚麻企业主协会拟定的麻线价格获得了莫斯科军事工业委员会亚麻分部和全俄亚麻企业主协会联合委员会的批准，之后又获得了亚麻和黄麻工业事务委员会亚麻分部的批准。虽然军需部门认为所拟定的麻线价格过高，但其却仍然

---

① *Погребинский А. П.* Государственно-монополистический капитализм в России. М. : Социально-экономическая литература, 1959. C. 156–158.

② *Лаверычев В. Я.* Монополистический капитал в текстильной промышленности России（1900–1917гг）. М. : Московский университет, 1963. C. 295, 297.

获得了亚麻和黄麻工业事务委员会亚麻分部和工商部的批准。①

  总之，沙皇政府为满足战争需要在纺织工业部门中创建了一系列调控机构。纺织垄断资本积极参与这些调控机构的活动以实现维护自己利益的目的。这在促进国家纺织调控机构与各纺织企业代表组织的关系日渐紧密的同时，还加快了纺织工业部门中垄断资本与国家政权相结合的过程。

---

① *Лаверычев В. Я.* Монополистический капитал в текстильной промышленности России (1900–1917гг). М. : Московский университет, 1963. C. 305.

第三章 俄国石油工业垄断的形成与发展

19 世纪末 20 世纪初，俄国石油工业中生产和资本的集中达到了很高的水平。第一次世界大战前夕俄国出现了诺贝尔兄弟公司、英荷壳牌集团、俄国石油总公司三大垄断资本集团鼎足而立的局面，它们几乎控制了俄国石油工业资本的 70%、石油开采量的 60.7%、煤油和重油加工量的 66%、石油及其产品销售额的 90%。① 这对石油工业部门以及国家经济发展都产生了重要的影响。笔者试图从石油工业垄断形成的缘由、石油垄断组织的建立及其活动、石油工业垄断的影响三个方面对俄国石油工业垄断问题进行系统论述。

第一节 石油工业垄断形成的缘由

俄国石油工业中的垄断组织最早出现于 19 世纪 80 年代，在 90 年代末 20 世纪初得以迅速发展。股份公司的建立和推广、石油企业之间激烈的自由竞争、外国资本渗入石油工业、银行资本与石油工业资本的融合等因素共同促进了俄国石油

---

① *Волобуев П. В.* Из истории монополизации нефтяной дореволюционной промышленности России. 1903 - 1914 // Исторические записки. Т. 52, 1955. С. 98, 102.

工业中生产和资本的空前集中，为垄断的出现提供了必要
条件。

一　股份公司的建立与推广

早在 19 世纪 70 年代，在俄国石油企业主中就出现了加强各生
产环节之间联系的呼声，到 19 世纪末 20 世纪初，随着石油工业的
日益繁荣，这种联合的诉求变得更加强烈，于是企业主便通过创建
股份公司的形式实现联合。股份公司通过发行股票，不但能够很快
将石油工业中原来分散而独立的单个私人资本转化为集中而联合的
社会资本，满足大生产对资本的要求，而且还可以将各类石油企业
联合成为规模更大的企业集团。然而，很多原有的俄国石油企业在
相当长的时期都是以有限责任公司的形式运营，因此股份公司的企
业组织形式在俄国石油工业中经历了缓慢的发展过程。1890 年，所
有从事石油业务的企业中只有诺贝尔兄弟公司、黑海–里海工商业
公司（洛希尔公司）、巴库石油公司和里海公司等属于股份制企
业。[1] 直到 19 世纪 90 年代末 20 世纪初，股份制的企业组织形式
才得以在俄国石油工业中逐渐普及。例如，石油股份公司的数量
从 1893 年的 9 家增加到 1914 年的 109 家，其中俄国股份公司是
78 家，外国股份公司是 31 家。[2] 甚至在 19 世纪末才发展起来的

[1]　*Ахундов Б. Ю.* Монополистический капитал в дореволюционной бакинской
нефтяной промышленности. М. : Социально-экономическая литература,
1959. С. 77.

[2]　Под　ред. *Гефтер М. Я.* Монополистический　капитал　в　нефтяной
промышленности　России.　1883–1914. Документы и материал. М. :
Академия наук СССР, 1961. С. 27.

格罗兹尼地区，到 20 世纪初也先后建立了阿赫韦尔多夫公司、英国-俄国马克西莫夫公司、施皮斯公司、英国-捷列克石油公司等十几家股份公司。[①]

　　股份制的公司形式一方面作为筹集资金的有效方式有利于吸收俄国国内外的资本从而扩大石油企业的生产和发展，如利安诺佐夫公司通过发行两次股票之后，资本总额从 1906 年的 100 万卢布迅速增加到 1912 年的 800 万卢布[②]；巴库石油公司在法国资本参与之后资本总额从 1894 年的 200 万卢布增加到 778 万卢布。[③] 另一方面，它使石油工业各生产环节的企业借助股权参与的方式实现了相互之间的渗透和联合。如利安诺佐夫公司通过购买阿普歇伦斯克石油公司、A.C. 梅利科夫公司、英国-俄国马克西莫夫公司等多家石油生产和销售公司的股票之后，其业务范围由最初的煤油加工扩大到石油开采和产品销售等多个领域。[④] 可见，股份制公司加速了石油工业资本和生产的集中，极大地推动了俄国石油工业垄断化的进程。

二　石油企业之间激烈的自由竞争

　　在 19 世纪 70~90 年代的资本主义时期，价格机制在俄国石油

---

① *Потолов С. И.* Начало монополизации грозненской нефтяной промышленности (1893-1903 гг) // Монополии и иностранный капитал в России. М-Л.: Издательство Академии наук СССР, 1962. С. 120-126.

② *Сеидов В. Н.* Архивы Бакинских нефтяных фирм XIX -начало XX века. М.: Модест колеров, 2009. С. 108-109.

③ *Сеидов В. Н.* Архивы Бакинских нефтяных фирм XIX -начало XX века. М.: Модест колеров, 2009. С. 99.

④ *Сеидов В. Н.* Архивы Бакинских нефтяных фирм XIX -начало XX века. М.: Модест колеров, 2009. С. 110.

工业市场经济的运行中起着主导作用，生产要素也可以在石油各企业之间自由转移，此时自由竞争是石油企业之间关系的基准。石油企业主为了获得超额利润维持企业的生产和发展，彼此之间展开了激烈的竞争，其中实力雄厚的大企业凭借技术和运输方面的优势排挤实力弱小的企业从而确立其在市场上的垄断地位。

在石油工业发展初期，企业之间的差距尚不明显，随着技术、运输和资本条件的变化，到19世纪90年代的快速发展时期则逐渐凸显。与实力弱小的石油企业相比，实力雄厚的大石油企业自己采油，还以低廉价格收购小企业的石油制品，在厂区建成储存成品油的大型储油罐使加工连续进行，凭借成熟的蒸馏技术可以高质量完成对煤油的提纯，通过铺设石油管道、建造油轮和油罐车取得石油运输优势等。这些大企业凭借上述优势降低了产品的生产成本，提高了劳动生产率，增强其在市场上的竞争能力，而中小企业因资金不足、技术落后、运输能力不足而纷纷倒闭。应该指出的是，激烈的市场角逐，虽然导致企业数量减少，但其生产能力却不断增强，从而加速了石油工业中生产集中的过程。1885~1900年，巴库的石油加工厂数量从120家减至93家，而煤油生产量则从2200万普特增至1.1亿普特。1885年在120家煤油工厂中9家企业煤油产量占75%，1890年在97家煤油厂中6家企业煤油产量占63%。[①] 与1893年相比，1899年巴库石油加工厂的数量由73家缩减到53家，但煤油产量却由9000万普特增加到1.1亿普特，其中仅6家工厂就提供了该地区54%的石油产品。1910年，5家大型工厂生产了巴库地区56%的石油产品，

---

① *Самедов В. А.* Нефть и экономика России 80-90-в годы XIX века. Б. : ЭЛМ, 1988. С. 21.

而小工厂的产量却仅占 1.5%。[①]

　　1900~1903 年的经济危机导致石油产品价格大幅度降低，俄国市场竞争也因此空前激烈，上百家中小石油企业因无法摆脱困境而相继破产，大石油企业则凭借雄厚的实力成为这场角逐的胜利者。这一现象反映了大资本不断控制石油工业的过程。为寻求政府的支持，1908 年不堪重负的小企业主向工商部反映了这一情况："在这里已经出现了石油生产不断集中于大企业的趋势，它们在市场中的垄断地位日益巩固。在149 家石油开采公司中 10 家公司的开采量占 70%，它们凭借在市场中的主导地位，可以随意规定原油及其产品的价格。"[②]经过这次激烈竞争之后，俄国石油工业主要集中在诺贝尔兄弟公司、黑海-里海工商业公司、巴库石油公司、里海公司、莫斯科高加索公司等大石油企业手里，生产和资本的集中程度也达到了前所未有的水平，这在石油工业部门的开采和加工领域均能体现出来。在石油开采工业中，1913 年在巴库地区 186 家采油公司中 11 家大公司采油量占总采油量的 53%，余下 175 家公司仅占 47%[③]；1914 年，诺贝尔兄弟公司、英荷壳牌集团和俄国石油总公司提供 51.5% 的石油开采量，其资

---

①　*Лисичкин С. М.* Очерки по истории развития отечественной нефтяном промышленности. М.：Государственное научно-техническое издательство，1959. С. 360.

②　*Ахундов Б. Ю.* Монополистический капитал в дореволюционной бакинской нефтяной промышленности. М.：Социально-экономическая литература，1959. С. 81.

③　*Ахундов Б. Ю.* Монополистический капитал в дореволюционной бакинской нефтяной промышленности. М.：Социально-экономическая литература，1959. С. 83.

本总额达到 2.49 亿卢布，集中俄国国内外市场石油销售额的
75%。格罗兹尼地区的石油开采公司从 19 世纪末的 40 家缩减
到 1905 年的 14 家，其中施皮斯、阿赫韦尔多夫、卡兹别克三
大公司集中了该地区 75% 的石油开采量，到第一次世界大战
前夕，6 家石油开采公司集中了该地区 90% 的石油开采量。[①]
而在石油加工工业中，1906~1910 年巴库地区的石油加工厂从
44 家减少到 20 家，其中年产量达到 50 万普特加工厂的石油产
品产量占 56%，而年产量不足 10 万普特加工厂的石油产品产量
仅占 1.5%[②]；20 世纪初在格罗兹尼地区的 10 家企业中，阿赫
韦尔多夫公司和弗拉基高加索铁路公司集中了该地区石油加工
量的 84.5%。[③]

三　外国资本渗入石油工业

俄国石油工业自 1872 年废除专卖制度之后开始了资本主义
化的经营，企业主沉迷于石油投机活动、地方信贷机构与私人
信贷利息过高等因素使其难以从本国吸收大量资金，这导致其
发展因资金匮乏而受到严重束缚。然而，在西方某些国家的市
场中却出现了正寻找利润丰厚的投资项目的闲置资金。此时，

---

① *Лисичкин С. М.* Очерки по истории развития отечественной нефтяном
промышленности. М.: Государственное научно-техническое издательство,
1959. С. 358-359.

② *Лисичкин С. М.* Очерки по истории развития отечественной нефтяном
промышленности. М.: Государственное научно-техническое издательство,
1959. С. 360.

③ *Потолов С. И.* Начало монополизации грозненской нефтяной про-
мышленности（1893-1903 гг）// Монополии и иностранный капитал в
России. М-Л.: Издательство Академии наук СССР, 1962. С. 126.

俄国石油工业凭借资源丰富、劳动力低廉、高利润回报等优势得到了西欧资本家的青睐，加之 1872 年 2 月 1 日《石油行业生产新规则》的出台，"外国公民在俄国未被占用的土地上享有与俄国公民同样勘探和开采石油的权利"①，为外国资本渗入俄国石油工业提供了可能。

19 世纪 70 年代，外国资本开始渗入俄国石油工业，到 1890 年之后获得快速发展。1895~1901 年，外资投入俄国石油工业的资本总额达到了 9760 万卢布。然而，1902~1908 年，外国资本的投资数额逐年降低。1901~1903 年的经济危机、日俄战争、革命运动的高涨等因素限制了外国垄断资本家的对俄投资。直到第一次世界大战爆发前夕，随着战争对石油需求的增长，外国资本再次燃起了对俄国石油工业投资的热情，其中英国资本的投资数额增长幅度最为明显。1917 年，石油工业中的外国资本总额为 4.6 亿卢布，占石油工业部门投资总额的 56%，其中英国资本所占比重是 37%，法国资本占 13%，紧随其后的是德国、荷兰和比利时。外国资本在俄国石油工业中获得了巨额利润。例如，英国企业主花费 500 万卢布购买塔吉耶夫油田，2 年零 4 个月之后，获得净利润 725 万卢布。英国人花费 460 万卢布从希巴耶夫手里购买了油田，1 年之后，获得净利润达 100 万卢布以上。②

① *Лисичкин С. М.* Очерки по истории развития отечественной нефтяном промышленности. М.: Государственное научно-техническое издательство, 1959. С. 40, 358.

② *Лисичкин С. М.* Очерки по истории развития отечественной нефтяном промышленности. М.: Государственное научно-техническое издательство, 1959. С. 373-374.

外国资本的渗入加快了俄国石油工业生产和资本集中的过程。德国资本家的主要代表是罗伯特·诺贝尔，他最初在 1875 年花费 2.5 万卢布购买了俄国一家小煤油加工厂。诺贝尔兄弟于 1879 年建立了固定资本为 300 万卢布的诺贝尔兄弟公司，其中外国资本仅有 11.5 万卢布，份额相当于 3.8%。该公司的固定资本逐年增加，在 1883 年已经增加到 1500 万卢布。[①] 诺贝尔兄弟公司通过引入先进的管理经验，采用连续提炼法分离馏成分的技术提高炼油质量，建立里海与伏尔加河运油船队、制造油罐车取得运输优势，设立存储和销售网实现石油产品便捷而顺利地出售，最终以"高质量、低成本"的特点战胜俄国市场的其他石油企业主，在俄国的石油开采、加工和销售领域占据主导地位。该公司在 1879~1883 年的开采量从占全俄石油开采量的 1.4%增长到 25.9%，煤油产量从占全俄煤油产量的 4.5%增长到 49%[②]；1899~1900 年，石油产品销售量由 1.63 亿普特增加到 1.92 亿普特；1907 年所获净利润达 800 多万卢布[③]；1909 年拥有巴库地区 20%的煤油开采量、50%的石油销售额和 35%的重油销售额。[④]

法国银行家罗斯柴尔德于 1883 年来到巴库地区之后，率先

① *Хромов П. А.* Очерки экономики России периода монополистического капитализма. М.: Академия общественны наук при ЦИ КПСС, 1960. С. 368–369.

② *Дьяконов И. А.* Нобелевская корпорация в России. М.: Мысль, 1980. С. 64.

③ *Хромов П. А.* Очерки экономики России периода монополистического капитализма. М.: Академия общественны наук при ЦИ КПСС, 1960. С. 36.

④ *Дьяконов И. А.* Нобелевская корпорация в России. М.: Мысль, 1980. С. 64.

控制了巴统石油贸易公司，后来更名为黑海-里海工商业公司。
1897 年，他在格罗兹尼创建了资本为 300 万卢布的莫斯科石油
公司，1898 年又购买了波利亚科的贸易企业，并在此基础上创
建了资本为 500 万卢布的重油公司，随后很快便增加到 1200 万
卢布。此后，罗斯柴尔德主要通过上述几家石油公司影响俄国
的石油工业。黑海-里海工商业公司通过为很多煤油加工厂提
供信贷的方式很快便控制了 135 家俄国中小企业，到 1916 年获
得了 15 家俄国石油企业股份总额的 35.3%。[①] 俄国石油的巨额
利润驱使罗斯柴尔德放弃了仅从事金融信贷的原则，将进军俄
国石油销售领域。他通过为俄国中小企业提供贷款而强制其供
应石油产品的方式集中并控制了大量的石油产品、在俄国各个
地区投资建立诸多仓库、参与修建巴库至巴统输油线路解决石油
产品的运输问题，从而在俄国国内外石油销售市场上建立了垄
断地位。例如，他将巴库的煤油销售到英国、奥地利-匈牙利、
土耳其以及远东市场。1899 年，在经巴统运出的 3500 万普特
的煤油中罗斯柴尔德集团大约占 2760 万普特。1907 年，诺贝
尔兄弟公司和重油公司控制了由阿拉斯特罕市和下诺夫哥罗德
市所输出煤油量的 75% 和 85.4%。[②] 再如，到第一次世界大战
前夕，"诺贝尔-重油"卡特尔垄断了俄国市场 77% 的石油产品

① *Ахундов Б. Ю.* Монополистический капитал в дореволюционной бакинской
нефтяной промышленности. М. : Социально-экономическая литература，
1959. С. 37-39.

② *Лисичкин С. М.* Очерки по истории развития отечественной нефтяном
промышленности. М. : Государственное научно-техническое издате-льство，
1959. С. 360, 369.

销售额。①

英国资本家最早出现在巴库地区是 1890 年。1898 年，英国公司购买了巴库地区的塔吉耶夫企业并在此基础上创建了固定资本为 1200 万卢布的新公司。在这一年，英国资本家吞并了希巴耶夫股份公司、阿拉费洛夫工厂、阿达莫夫兄弟工厂、布达科夫工厂、察图罗夫工厂、卡兰塔罗夫工厂等。英国资本家在巴库地区仅有 11 家大石油企业。② 与德法资本家不同的是，英国资本家特别关注了麦克普、格罗兹尼油区的开采和勘探。在格罗兹尼地区，20 世纪初英国资本家建立了资本总额为 1090 万卢布的 7 家公司③；1905 年，在 10 家外国石油开采公司中，5 家属于英国资本家。在麦克普地区，英国资本家占据着稳固的地位。在麦克普的“繁荣”时期，英国人建立了 66 家石油公司，其中最大的是麦克普石油公司，其拥有 3000 名工人。④ 1909~1912 年，英国人建立了总资本为 6220 万卢布的 37 家英国股份公司。⑤ 英国商人在麦克普地区看到了巨大的商机。该地区位于黑海沿岸地带，其有利的地理位置为麦克普油田与巴库油田和格罗兹尼油田争夺世界石油市场提供可能。此外，英国资本还渗入了切列肯、达吉斯坦、库塔伊西、萨哈林和乌拉尔-伏尔加地区等。英国资本家在达

---

① *Лившин Я. И.* Монополии в экономике России. М. : Социально- экономическая литература, 1961. С. 27.

② *Лисичкин С. М.* Очерки по истории развития отечественной нефтяном промышленности. М. : Государственное научно-техническое издате-льство, 1959. С. 371.

③ *Бородкин Л. И.* Экономическая история. М. : МГУ, 2005. С. 53.

④ *Лисичкин С. М.* Очерки по истории развития отечественной нефтяном промышленности. М. : Государственное научно-техническое издате-льство, 1959. С. 372.

⑤ *Бородкин Л. И.* Экономическая история. М. : МГУ, 2005. С. 57.

吉斯坦、库塔伊西、梯弗里斯分别投入了 150 万卢布、200 万卢布、250 万卢布；英国人在 1910 年建立了固定资本为 470 万卢布的费尔干纳石油公司，在 1912 年的纳夫塔兰地区建立了南 - 高加索辛迪加。1912 年，在 17 家公司中，5 家公司控制了切列肯地区 75% 的石油开采量。到第一次世界大战前夕，英国资本控制了俄国石油工业中 37% 的外国公司。[①] 在谈及英国资本在俄国石油工业中的影响时必须提及英荷壳牌集团和俄国石油总公司。英荷壳牌集团在 1911 年成功收购了罗斯柴尔德家族的重油公司和黑海 - 里海工商业公司，到 1915 年控制了资本额为 6088 万卢布、开采总量为 8.68 亿普特的 9 家俄国石油企业。与之相比，俄国石油总公司也毫不逊色，不仅在第一次世界大战前就将影响范围扩大到诺贝尔兄弟公司，而且到 1915 年已控制了资本额为 1.4 亿卢布、开采总量为 14.37 亿普特的 16 家俄国大石油企业。[②] 1902 年，比利时的资本家在格罗兹尼创建了石油产品销售公司。它将阿赫韦尔多夫公司、施皮斯公司以及英国 - 俄国马克西莫夫公司均处于其控制之下。外国资本家代表在销售其石油产品和购买他人石油产品上建立了垄断价格。格罗兹尼的石油工业主要由国外三大垄断组织所投资的瓦捷尔凯公司控制。[③]

可见，以诺贝尔兄弟和罗斯柴尔德为首的外国商人，一方面依靠雄厚的资金、先进的管理经验和技术、便利的运输条件

---

① *Лисичкин С. М.* Очерки по истории развития отечественной нефтяном промышленности. М. : Государственное научно-техническое издате-льство, 1959. С. 372，375.

② *Коха М. А.* , *Оль П. В.* Нефтяная промышленность. М-Л. : Гос. изд-во, 1925. С. 39—40.

③ *Лисичкин С. М.* Очерки по истории развития отечественной нефтяном промышленности. М. : Государственное научно-техническое издате-льство, 1959. С. 371.

在俄国石油工业中建起了巨型企业，另一方面通过提供信贷或购买股票的方式促使其所参与和控制的多家石油企业联合，这促进俄国石油工业生产和资本的集中。到第一次世界大战前夕，外国公司拥有俄国 60% 的石油开采量和 75% 的石油产品销售额。[1] 一战初期，诺贝尔兄弟公司、英荷壳牌集团、俄国石油总公司拥有俄国石油工业中 86% 的资本和 60% 的石油开采量。[2]

四　银行资本与石油工业资本的融合

从 19 世纪末开始，俄国国内外银行对利润丰厚的石油工业颇感兴趣，试图通过股权参与渗入石油事务，因此在 20 世纪初的俄国国内外交易所中，俄国石油公司的股票交易异常活跃。在 1907~1912 年的俄国证券交易所中，俄亚银行和俄国对外贸易银行巴库分行的石油股票成交额分别为 1130 万卢布和 1687 万卢布。在 1902~1912 年的国外证券交易所中，各大俄国石油公司的股票成交额为 2000 万卢布，其中德国银行和英国资本家分别购买了 1500 万卢布和 500 万卢布。需要强调的是，此时在俄国国内外证券交易所中俄国石油公司股票交易的行情完全由国际大石油垄断组织操控。[3]

---

[1]　*Лисичкин С. М.* Очерки по истории развития отечественной нефтяном промышленности. М. : Государственное научно-техническое издате-льство, 1959. C. 374.

[2]　Под ред. *Гефтер М. Я.* Монополистический капитал в нефтяной промышленности России. 1883 – 1914. Документы и материал. М. : Академия наук СССР, 1961. C. 13.

[3]　*Ахундов Б. Ю.* Монополистический капитал в дореволюционной бакинской нефтяной промышленности. М. : Социально-экономическая литература, 1959. C. 99.

股权参与是银行资本渗入石油工业的主要途径，它使银行通过持有石油公司的股票而成为其所有者，从而实现对石油公司的控制。例如，1914 年，诺贝尔兄弟公司的资本总额为 2440 万卢布，其中亚述-顿河银行占 520 万卢布、伏尔加-卡马银行占 280 万卢布、圣彼得堡商业银行占 160 万卢布，它们占该公司的股份比例分别为 21.3%、11.5%、6.6%。在俄国石油总公司中，7 家俄国银行和某些英法银行通过股权参与均获得其控股权。[①] "人事联合" 是银行参与石油企业股权的必然结果，也是银行对石油企业实现股权控制的组织保证，主要指银行通过股权关系向石油公司派遣代表出任公司的董事，如 1913 年 12 家商业银行的 42 名代表在各石油企业董事会中担任 96 个职位。[②] 股权参与和 "人事联合" 使各大银行与各石油企业之间的利益紧密相连。以俄国石油总公司为例，俄亚银行、圣彼得堡商业银行、巴黎金融集团通过股权参与成为俄国石油总公司的股东，而该公司通过股权参与获得了 И. Н. 捷尔-阿科波夫公司和瓦尔斯克工厂公司的控股权，又与圣彼得堡互惠信贷公司、亚述-顿河银行及圣彼得堡贴现信贷银行之间建立了 "人事联合"。可见，上述所有银行和石油企业之间形成了以俄国石油总公司为中心的利益网，同时银行资本和工业资本通过股权参与和 "人事联合" 的两大杠杆也得以融合。

---

① *Лисичкин С. М.* Очерки по истории развития отечественной нефтяном промышленности. М.：Государственное научно-техническое издате-льство，1959. С. 361.

② *Ахундов Б. Ю.* Монополистический капитал в дореволюционной бакинской нефтяной промышленности. М.：Социально-экономическая литература，1959. С. 100.

银行资本与工业资本的融合促进了石油工业垄断组织的出现。这是因为，一方面，同时参与各大石油企业的银行，因担心这些企业彼此竞争而相互削弱甚至破产，从而极力促使它们彼此达成消除竞争的各类协议。另一方面，石油企业因为银行资本的注入迅速发展壮大，这加快了石油工业生产和资本集中的速度。例如，在俄亚银行、亚述-顿河银行和西伯利亚银行的支持下，利安诺佐夫公司的资本总额迅速增加到 3000 万卢布，其凭借雄厚的资本购买了阿普歇伦斯克石油公司 40% 的股份和阿拉马兹德公司 44% 的股份。[①] 再如，诺贝尔兄弟公司在银行资本的支持下，不但将业务扩大到罗戈津股份公司、科尔希达石油工商公司、恩巴石油工商公司等，而且在 1911 年还创建了专门的轮船贸易公司，并成为其他石油公司产品出口的代理人。[②] 随着工业资本和银行资本的融合，俄国石油工业的生产和销售逐渐集中到以少数金融寡头为首的金融资本集团的手中。在第一次世界大战之前，参与俄国石油工业的 10 大国际金融集团控制了俄国石油开采量的 60%、俄国国内市场石油销售额的 75% 和几乎俄国全部的石油出口。[③]

综上所述，在俄国石油工业中，股份制公司促进了石油工业部门各生产环节企业主的联合，从而实现石油企业的纵向发

———————

①　*Ахундов Б. Ю.* Монополистический капитал в дореволюционной бакинской нефтяной промышленности. М. : Социально-экономическая литература, 1959. С. 101.

②　*Ахундов Б. Ю.* Монополистический капитал в дореволюционной бакинской нефтяной промышленности. М. : Социально-экономическая литература, 1959. С. 104.

③　*Ахундов Б. Ю.* Монополистический капитал в дореволюционной бакинской нефтяной промышленности. М. : Социально-экономическая литература, 1959. С. 62.

展，同时作为筹集资金的有效方式也将分散的个体石油资本集中成大石油资本；各石油企业之间激烈的竞争加速了企业兼并的过程，使生产资料、劳动力和商品生产逐渐集中到少数大石油企业手里；以诺贝尔兄弟和罗斯柴尔德为首的外国商人凭借雄厚的经济实力促成了俄国巨型石油企业和大联合石油企业的成立；银行资本与工业资本的融合使俄国石油工业逐渐集中到少数金融资本集团的手中，这些因素共同促进了俄国石油工业资本和生产的空前集中。当俄国石油工业部门的商品主要集中于少数公司生产和销售时，这些势均力敌的大公司为了避免两败俱伤的竞争和获得高额利润，就会选择通过彼此达成协议的方式联合操控石油工业部门的开采、加工、运输、销售等业务，从而使垄断成为必然趋势，可见生产和资本的集中为石油工业垄断的形成提供了前提。

第二节　石油垄断组织的建立及其活动

19世纪末20世纪初，卡特尔、辛迪加和托拉斯三种类型的石油垄断组织先后建立并开展了广泛的活动，它们凭借其垄断统治地位，通过对石油及其产品制定垄断价格攫取了巨额利润，并极力阻挠国家调控燃料供应和降低价格的各项措施，此外在垄断俄国市场的基础上还极力向外扩张，积极参与划分世界石油市场的争夺，旨在垄断世界的石油销售。全面系统揭示石油垄断组织的活动情况是客观评价垄断组织对俄国石油工业部门及国家经济发展产生影响的重要依据。

一 石油垄断组织的建立

19 世纪八九十年代，俄国石油工业的快速发展掀起了石油生产和资本集中的高潮。这次高潮的重要特征是大量中小石油企业合并成少数巨型石油企业或大联合石油企业，它们在石油工业部门中越来越占据主导地位，如诺贝尔兄弟公司、希巴耶夫股份公司、黑海-里海工商业公司、曼塔舍夫股份公司和里海公司五大公司控制了全俄石油开采量的 40%、煤油加工量的 49.3% 和石油废料的 47.8%。[①] 高集中生产促进了石油垄断组织的广泛建立。从 19 世纪 80 年代中期到第一次世界大战爆发，俄国石油工业中先后出现了卡特尔、辛迪加和托拉斯三种类型的垄断组织。早在 1885 年 12 月 20 日诺贝尔兄弟公司就与里海公司、塔吉耶夫公司签订有关在俄国市场共同销售石油产品的短期卡特尔协议。[②] 类似的卡特尔协议也存在于其他大石油公司之间，但由于这些资料没有公开而无法得到准确的数字。随后，到 90 年代初又相继出现了两大辛迪加型的垄断组织，即七大公司同盟和巴库煤油工厂主同盟。七大公司同盟是诺贝尔兄弟公司与罗斯柴尔德集团争夺俄国国内外煤油市场的产物。罗斯柴尔德集团通过为很多煤油企业主提供信贷的方式以黑海-里海工商业公司为中心联合了 135 家中小煤油企业主，在俄国煤油市场

① *Ахундов Б. Ю.* Монополистический капитал в дореволюционной бакинской нефтяной промышленности. М.：Социально-экономическая литература, 1959. С. 78-79.

② Под ред. *Гефтер М. Я.* Монополистический капитал в нефтяной промышленности России. 1883 - 1914. Документы и материал. М.：Академия наук СССР, 1961. С. 60-62.

上占据了重要的垄断地位。1892 年 12 月，诺贝尔兄弟为反对罗斯柴尔德家族而联合其他六大石油企业主建立了"利益共同体"，即七大公司同盟，其成员包括诺贝尔兄弟公司、里海公司、希巴耶夫股份公司和曼塔舍夫股份公司等七大公司，到 1893 年春因诺贝尔兄弟与罗斯柴尔德寻求合作而解体。[①] 巴库煤油工厂主同盟作为俄国最大的石油出口辛迪加，它是在俄国政府的积极支持下于 1894 年创建而成，其目的是消除俄国石油企业主之间的竞争、划分俄国石油市场、加强在国际石油市场上的合作以期共同反对美国标准石油托拉斯，到 1897 年 4 月因为美国石油大亨的破坏以及同盟内部各煤油企业之间的尖锐斗争而解体。[②]

　　1900 ~ 1903 年的经济危机导致石油产品价格下跌。1900 ~ 1902 年，煤油年均价格从 31.5 戈比下降到 9.36 戈比，同期原油年均价格也从 15.7 戈比降到 6.72 戈比。[③] 此时，大石油企业主为共同抵御降价风浪的袭击再次寻求合作，其中应运而生的诺贝尔-重油公司的销售同盟是最为典型的代表。诺贝尔兄弟公司和罗斯柴尔德集团的竞争到 90 年代中期随着诺贝尔兄弟公司将业务重心放在石油产品的国内销售，黑海-里海工商业公司专注石油产品出口而有所缓和。1898 年，罗斯柴尔德集团为抗衡诺贝尔兄弟公司，与圣彼得堡国际银行联合成立了专营俄

① *Бовыкин В. И.* Зарождение финансового капитала в России. М.: Издательство Московского университета, 1967. С. 171–172.

② *Ахундов Б. Ю.* Монополистический капитал в дореволюционной бакинской нефтяной промышленности. М.: Социально-экономическая литература, 1959. С. 118–120.

③ *Ахундов Б. Ю.* Монополистический капитал в дореволюционной бакинской нефтяной промышленности. М.: Социально-экономическая литература, 1959. С. 120–121.

国石油产品销售的重油公司，这再次引发了两大集团在俄国煤油市场上的激烈角逐。但面对随后而来的危机，两大集团则从竞争迅速转向合作：1902~1903 年，双方达成了在俄国国内外市场共同出售石油产品的卡特尔协议。诺贝尔-重油公司在1905~1907 年又与希巴耶夫股份公司和曼塔舍夫股份公司签订了石油产品销售协议。依据该协议，上述公司将独立出售石油产品的权限全部交给"诺贝尔-重油"卡特尔。① 此后，这个垄断组织因设立集中销售办事处而逐渐具有辛迪加的特点。1907年，该联盟控制了由阿斯特拉罕运往全国各地煤油总量的75%；诺贝尔兄弟公司控制了经察里津输往俄国中央市场煤油量的 50%。② 该联盟在俄国石油市场上起着决定性的作用，1909~1910 年控制了全俄 70% 的煤油生产量和几乎全部的石油废料销售。③ "诺贝尔-重油"卡特尔的建立及其活动，反映了少数大石油垄断资本利用此次危机加紧吞并和掠夺，从而不断扩大垄断石油工业的规模，可见，这次危机再次掀起了石油工业生产和资本集中的高潮。1909~1910 年，年开采量 1000 万普特以上的 16 家大石油公司拥有全俄 55% 的钻井和 66% 的石油开采量。④

到 1910~1914 年石油工业发展的上升期，随着银行资本和

---

① *Бовыкин В. И.* Формирование финансового капитала в России: конец XIX в-1908г. М.: Наука, 1984. C. 20.

② *Лисичкин С. М.* Очерки по истории развития отечественной нефтяном промышленности. М.: Государственное научно-техническое издатель-ьство, 1959. C. 360.

③ *Хромов П. А.* Очерки экономики России периода монополистического капитализма. М.: Академия общественны наук при ЦИ КПСС, 1960. C. 36.

④ *Хромов П. А.* Очерки экономики России периода монополистического капитализма. М.: Академия общественны наук при ЦИ КПСС, 1960. C. 36.

石油工业资本融合的不断增强，俄国石油工业中出现了托拉斯化的趋势。大石油企业的联合生产为托拉斯的形成奠定基础。例如，诺贝尔兄弟公司作为当时最大的联合企业，将开采、加工、运输、储藏及销售各个环节纳入自己的控制范围，实现了石油工业从"上游"到"下游"的"垂直一体化"经营，这个巨型企业成为托拉斯的核心。此时在俄国石油工业中除诺贝尔兄弟公司之外，还存在英荷壳牌集团和俄国石油总公司两大托拉斯。英荷壳牌集团托拉斯在 1910~1912 年联合了巴库和格罗兹尼的多家石油工业公司，到 1912 年以将近 3500 万卢布收购了罗斯柴尔德的黑海-里海工商业公司和重油公司而实力大增。俄国石油总公司是 1912 年七家俄国银行和其他英法银行在伦敦联合创建而成，凭借雄厚的经济实力形成了以利安诺佐夫公司为中心联合数十家石油公司的企业集团。[1] 到 1914 年三大托拉斯控制了俄国石油工业资本的 70%、石油开采量的 60.7%、煤油和重油加工量的 66% 以及石油及其产品销售额的 90%。[2] 三大垄断集团在相互竞争的同时还存在紧密的利益关联，以俄国石油总公司与诺贝尔兄弟公司之间的关系为例。第一次世界大战之前，两大公司不但互相购买股票，即俄国石油总公司购买诺贝尔兄弟公司股票 1.5 万股，诺贝尔兄弟公司购买俄国石油总公司股票 8 万股，而且"人事结合"也相当紧密，即俄国石油总公司的领导人 A. И. 普季洛夫成为诺贝尔兄弟公司董事会成

---

① *Лившин Я. И.* Монополии в экономике России. М. : Социально-экономическая литература, 1961. С. 55.

② *Волобуев* П. В. Из истории монополизации нефтяной дореволюционной промышленности России. 1903 – 1914 // Исторические записки, 1955. Т. 52. С. 98，102.

员，而诺贝尔兄弟也成为俄国石油总公司所控制的利安诺佐夫公司董事会的成员，这使两大托拉斯集团之间建立了"紧密的利益共同体"。据1915年9月11日《经济报》的报道："为共同对抗英荷壳牌集团，俄国石油总公司和诺贝尔兄弟公司已促成双方部分企业之间达成'停止竞争，共同出售石油产品'的协议。"[①]可见，虽然三大垄断集团之间仍存在竞争，但俄国石油工业的垄断进程已经明显呈现建立唯一托拉斯的趋势。

二 石油垄断资本制定垄断高价攫取高额利润

大石油垄断资本凭借其在生产和销售上的垄断统治地位，主要采取对石油及其产品制定垄断价格的手段实现攫取高额利润的目的。该垄断价格主要指在出售石油及其产品时所规定的远远高于商品价值的市场价格和从中小石油企业或局外石油企业购买石油及其产品时所规定的明显低于商品价值的市场价格。以诺贝尔兄弟公司和罗斯柴尔德集团为例，为获得高额利润两大石油垄断资本联手以"贱买贵买"的战略操控石油及其产品的市场价格，即首先以低于成本价格收购中小石油企业或局外石油企业的石油及其产品，然后再以高垄断价格将其出售给石油消费者。正如1908年小煤油企业主向工商部抱怨道："此时煤油的市场价格是不稳定的，完全由某些大石油垄断企业决定。"[②]

---

① *Лившин Я. И.* Монополии в экономике России. М.: Социально- экономическая литература, 1961. С. 56.

② *Ахундов Б. Ю.* Монополистический капитал в дореволюционной бакинской нефтяной промышленности. М.: Социально-экономическая литература, 1959. С. 127-128.

　　为建立和维持垄断价格，石油垄断资本主要通过两种方式实现。第一种方式是为消除竞争签订秘密的价格协议。以诺贝尔兄弟公司为例，1885 年 12 月 20 日，该公司与里海公司、塔吉耶夫公司等多家巴库煤油企业达成了将煤油价格从 17~17.5 戈比提高到 19~19.5 戈比的短期协议①，随后又与格林贝格股份公司、里海公司、塔吉耶夫公司先后签订了持续提高煤油价格的秘密协议。② 第二种方式是通过囤积石油和消除私人钻井开采的方法影响市场的供求平衡，从而制造燃料市场的石油荒。在囤积石油问题上，1907 年，俄国 20 个参政员对石油矿藏交易问题的讨论在一定程度上反映了这一情况：为了降低石油价格，国家在 1903~1906 年出售了巴库地区大量石油矿藏以扩大石油市场的供应，但所得结果却是巴库地区的石油开采量从 1903 年的 5.96 亿普特降至 1906 年的 4.47 亿普特，石油价格也从 5400 万卢布提高到 1.15 亿卢布③，其原因就是这些石油矿藏被少数大石油企业主为实现减少石油市场供应的目的而集中控制。在消除私人钻井开采上，燃料市场的石油荒使私人钻井开采得以快速发展，为了限制市场的石油供应，大石油垄断资本呼吁政府消除私人钻井，最终随着各地方政府出台了对维修和兴建钻井条件的相关规定，私人钻井开采

①　Под ред. *Гефтер М. Я.* Монополистический капитал в нефтяной промышленности России. 1883－1914. Документы и материал. М.：Академия наук СССР，1961. С.496.

②　*Бовыкин В. И.* Зарождение финансового капитала в России. М.：Издательство Московского университета，1967. С.159.

③　Под ред. *Гефтер М. Я.* Монополистический капитал в нефтяной промышленности России. 1883－1914. Документы и материал. М.：Академия наук СССР，1961. С.405－406.

量也从 1913 年的 1800 万普特降低到 1917 年的 650 万普特。[①]

　　石油及其产品价格的持续上涨引发了石油燃料消费者的强烈不满。以伏尔加造船企业主为首的石油主要消费者提出，石油产品价格持续上涨的根本原因是大石油垄断资本之间达成了秘密的辛迪加协议。1913 年初，伏尔加造船企业主和其他石油消费者因不堪忍受高价石油决定通过萨马拉和喀山地方自治局向国家杜马控诉石油大亨的违规行为。1913 年 2 月 13 日，41 个参议员向国家杜马反映了大石油垄断资本之间存在签订秘密辛迪加协议的情况，并提出是否对其违背市场价值规律的行为进行严厉制止等相关问题。对此，工商大臣 С. И. 季玛舍夫却作出这样的回应：除诺贝尔兄弟公司和诺贝尔-重油公司之间存在辛迪加协议之外，俄国的其他石油公司之间并不存在类似协议，同时指出企业兼并加剧和垄断组织的出现是此时俄国石油工业发展的整体趋势，并强调，当石油企业遇到销售困境时，工商部完全允许上述协议的存在，此外，作为秘密辛迪加的庇护者甚至提出，石油燃料危机及其价格居高不下的情况不能归咎于石油企业主的违规行为，这是由客观的社会经济因素造成的。此时，大石油垄断资本也以石油及其产品成本增加、市场对石油燃料需求增长及石油枯竭等类似的理由为其抬高石油及其产品价格的违规行为进行狡辩。[②] 但这种解释显然是不客观

① *Ахундов Б. Ю.* Монополистический капитал в дореволюционной бакинской нефтяной промышленности. М. : Социально-экономическая литература，1959. С. 133－134.

② *Ахундов Б. Ю.* Монополистический капитал в дореволюционной бакинской нефтяной промышленности. М. : Социально-экономическая литература，1959. С. 135－137.

的，首先在成本增加方面，1905～1913 年每普特石油及其产品年均成本从 9.54 戈比增加到 22 戈比，同期每普特石油及其产品年均价格从 16.6 戈比增长到 47.1 戈比[1]，可见，这时期年均价格的增长幅度大于年均成本增长幅度，因此这种说法是没有说服力的。其次在市场需求增加方面，国家检察机关代表 C. 伊万诺夫在 1901 年 2 月 24 日国有资产部会议上的发言有力地回击了这一点："现在石油的高价格完全是反常的，不能将其归结于市场需求的增加，因为石油及其产品价格的增长幅度远远高于需求的增长幅度。"[2] 最后在石油枯竭方面，与 1910 年相比，1911 年虽然巴库石油开采量减少了 5400 万普特，但全俄石油开采量仅减少了 5%，然而，石油价格在 1911 年的 7 个月内就增长了 100%，可以说，某些油区枯竭对石油价格上涨确实存在一定程度的影响，但将其完全归结于资源枯竭则是不符合实际情况的。[3] 可见，此时俄国石油燃料危机及其价格居高不下的推手是石油垄断资本及其创建的秘密组织。

石油垄断资本通过降低石油开采量、提高石油及其产品价格攫取了巨额利润。例如，1901～1907 年，俄国石油开采量减少了 290 万普特，但石油企业主所获利润却增加了 236%。1901～1912 年，巴库重油生产量从 3.5 亿普特降至 2.7 亿普特，重油价格从

① Под ред. *Гефтер М. Я.* Монополистический капитал в нефтяной промышленности России. 1883 - 1914. Документы и материал. М. : Академия наук СССР, 1961. C. 754.

② *Ахундов Б. Ю.* Монополистический капитал в дореволюционной бакинской нефтяной промышленности. М. : Социально-экономическая литература, 1959. C. 140-141.

③ Под ред. *Гефтер М. Я.* Монополистический капитал в нефтяной промышленности России. 1883 - 1914. Документы и материал. М. : Академия наук СССР, 1961. C. 592.

8.5 戈比提高到 30 戈比，石油企业主所获利润增长了 200%。[①]

三 石油垄断资本反抗国家调控

第一次世界大战前夕，诺贝尔兄弟公司、英荷壳牌集团、俄国石油总公司对石油及其产品价格的操控使俄国石油燃料供应问题日益尖锐化。很多造船企业主、铁路公司、工业企业主等石油消费者请求政府即刻出台改善燃料供应和降低油价的措施。例如，1915 年春，面对石油价格的持续高涨，伏尔加省的交易委员会在向工商部提交的报告中写道："伏尔加地区的石油燃料价格达到了极高的水平，这严重影响了伏尔加轮船业，甚至大规模工商企业的正常运营。"造船企业主要求政府协调其与石油公司的关系，即刻规定石油燃料的销售价格，此外还提出实行国家垄断俄国石油贸易的问题。[②] 随后，诺夫哥罗德交易委员会也呼吁工商部必须对石油燃料采取限价政策。喀山和阿斯特拉罕的代表也向政府提出必须研究国家垄断石油销售的相关问题。与此同时，石油垄断组织的反对者也以消费者的名义呼吁政府依靠发展国有石油企业从而满足市场对石油产品的需求。1913 年，贵族地主代表和 15 名交易委员会代表以石油消费者的名义提出了国家垄断石油的思想。[③] 1915 年，喀山

---

① *Лисичкин С. М.* Очерки по истории развития отечественной нефтяном промышленности. М. : Государственное научно-техническое издате-льство, 1959. С. 362–363.

② *Погребинский А. П.* Государственно-монополистический капитализм в России. М. : Социально-экономическая литература, 1959. С. 130.

③ *Лаверычев В. Я.* Государство и монополии в дореволюционной России. М. : Мысль, 1982. С. 78.

贵族代表对伏尔加造船企业主所提出的国家垄断石油销售的方案给予了积极的支持，他表示："只有实现国家垄断石油贸易才能削弱石油企业主的垄断地位。"①

迫于俄国社会各界的压力，沙皇政府着手调控石油燃料的价格。沙皇政府于 1915 年 4 月建议诺贝尔兄弟公司、诺贝尔-重油公司、伏尔加公司和东方公司以每普特 38 戈比的价格为喀山、伏尔加的造船公司供应燃油，但国家作为中介人调控油价的效果并不明显。于是，1915 年 8 月 19 日国家成立了燃料专门会议试图对油价进行直接调控。② 1916 年 1 月 1 日，燃料专门会议首次发布了出售每普特原油的价格不得高于 45 戈比的决议。③ 应该指出的是，45 戈比的价格上限是政府在充分考虑垄断组织利益的前提下做出的规定。正如 1915 年 12 月 30 日燃料专门会议的决议中提及："为维护石油企业主的利益规定了较高的价格上限。"巴库石油企业主代表大会理事会负责人也承认："开采每普特石油的成本远远低于 45 戈比。"④ 但 45 戈比的价格上限却遭到了石油大亨的坚决反对，他们以亏损为由，要求政府将石油价格上限提高到 60 戈比，其中某些少数石油大

① *Погребинский А. П.* Государственно-монополистический капитализм в России. М. : Социально-экономическая литература, 1959. С. 130.

② *Алияров С. С.* Из истории государственно-монополистического капитализма в России : Особое совещание по топливу и нефтяные монополии // История СССР. №6, 1977. С. 56-57.

③ *Волобуев П. В. Гулиев А. Н.* Монополистический капитал в нефтяной промышленности России 1914 - 1917. Документы и материалы. Л. : Наука, 1973. С. 72.

④ *Алияров С. С.* Из истории государственно-монополистического капитализма в России : Особое совещание по топливу и нефтяные монополии // история СССР. №6, 1977. С. 59.

亨甚至预言若不废除限价决议，石油开采量将会大幅度缩减。例如，1916 年 1 月 13 日，知名石油企业主 T. 米利科夫在巴库石油企业主的大会上讨论有关石油限价问题时指出，"45 戈比的石油价格在巴库地区是无利可图的，如果推行这个限价决议，那么很多石油企业主将会停产，同时也会放弃从事有关开凿新油井、加深和改造钻孔的工作，这将导致石油开采量降低从而给石油市场带来更为严重的燃料危机"[①]。此次限价决议最终因大石油垄断资本的坚决反对而惨淡收场。

1916 年 3 月 17 日，为鼓励石油供应商与石油消费者签订销售合同，燃料专门会议出台了调整石油价格上限的决议，即以 45 戈比为基础将各地区石油销售价格上限依次调整为：在石油开采地提高 1 戈比，在克拉斯诺沃茨克市提高 3%，而在其他城市提高 6%。第二天又出台了石油企业主有权在特殊情况下提高石油销售价格的相关补充说明。[②] 可见，燃料专门会议除仍保留限价思想之外，在调控石油价格方面基本满足了大石油垄断资本的要求。此后，燃料专门会议逐渐从国家独立调控向垄断资本与国家共同调控的趋势转变，其干预的目的也仅为维护石油垄断资本的利益。这从 1917 年 2 月 18 日确立第二次石油价格上限中鲜明地体现出来。在 1917 年初的燃料专门会议上，政府部门与大石油垄断资本之间的关系接近，其最明显的

---

① *Ахундов Б. Ю.* Монополистический капитал в дореволюционной бакинской нефтяной промышленности. М.: Социально-экономическая литература, 1959. С. 150.

② *Алияров С. С.* Из истории государственно-монополистического капитализма в России: Особое совещание по топливу и нефтяные монополии // история СССР. №6. 1977. С. 61.

特点就是经常出现某些政府部门的观点与大石油垄断资本的建议完全吻合的情况，而这在确立第一次石油价格上限时则完全没有出现。例如，在 1917 年初燃料专门会议的石油分会上，除交通部和国家监督局的代表反对调整石油价格上限之外，工商部、矿业司的代表和石油分会主席均支持 60 戈比的价格上限，军事部支持 57 戈比，仅比大石油垄断资本所建议的 60 戈比少 3 戈比。最终，燃料专门会议主席在无视多数代表支持 55 戈比价格的情况下行使了最终的决定权，即批准了少数代表所支持的 60 戈比的价格上限。① 应该指出的是，乍一看燃料专门会议所确定的石油价格上限是 60 戈比，不包括所有可能缴纳的追加费和附加额，所以完全可以被合法地提高到 90 戈比。

此外，沙皇政府也开始研究国家垄断石油企业的问题。1912~1914 年，俄国出现了一系列发展国有石油企业的方案。例如，交通部预计在阿普歇伦半岛建立国家油田；矿务局计划自己开采石油。海军部为保证军舰供应制定了自己开采石油的方案。② 这些措施引起了石油垄断大亨的坚决反对，他们认为沙皇政府发展国有石油企业的目的就是排挤私营石油企业，并试图将整个石油行业纳入自己的控制范畴。早在一战前夕讨论国家开采石油问题时，大石油企业诺贝尔兄弟公司和利安诺佐夫公司的代表就表示，政府的方案对俄国石油工业的发展是毁灭性的。③ 1914 年，

---

① *Алияров С. С.* Из истории государственно-монополистического капитализма в России: Особое совещание по топливу и нефтяные монополии // история СССР. №6. 1977. C. 62–64.

② *Шепелев Л. Е.* Царизм и буржуазия в 1904 – 1914 гг. Л. : Наука, 1987. C. 247.

③ *Погребинский А. П.* Государственно-монополистический капитализм в России. М. : Социально-экономическая литература, 1959. C. 130.

石油工厂主协会也发表了类似的观点："解决燃料供应危机的有效方法不是国家垄断石油，而是增加市场石油的供应量，换言之提高石油开采量。"① 针对社会各界所提出的国家垄断石油工业的方案，工商部和财政部却持有近似大石油企业主的观点。1916 年 9 月，工商部在向大臣会议提交有关这一问题的报告中写道"组织国家开采石油的费用至少需要 7000 万卢布"，他认为，国有石油企业到 1917 年才能开始发挥作用，并且其年石油产量在 5 年之后最多只有 5000 万普特。财政大臣 П.Л 巴尔克也表示，国家经营石油企业完全是无利可图的。组织国家垄断石油的问题陷入了长期而无任何结果的讨论之中。② 可见，在石油垄断资本的坚决反对下，沙皇政府在抑制石油价格上涨和实现国家垄断石油事务方面并未取得理想的效果。国家也因此被各界人士指责为消极抵制石油垄断资本的活动。例如，国家杜马的参议员马斯列尼科夫声明："政府对石油垄断资本的犯罪活动完全漠不关心。"随后地主阶级代表马尔科夫也指出，"如果国家能有效制止石油垄断组织的舞弊行为，那么石油价格也不会达到如此高的水平"③。燃料专门会议在调控石油价格时之所以具有妥协性，主要源于国家与石油垄断资本的利益既重合又存在分歧，一方面迫于燃料消费者的压力，必须出台反对石油垄断资本制定垄断价格的决议；另一方面作为油田的所有者，石油价格的持续

① *Лаверычев В. Я.* Государство и монополии в дореволюционной России. М. : Мысль, 1982. C. 88-89.

② *Погребинский А. П.* Государственно-монополистический капитализм в России. М. : Социально-экономическая литература, 1959. C. 131.

③ *Ахундов Б. Ю.* Монополистический капитал в дореволюционной бакинской нефтяной промышленности. М. : Социально-экономическая литература, 1959. C. 153-154.

上涨也为其带来了巨额的财政收入。之所以未能实行国家垄断石油企业的方案则主要缘于两个方面：一方面在战争的特殊时期，面对石油及其产品主要集中在垄断大亨手里的现实情况，沙皇政府实行违背石油垄断资本意愿的方案是不可能的；另一方面在大石油企业主势力积极渗入国家机构的条件下，沙皇政府出台损害石油垄断资本利益的政策也是相当艰难的。

四　垄断资本争夺世界石油市场

19 世纪八九十年代，以罗斯柴尔德集团和诺贝尔兄弟公司为首的大石油垄断资本集团在垄断俄国市场的基础上还极力向外扩张，积极参与划分世界石油（主要是煤油）市场的争夺，旨在垄断世界的石油销售。罗斯柴尔德集团的黑海-里海工商业公司自成立伊始就专注于俄国煤油出口业务，以垄断俄国煤油出口为首要目标。该公司通过与俄国多家煤油工厂主签订供应协议并控制了大量的煤油，又借俄国财政困难之机涉足巴库至巴统输油线路建设工程，从而取得俄国煤油向欧洲市场出口的运输优势，到 19 世纪 80 年代末几乎完全控制了俄国的煤油出口，并发展成联合俄国多家中小型煤油工厂的集团。正如 1889 年 1 月高加索地区征收消费税的负责人 C. M. 马尔科夫在向财政部提交的报告中写道："据我所知，罗斯柴尔德集团已与 60 多家煤油工厂主签订了供应合同，很快将控制所有小煤油工厂主。"① 而诺贝尔兄弟公司虽然在创建初期将其主要目标聚

---

① *Бовыкин В. И. Зарождение финансового капитала в России.* М. : Издательство Московского университета，1967. C. 167–168.

焦于垄断俄国石油市场，但也极力寻求向世界石油市场扩张，如诺贝尔兄弟曾在 1882 年的发言中指出，"对巴库煤油而言，俄国市场过于狭窄，必须寻求向国外出口"。从 19 世纪 80 年代末开始，随着世界市场对煤油需求的增加，诺贝尔兄弟公司的业务重心开始向煤油出口倾斜，到 90 年代初它不仅在马赛、日内瓦、伦敦、曼彻斯特设有出售产品的专门供应站，而且在 1894~1899 年出口了 6200 万普特的煤油，约占俄国煤油出口量的 1/3。经过十年发展，到 19 世纪末，上述两大石油垄断集团已发展成类似于美国标准石油托拉斯的国际大型煤油销售企业。[1]

在俄国石油企业自 19 世纪 80 年代初渗入世界石油市场之后的很长时期内，美国石油企业作为当时世界石油市场的霸主一直是俄国石油企业争夺世界石油市场最强劲的竞争对手。到 80 年代末，随着俄国石油出口量的增加，俄美两国的石油公司在世界石油市场上的角逐也日趋白热化。此时，美国石油企业主在 70 年代就已联合成强大的标准石油托拉斯，因而它们一直占据竞争优势；俄国大石油企业主却因各自开展活动而仍处于竞争劣势。不久，俄国石油企业主便认识到这一点，正如 Г. З. А. 塔吉耶夫在 1886 年的发言中提出，"为打击美国标准石油托拉斯，俄国石油企业主彼此之间必须消除竞争，建立共同出售石油产品的辛迪加公司，以低廉的销售价格将美国排挤出

---

① *Ахундов Б. Ю.* Монополистический капитал в дореволюционной бакинской нефтяной промышленности. М. : Социально-экономическая литература，1959. C. 157-158.

世界石油市场"①。然而，创建巴库煤油工厂主出口同盟的方案，自 1886 年 B. A. 纳尔多娃首次提出之后，时隔五年，直到 1891 年春才出现第一个这样的同盟，即由曼塔舍夫股份公司所领导的十多家公司联合而成的"巴库标准"同盟。② 1892 年 11 月，诺贝尔兄弟公司和"巴库标准"同盟为共同反抗罗斯柴尔德集团成立了七大公司同盟，其成员包括诺贝尔兄弟公司、里海公司、希巴耶夫股份公司和"巴库标准"同盟中的四家公司。③ 到 1893 年，巴库石油企业主代表大会理事会的数据显示，俄国煤油出口量在各大石油企业集团之间的分配情况为：黑海-里海工商业公司占 35.7%，诺贝尔兄弟公司占 25.5%，"巴库标准"同盟占 12.9%，其他的 19 家中小企业占 25.9%。④ 然而，由于上述俄国石油垄断集团的激烈斗争导致大部分石油企业缩减甚至中止煤油出口，加之蓄谋已久的美国标准石油托拉斯所采取的倾销战略导致俄国煤油供应商在欧洲市场无利可图，以至于此时的俄国煤油出口陷入极度艰难的处境。对此，为增强俄国煤油企业在世界市场的竞争能力，政府接受了巴库煤油工厂主代表大会理事会的建议，开始积极开展创建巴库煤

---

① *Ахундов Б. Ю.* Монополистический капитал в дореволюционной бакинской нефтяной промышленности. М. : Социально-экономическая литература, 1959. C. 161.

② *Бовыкин В. И.* Зарождение финансового капитала в России. М. : Издательство Московского универститета, 1967. C. 172.

③ *Бовыкин В. И.* Зарождение финансового капитала в России. М. : Издательство Московского универститета, 1967. C. 173.

④ *Потолов С. И.* Начало монополизации грозненской нефтяной промышленности（1893–1903 гг）// Монополии и иностранный капитал в России. М-Л: Издательство Академии наук СССР, 1962. C. 6.

油工厂主同盟的活动。①

　　巴库煤油工厂主同盟最终在政府的积极运作下于 1894 年创建而成，其不仅实现了对诺贝尔兄弟公司、"巴库标准"石油集团及黑海-里海工商业公司的完全合并，而且因联合了巴库地区 90% 的煤油工厂主而成为俄国石油工业垄断史中最大的出口辛迪加。该同盟的创建为俄国石油垄断集团与美国标准石油托拉斯划分世界市场提供了可能。1895 年 3 月，巴库煤油工厂主同盟与美国标准石油托拉斯签订了划分世界石油销售市场的协议，其内容为：美国占世界石油产品销售市场总额的 75%，而俄国占 25%。② 但俄美两大石油垄断组织的竞争并未因此终止，美国标准石油托拉斯不惜采用残酷的倾销政策和在巴库煤油工厂主同盟内部培植代理人的方式打击俄国的竞争者，可以说巴库煤油工厂主同盟的解体是美国标准石油托拉斯的巨大胜利。同时需要指出的是，同盟内部各个石油垄断资本集团之间的斗争并未完全消除，其中诺贝尔兄弟公司凭借同盟不但在欧洲市场上排挤了其他俄国石油企业，而且与美国标准石油托拉斯关系的接近也使其在欧洲市场上的地位得以巩固，这使其成为同盟内部成员中最大的赢家，例如，在 1893~1896 年的俄国煤油出口中，黑海-里海工商业公司所占份额从 35.7% 降至 32.4%，曼塔舍夫股份公司从 12.9% 降至 9.5%，而诺贝尔兄弟

① *Гефтер М. Я.* Монополистический капитал в нефтяной промышленности России. 1883–1914. Документы и материал. М. : Академия наук СССР, 1961. С. 148–149.

② *Гефтер М. Я.* Монополистический капитал в нефтяной промышленности России. 1883–1914. Документы и материал. М. : Академия наук СССР, 1961. С. 170.

公司却从 25.3% 提高到 30.3%。① 如上所述，1897 年 4 月，巴库煤油工厂主同盟终因美国石油大亨的破坏以及同盟内部各煤油工厂集团之间的尖锐斗争而解体。

此后，俄国石油垄断集团在世界石油市场的垄断地位开始逐渐衰落，这是因为一方面巴库煤油工厂主同盟的解体再次引发了各大石油垄断集团的激烈竞争从而削弱了俄国煤油销售公司在世界市场的竞争力，另一方面俄国煤油出口在经历 1900~1903 年的经济危机之后，随着俄国石油开采量和加工量的降低也随之逐渐减少。然而，此时的美国标准石油托拉斯却凭借其雄厚的石油生产实力、完善的销售网、低廉的倾销价格对诺贝尔兄弟公司、黑海-里海工商业公司等大石油垄断集团给予了沉重的打击，迫使其签订了对其不利的划分世界石油市场的协议。该协议削弱了俄国石油垄断集团在西欧市场的地位。以英法两国为例，在 1904~1908 年的英国煤油消费总额中，俄国所占份额由 47.1% 降至 12.4%，而美国则由 49.6% 提高到 78.2%；在 1904~1908 年的法国煤油消费总额中，俄国所占份额由 71% 降至 14.5%，而美国则从 14.3% 提高到 61.3%。② 到第一次世界大战时期，俄国煤油从巴库输往西欧市场已相当困难，例如，经巴库运输到巴统的煤油从 1913 年的 2260 万普特降至 1914 年的 1000 万普特，当 1914 年 8 月土耳其加入对俄战

---

① *Бовыкин В. И.* Зарождение финансового капитала в России. М. : Издательство Московского университета，1967. С. 179.

② *Ахундов Б. Ю.* Монополистический капитал в дореволюционной бакинской нефтяной промышленности. М. : Социально-экономическая литература，1959. С. 172.

争之后，经巴统和新罗西斯克的石油产品出口活动被完全终止[①]，这使俄国石油垄断集团被迫退出世界石油市场的争夺。

第三节　石油工业垄断的影响

在垄断资本主义的条件下，生产力发展和停滞两种趋势同时并存，相互交替。当垄断资产阶级通过一定形式使生产关系适应生产力时就表现为生产的快速增长，反之当垄断资产阶级无法使生产关系适应生产力时就表现为生产的缓慢增长。在19世纪80年代中期到第一次世界大战前的俄国石油工业垄断的发展历程中，石油及其产品（煤油、重油、汽油）的产量在1885~1900年增长了294%，在1900~1905年下降了41%，在1905~1913年仅增长了6%。[②] 可见，在1885~1900年俄国石油工业垄断的形成时期，石油生产的增长速度较快，在1901~1903年的经济危机之后，石油生产的增长速度缓慢，此时俄国石油工业发展陷入了普遍的"停滞"状态。

1885~1900年正处于俄国石油工业垄断的形成时期，也就是刚刚完成从自由竞争过渡到垄断资本主义的时期，此时大石油垄断资本为了建立和扩大在市场上的垄断地位，彼此之间展

[①] *Ахундов Б. Ю.* Монополистический капитал в дореволюционной бакинской нефтяной промышленности. М.: Социально-экономическая литература, 1959. С. 183.

[②] *Гефтер М. Я.* Монополистический капитал в нефтяной промышленности России. 1883–1914. Документы и материал. М.: Академия наук СССР, 1961. С. 750–755.

开了激烈的垄断竞争，它们竭尽所能地提高劳动生产率、降低
生产成本以获得竞争优势，这在客观上促进了开采和加工技术
的革新、运输条件的改善、"垂直一体化"经营模式的运行等，
从而使俄国石油工业得以快速发展。例如，石油开采量在
1890~1900 年增长了 88%，煤油和重油生产量在 1885~1900 年
分别增了 139% 和 70%。[①]

　　以诺贝尔兄弟公司为例，该公司以经营一家小炼油厂起家，
在巨额利润的吸引下先后涉足勘探、开采、运输、储藏、销售
等石油工业的各个领域，实现了石油工业从"上游"到"下
游"的"垂直一体化"经营，到 1900 年已经发展成资本额为
2500 万卢布的巨型企业。[②] 在激烈的垄断竞争中，该公司采取
了各种措施降低成本获得竞争优势，其主要体现在以下方面。
一是在改进技术方面，采用了先进的连续提炼法，大大提高了
炼油质量。二是在改善运输上，一方面建立里海与伏尔加河运
油船队，这为巴库石油及其产品输往欧洲市场和俄国工业中心
提供了便利的运输条件，另一方面驳船和石油运输管道的资产
额在 1886~1900 年分别增长了 80% 和 17%[③]，这在一定程度上
反映了企业运输能力的增强。三是在建设工厂和设立存储方面，

---

① *Ахундов Б. Ю.* Монополистический капитал в дореволюционной бакинской нефтяной промышленности. М. : Социально-экономическая литература, 1959. С. 35.

② *Гефтер М. Я.* Монополистический капитал в нефтяной промышленности России. 1883–1914. Документы и материал. М. : Академия наук СССР, 1961. С. 751.

③ *Гефтер М. Я.* Монополистический капитал в нефтяной промышленности России. 1883–1914. Документы и материал. М. : Академия наук СССР, 1961. С. 751.

工厂和仓库的资产在 1887~1900 年分别增长了 80% 和 91%[①]，这反映了企业生产和存储实力的明显增长。四是在扩大销路上，不仅在阿斯特拉罕、察里津、诺夫哥罗德、萨拉托夫、博布鲁伊斯克等俄国各城市设有专门的商品供应站和数千名公司代理人，而且为了扩大石油出口贸易在马赛、日内瓦、伦敦、曼彻斯特等城市也设有专门供应站，这使企业在俄国国内外市场上建立了广泛的销售网。该公司的上述措施促进了企业生产、运输和销售能力的增强，实现了这时期石油及其产品生产的快速增长。该公司在 1879~1883 年的开采量从占全俄石油开采量的 1.4% 增长到 25.9%，煤油产量从占全俄煤油产量的 4.5% 增长到 49.1%[②]；1899~1900 年，石油产品的销售量由 1.63 亿普特增加到 1.92 亿普特，其价值总额由 5350 万卢布增加到 7200 万卢布，所获净利润由 400 万卢布增加到 600 万卢布。[③]

再以罗斯柴尔德的黑海－里海工商业公司为例，该公司自创建伊始就致力于垄断俄国的煤油出口。为实现这一目标，该公司通过与俄国多家煤油工厂主签订供应协议集中并控制了大量的煤油，修建巴库至巴统输油线路取得俄国煤油输往欧洲市场的运输优势，到 80 年代末成为俄国在世界市场上最大的煤油

---

① *Гефтер М. Я.* Монополистический капитал в нефтяной промышленности России. 1883-1914. Документы и материал. М. : Академия наук СССР, 1961. C. 751.

② *Дьяконов И. А.* Нобелевская корпорация в России. М. : Мысль, 1980. C. 64.

③ *Хромов П. А.* Очерки экономики России периода монополистического капитализма. М. : Академия общественны наук при ЦИ КПСС, 1960. C. 36.

供应商。① 为了巩固在世界石油市场的垄断地位排挤美国标准石油托拉斯，黑海-里海工商业公司与诺贝尔兄弟公司联合了巴库90%的煤油工厂主于1894年创建了巴库煤油工厂主同盟。② 该公司的上述活动，一方面改善了煤油输往国外市场的运输条件，另一方面为俄国煤油开辟了广阔的国外销售市场，这为煤油生产的快速增长提供了有利条件。

然而，从1901～1903年的经济危机到第一次世界大战爆发前夕，随着生产和资本集中的日益加强，经过残酷的垄断竞争，俄国的石油工业中诺贝尔兄弟公司、英荷壳牌集团、俄国石油总公司等实力雄厚的垄断资本集团形成了"群雄并立"的局面。它们凭借其垄断统治地位，通过对石油产品实行垄断高价和劳动力实行垄断低价获得了高额垄断利润，这不仅对石油工业部门，甚至对整个俄国经济发展都产生了消极影响，其主要体现在以下三个方面。

第一，导致技术和生产发展的停滞。这首先表现为技术进步缓慢。通过垄断价格就可获得巨额利润的现状使大石油垄断资本并不关心革新石油生产技术。例如，石油企业主凯德茹采夫在第29次巴库石油企业主代表大会上指出："我们不使用电力……是因为其无利可图。" 1909年，大石油企业主在俄国技术协会捷列克分会上公开声明："……任何工业领域的技术发明都是双刃剑，既有利又有弊。我希望石油企业主和石油技术

① *Бородкин Л. И.* Экономическая история. М. : МГУ, 2005. C. 52.
② *Бовыкин В. И.* Зарождение финансового капитала в России. М. : Издательство Московского университета, 1967. C. 179.

人员关注这一现象。"[1] 垄断资本家对技术革新的冷漠态度致使
1913 年的俄国石油工业中只有 6% 的企业实现了机械采油。[2] 技
术进步作为其他一切进步的动因，石油技术的缓慢发展无疑成为
这时期俄国石油工业生产增长速度缓慢的重要原因。其次表现为
企业生产设备利用不足和石油再生产速度的减缓。缩减生产是垄
断组织维持石油及其产品垄断高价的惯用手段，这一方面导致俄
国石油工业生产设备利用率和工人生产效率的显著降低。巴库地
区钻井的闲置率从 1900 年的 49.2% 上升到 1908 年的 64.8%，同
时期石油的开采量也从 6 亿普特降至 4.67 亿普特；加工厂的空
置率从 1901 年的 27.7% 上升到 1910 年的 68.7%，这使 1910 年的
煤油产量仅相当于 1901 年的 68.4%。[3] 1902~1913 年，俄国每个
工人每年开采石油的数量由 2.92 万普特下降到 1.6 万普特。1913
年巴库地区每个工人的年均开采量仅相当于 1889 年的 1/3，到一
战爆发之后，石油工人的生产效率持续降低。[4] 另一方面导致石
油再生产速度大幅度减缓，如石油开采面积在 1895~1900 年增长

[1] Лисичкин С. М. Очерки по истории развития отечественной нефтяном промышленности. М. : Государственное научно-техническое издате-льство, 1959. С. 361.

[2] Лившин Я. И. Монополии в экономике России. М. : Социально- экономическая литература, 1961. С. 312.

[3] Ахундов Б. Ю. Монополистический капитал в дореволюционной бакинской нефтяной промышленности. М. : Социально-экономическая литература, 1959. С. 199-202.

[4] Хромов П. А. Очерки экономики России периода монополистического капитализма. М. : Академия общественны наук при ЦИ КПСС, 1960. С. 38-40.

了77.6%，在1900～1909年仅增长了12.8%。① 1901～1913年，俄国石油的开采量由7.06亿普特缩减到5.43亿普特。②

第二，严重损害了石油消费者的利益。首先，制定石油及其产品垄断高价攫取巨额利润实质上是对石油消费者的掠夺。例如，与1901年相比，1906年石油消费者因为每普特石油价格上涨了19戈比而向石油企业主额外支付了近9000万卢布③；与1901年相比，1912年石油消费者因为每普特重油价格上涨了22戈比而向巴库石油企业主额外支付了近7000万卢布。④ 其次，以石油油渣作为主要燃料的俄国工业和运输业，因燃料供应不足而陷入艰难的处境，这给造船业主、铁路公司及工业企业主等石油消费者带来了巨大损失。例如，1913年9月，萨马尔交易委员会在讨论燃料危机的报告中指出："萨马尔市的石油燃料年均价格从1903年的15戈比涨到1913年的56戈比，这迫使某些企业主和造船业主缩减生产，甚至停业。"⑤ 1915年3月，伏尔加交易委员会向大臣会议指出："石油燃料价格的持续增长

① Ахундов Б. Ю. Монополистический капитал в дореволюционной бакинской нефтяной промышленности. М. : Социально-экономическая литература, 1959. С. 196.

② Хромов П. А. Очерки экономики России периода монополистического капитализма. М. : Академия общественны наук при ЦИ КПСС, 1960. С. 38.

③ Ахундов Б. Ю. Монополистический капитал в дореволюционной бакинской нефтяной промышленности. М. : Социально-экономическая литература, 1959. С. 202.

④ Гефтер М. Я. Монополистический капитал в нефтяной промышленности России. 1883–1914. Документы и материал. М. : Академия наук СССР, 1961. С. 405–406.

⑤ Гефтер М. Я. Монополистический капитал в нефтяной промышленности России. 1883–1914. Документы и материал. М. : Академия наук СССР, 1961. С. 590.

使伏尔加的货物运输处于濒临瘫痪的状况。"① 最后，作为
煤油主要消费群体的广大贫困居民因无力购买昂贵的煤油而
被迫采用松明，煤油对其而言已经成了奢侈品。②

第三，石油工人经济状况恶化。首先，对劳动力实行垄
断低价攫取利润实质上是对工人劳动的残酷剥削，这导致石
油工人工资水平逐年降低。1913~1916 年，虽然工人的名义
工资增长了 70%，但因为生活必需品的价格增长了 100%，甚
至更多，所以实际工资水平则在降低。③ 其次，石油垄断资本
缩减生产和实行"同盟歇业"的垄断政策导致失业人数增加。
失业委员会数据显示，1906 年 11 月，巴库失业人数是 5000 名，
到 1907 年末就增加到 5708 名。劳动力市场庞大的失业人群使
工资大幅度降低，工人生活境况也随之更为艰难。④

综上所述，在 19 世纪末 20 世纪初的俄国石油工业垄断的发
展历程中，攫取巨额垄断利润是石油垄断资本集团开展各种活动
的根本驱动力。这些活动对俄国经济发展产生了双重影响，既有
正面的促进作用，又有负面的抑制作用，从而使石油工业生产出
现了发展与停滞两种趋势同时并存、相互交替的局面。

① Лаверычев В. Я. Военный государственно-монополистический капитализм
в России. М. : Наука, 1988. С. 82.
② Ахундов Б. Ю. Монополистический капитал в дореволюционной бакинской
нефтяной промышленности. М. : Социально-экономическая литература,
1959. С. 144.
③ Ахундов Б. Ю. Монополистический капитал в дореволюционной бакинской
нефтяной промышленности. М. : Социально-экономическая литература,
1959. С. 231.
④ Ахундов Б. Ю. Монополистический капитал в дореволюционной бакинской
нефтяной промышленности. М. : Социально-экономическая литература,
1959. С. 248.

第四章　俄国冶金工业垄断的
形成与发展

19世纪下半叶，机器化大生产逐渐取代手工生产的趋势在俄国冶金工业领域中不断凸显。在此背景下，大冶金企业采取横纵联合的方式以适应生产力的发展，这在客观上加速了俄国冶金工业垄断组织的形成。19世纪末20世纪初，俄国冶金工业生产和资本的集中程度达到了前所未有的水平。到第一次世界大战爆发前夕，俄国冶金工业部门中出现了"冶金制品销售"辛迪加、"屋顶铁皮"辛迪加、"铜"辛迪加和"钉子"辛迪加等大垄断联盟，其中最具影响力的是"冶金制品销售"辛迪加，它是联合"薄铁"辛迪加、"铁梁和槽钢"辛迪加、"轴和轮箍"辛迪加、"钢管和铁管"辛迪加、"优质铁"辛迪加和"钢轨"辛迪加的相当庞大的垄断联盟集团。笔者依据大量的俄国档案和相关学术成果，从冶金工业垄断形成与发展的原因、冶金垄断组织的建立及其活动、国家对冶金工业部门的调控、冶金工业垄断的影响四个方面对这一问题进行了全面系统的论述。

第一节　冶金工业垄断形成与发展的原因

从19世纪末开始，俄国冶金工业获得了快速发展。此时俄国冶金工业生产和资本的集中程度也达到了前所未有的水平。到 20 世纪初，在南俄 16 家冶金企业中，12 家企业的工人数量占全俄冶金工人总数的 96% 和生铁产量占全俄生铁总产量的 86%[①]，其中工人数量超过 3500 人的 3 家大型企业的工人数量占全俄冶金工人总数的 47% 和生铁产量占全俄生铁总产量的 40%。到 1912 年，这样的大型企业增加到 9 家，它们控制了南俄地区工人数量的 83% 和生铁产量的 75%。[②] 这一现象的出现主要缘于以下四点。

一　冶金技术革命的完成

19 世纪 80 年代下半期到 90 年代，俄国的工业革命引起了生产力的重大变革，大机器工业在俄国冶金工业中占据了主导地位。

蒸汽动力的出现和发展对俄国冶金工业机械化生产具有重要的意义。采用蒸汽动力保证了冶金工业生产活动的连续性和生产规模的不断扩大，是提高冶金工业生产力的决定性因素。1890~1900 年，乌拉尔地区的冶金企业数仅增加了 13 个，而蒸汽动力功率、工人数量、人均拥有的蒸汽动力功率、生铁产量则分别增长了 105%、35.3%、33.3%、81.8%；南俄地区的冶金企业数仅增加了 13 个，而蒸汽动力功率、工人数量、人均拥有的蒸汽动力功率、生铁产量则分别增长了 1274.8%、241%、

---

① *Цукерник А. Л.* Синдикат《Продамет》. М.: Социально-экономическая литература，1959. C. 13.

② *Цукерник А. Л.* Синдикат《Продамет》. М.: Социально-экономическая литература，1959. C. 37.

301.8%、595.4%。这些数据表明，蒸汽动力的采用使俄国冶金业发生了革命性的变化，这在南俄地区表现得更为明显。[①]

此外，掌握热吹工艺和实现木制燃料向矿物燃料的转变是俄国高炉炼铁生产工艺中的主要技术成就。19世纪80年代，俄国炼铁生产因为采用热吹工艺而使高炉的生产效率提高25%~30%。到80年代末，俄国高炉炼铁热吹工艺的变革基本完成。1890年，俄国214座高炉中有热吹高炉145座，约占67.8%，其中乌拉尔地区冶金业的热吹高炉有62座。高炉冶铁生产实现由木制燃料向矿物燃料转变的过程相当缓慢，直到20世纪初南俄采矿冶金基地形成之后才实现了飞跃式的发展。木制燃料和矿物燃料对俄国高炉炼铁效益有很大影响。1880~1890年，使用木制燃料和矿物燃料的高炉数量分别增加了40座和48座，但冶铁产量则分别增长了198%和5923%。这决定了矿物燃料将逐渐取代木制燃料，并在俄国高炉炼铁中占据主导地位。1880~1890年，使用矿物燃料冶炼钢铁的企业的产量占总产量的比重由6.3%增加到64.1%。[②] 同时，引进贝氏炼钢法和平炉炼钢法实现了俄国钢铁冶炼技术的巨大变革。1900~1909年，乌拉尔冶金业的平炉数量仅从42座增加到63座，钢铁的产量却从1540万普特增加到3490万普特，增加了约1.3倍。[③] 1885~1900年，俄国冶金工业的平炉数量仅从70座增加到215座，钢产量却从500万普特增加到9300万普特，增加了

---

①　*Соловьева А. М.* Промышленная революция в России в XIX в. М.：Наука，1990. С. 222.

②　*Соловьева А. М.* Промышленная революция в России в XIX в. М.：Наука，1990. С. 224-226.

③　*Вяткин М. П.* Горнозаводский Урал 1900-1917 гг. Л.：Наука，1965. С. 239.

17.6 倍；贝氏吹炉数量仅从 17 座增加到 36 座，钢产量却从 630 万普特增加到 4120 万普特，增加了 5.5 倍。[①]

技术革新使 90 年代俄国冶金业的生产力以前所未有的速度迅猛增长。1890~1900 年，俄国的生铁产量从 5600 万普特增加到 1.79 亿普特，增加了 2.2 倍；钢产量从 2600 万普特增加到 1.35 亿普特，增加了 4.2 倍。[②] 技术革新在推动俄国冶金工业生产力大幅度提高的同时也使其生产集中的程度达到更高的水平。20 世纪初，新罗西斯克和第聂伯罗夫两大冶金工厂拥有南俄冶金业生产量的 38% 和工人数量的 31%。[③]

二　生产联合组织形式的广泛应用

19 世纪末 20 世纪初，俄国冶金联合企业不仅涵盖了冶金生产的所有环节，还包括煤炭、矿石的开采和焦炭的熔炼。冶金工业与相关工业部门的联合趋势从 1900~1903 年经济危机的爆发开始日渐明显。这次经济危机加快了俄国煤炭和铁矿工业部门垄断化的过程。此时煤炭和铁矿逐渐集中到少数垄断组织的手里，它们不断提高燃料和原料的价格。例如，煤炭销售价格在 1904~1905 年是每普特 6.5~7.5 戈比，1905 年因为煤炭企业主彼此之间达成协议而涨幅较大，到 1907 年在"煤炭销售"

[①] *Соловьева А. М.* Промышленная революция в России в XIX в. М.: Наука, 1990. C. 227.

[②] *Соловьева А. М.* Промышленная революция в России в XIX в. М.: Наука, 1990. C. 227.

[③] *Соловьева А. М.* Промышленная революция в России в XIX в. М.: Наука, 1990. C. 229.

辛迪加的作用下竟然涨到 10 戈比；顿涅茨煤炭的销售价格在
1905 年的敖德萨是每普特 14.5~15.5 戈比，到 1906 年 5 月受
煤炭辛迪加政策的影响涨到了 17.5~18 戈比。[①] 随着燃料和原
料价格的持续增长，俄国冶金企业对燃料和原料的争夺也日趋
激烈。对于煤炭和铁矿石的主要消费者——俄国冶金企业尤其
是大型冶金企业而言，建立自己的燃料和原料供应基地已成为
当务之急。为此，它们开始不断寻求与煤炭和铁矿企业联合以
期拥有自己的煤炭和铁矿基地。例如，顿涅茨克-尤里耶夫工
厂先后与圣彼得堡的扎铁和金属丝工厂、乌拉尔-伏尔加冶金
公司合并；马克耶夫工厂、顿涅茨克工厂以及杰巴利采沃公司
合并为一个企业集团等。[②]

　　这种生产联合的组织形式加快了俄国冶金工业集中的过程，
并巩固了冶金工业垄断组织在俄国冶金市场的主导地位。一方
面，生产联合使俄国冶金企业依靠廉价的原料和燃料降低冶金
生产成本，从而增强了其产品在俄国市场上的竞争力。俄国冶
金企业中煤炭和铁矿开采以及焦炭熔炼的成本通常低于煤炭和
铁矿公司。例如，1913 年，顿涅茨煤炭基地每个矿井平均开采
煤炭 200 万普特，而冶金公司平均开采 330 万普特；顿涅茨煤
炭基地人均煤炭开采量约 9000 普特，而冶金公司的人均开采量
几乎达到 10000 普特，某些大冶金公司甚至超过了 10000 普特，
如第聂伯罗夫工厂为 10000 多普特，俄国-比利时工厂为 11000

①　*Шполянский Д. И.* Монополии угольно-металлургической промышленности
юга России в начале XX века. М.: Академия наук СССР, 1953. С. 89.

②　*Вяткин М. П.* Монополии в металлургической промышленности России:
1900–1917. Документы и материалы. М.: Академия наук СССР, 1963. С. 124,
134.

普特等。此外，俄国冶金企业不必承担交易成本，即向燃料和原料供应商或中介人支付额外的费用。低成本的燃料和原料使冶金联合企业得以排挤其他竞争者取得竞争优势，从而进一步巩固其在俄国冶金市场上的统治地位。[①] 另一方面，生产联合促进了俄国冶金企业固定资本的增长和工人数量的激增，从而不断扩大了俄国冶金企业的生产规模。例如，南俄 15 家大型冶金企业的固定资本从 1911 年的 1.38 亿卢布增加到 1914 年的 1.97 亿卢布，每家企业平均工人数量由 1901 年的 3800 人增加到 1912 年的 9600 人。[②]

到第一次世界大战爆发前夕，这种生产联合的组织形式获得了广泛发展。与 1901 年相比，1912 年南俄 15 家冶金公司中有煤炭和铁矿石基地以及熔炼焦炭设备的公司由 4 家增加到 9 家。而"纯"冶金公司，也就是没有煤炭或铁矿石基地、熔炼焦炭设备的企业，在 1901 年有 8 家，到 1912 年几乎已经完全消失了。[③] 到 1913 年，煤炭和铁矿已经成为冶金公司相当重要的组成部分。生产联合的组织形式使俄国冶金工业中出现了联合数十个矿井、近百座焦炉且拥有工人数量 1.5 万~2 万人的少数大联合企业集团。据统计资料：与 1901 年相比，1912 年，南俄冶金联合企业占冶金、铁矿和煤炭三大工业部门产值的比重分别由 74%、65% 和 13% 增加到 100%、78% 和 37%；占整个俄国三大工

---

① *Цукерник А. Л.* Синдикат 《Продамет》. М.: Социально-экономическая литература，1959. С. 43.

② *Погребинский А. П.* Государственно-монополистический капитализм в России. М.: Социально-экономическая литература，1959. С. 34.

③ *Цукерник А. Л.* Синдикат 《Продамет》. М.: Социально-экономическая литература，1959. С. 40.

业部门产值的比重由 35% 增加到 58%。这些大联合企业集团在煤炭、铁矿和焦炭领域均起着举足轻重的作用。到 1913 年，这样的 6 家大型企业控制了南俄地区生铁产量的 65%、焦炭熔炼量的 41%、顿涅茨煤炭开采量的 21% 以及矿石开采量的 50% 以上。[①]可见，俄国冶金工业的高集中水平为生产联合提供了前提条件，生产联合也促进了俄国冶金工业集中水平的进一步提高。

三　银行资本与冶金工业资本的融合

19 世纪七八十年代，俄国国内外的银行就开始参与俄国的冶金工业，到 90 年代的冶金工业上升时期，它们对利润高、收益快的冶金工业部门掀起了巨大的投资热潮，其中外国资本表现得更为突出。1881～1900 年，外国资本对俄国采矿、冶金和金属加工工业的投资由 32.2% 增加到 61.8%。[②] 1900～1903 年的经济危机和长期的经济萧条使俄国多家冶金公司陷入了债台高筑的艰难处境。为摆脱这一困境，俄国冶金企业试图通过更新技术和设备降低成本以增加企业收入。以上伊谢季工厂为例，1910 年 8 月，该工厂的债务总额为 441.2 万卢布，其中国家银行 124.2 万卢布、西伯利亚银行和俄国工商银行 28.2 万卢布、个人 70 万卢布和下诺夫哥罗德-萨马拉银行抵押债务 218.8 万卢布。[③] 此时更新技术和设备成为其降低成本提高生产效率的

① *Цукерник А. Л.* Синдикат 《Продамет》. М.: Социально-экономическая литература, 1959. С. 40–41.

② *Бовыкин В. И.* К вопросу о роли иностранного капиталав России // Вестник Московского университета, 1964. №1. С. 78.

③ *Вяткин М. П.* Горнозаводский Урал 1900–1917 гг. Л.: Наука, 1965. С. 282.

唯一途径。于是，1913年1月29日，上伊谢季工厂的股东大会批准了预先拨款358.2万卢布改造工厂的计划。为筹集这部分资金，该工厂试图增发400万卢布的股票，但由于出售这些巨额股票并非易事，不得不求助私人商业银行。于是，1913年4月，为出售这些股票，古卡索夫股份公司与伏尔加-卡马银行和俄国对外贸易银行成立了具有担保作用的辛迪加。它通过出售这些股票获得该工厂6%的股份。1914年6~9月，上伊谢季工厂借助银行完成了股票的出售。[①] 此时，上伊谢季工厂与商业银行的关系也由原来的期票信贷关系转为融资关系。借助银行实现企业金融改革作为改变企业处境的主要途径，该合作方式在这一时期被广泛推广到俄国多家冶金企业。例如，1912年4月5日，布良斯克工厂请求工商部允许其增发时价总额600万卢布的股票以更新企业设备；1912年8月20日，亚述-顿河银行行长 Б. А. 卡缅斯基致函国家银行的负责人 А. В. 孔申时提到，英法财团同意投资100万卢布对博戈斯洛夫采矿工厂进行改革；1912年12月10日，俄亚银行管理局就参与出售塔甘罗格工厂股票的相关事宜致函亚述-顿河银行管理局[②]；1916年4月14日，尼科波尔-马里乌波尔工厂请求工商大臣允许其增发时价总额513万卢布的股票以增加固定资本扩大企业规模。[③]

---

① *Вяткин М. П.* Монополии в металлургической промышленности России: 1900–1917. Документы и материалы. М.: Академия наук СССР, 1963. С. 288.

② *Вяткин М. П.* Монополии в металлургической промышленности России: 1900–1917. Документы и материалы. М.: Академия наук СССР, 1963. С. 129–132.

③ *Вяткин М. П.* Монополии в металлургической промышленности России: 1900–1917. Документы и материалы. М.: Академия наук СССР, 1963. С. 182–183.

　　冶金企业的金融改革促进了这时期银行资本与工业资本的融合。这一方面表现在俄国国内外银行广泛参与俄国冶金企业，其中最具有代表性的是亚述－顿河商业银行、圣彼得堡商业银行、圣彼得堡私人商业银行和德意志银行等。亚述－顿河商业银行参与了博戈斯洛夫采矿工厂、布良斯克轧制钢轨机械厂、苏林工厂、塔甘罗格工厂和顿涅茨克－尤里耶夫工厂等；圣彼得堡商业银行对尼科波尔－马里乌波尔工厂和"加尔特曼"工厂两大冶金企业具有重大的影响力；俄国对外贸易银行对莫斯科冶金工厂给予了特别的关注；圣彼得堡商业银行完全控制了利巴夫斯克制铁铸钢工厂；德意志银行参与了克拉马托尔斯克冶金公司、索斯诺维茨基轧管工厂、米列维茨基扎铁工厂和"Б. 甘特克"冶金工厂等冶金公司。[①] 这些同时参与俄国多家冶金企业的银行，担心它们彼此竞争而相互削弱甚至破产，通常会极力促成它们彼此之间达成消除竞争的各类协议，这加快了俄国冶金企业联合的过程并加强了俄国冶金工业生产和资本集中的程度。另一方面表现在俄国国内外银行在冶金企业中持有相当高的股份。例如，1912 年 3 月，亚述－顿河银行持有苏林工厂 42.8% 的股份[②]；1915 年 6 月，俄法商业银行、俄国对外贸易银行、西伯利亚银行、伏尔加－卡马银行、俄国工商业银行等持有上伊谢季工厂 84% 的股份[③]；

---

①　*Вяткин М. П.* Монополии в металлургической промышленности России：1900–1917. Документы и материалы. М.：Академия наук СССР, 1963. С. 134.

②　*Вяткин М. П.* Монополии в металлургической промышленности России：1900–1917. Документы и материалы. М.：Академия наук СССР, 1963. С. 129.

③　*Вяткин М. П.* Монополии в металлургической промышленности России：1900–1917. Документы и материалы. М.：Академия наук СССР, 1963. С. 317.

1916 年 5 月，巴黎荷兰银行、列日一般信贷公司、亚述-顿河银行、圣彼得堡商业银行持有塔甘罗格工厂 58% 的股份[①]，1916 年 6 月，俄亚银行和圣彼得堡商业银行持有尼科波尔-马里乌波尔工厂 44% 的股份等。[②] 这不仅加深了俄国冶金企业对俄国国内外银行的依赖，还使俄国国内外银行逐渐成为俄国冶金企业真正的所有人。

在银行资本与冶金工业资本融合的过程中还出现了冶金工业巨头和银行巨头的"人事联合"。例如，法国银行集团的代理人 П. Г. 达尔西，兼任俄国"冶金制品销售"辛迪加委员会的主席，还是乌拉尔-伏尔加冶金公司和顿涅茨克-尤里耶夫工厂的董事会成员；俄亚银行董事会主席 А. И. 普季洛夫是布良斯克工厂的董事会成员；亚述-顿河银行董事会主席 Б. А. 卡明卡是塔甘罗格工厂董事会成员；圣彼得堡商业银行董事会主席 А. И. 维什涅格拉茨基是尼科波尔-马里乌波尔工厂董事会成员。[③] 这不仅使银行与俄国冶金企业之间的关系紧密相连，而且还使多家冶金企业和多家银行之间结成了广泛而紧密的利益网。

总之，俄国国内外银行的大规模参与为俄国冶金工业发展提供了强有力的资金支持，这对俄国原有工业的技术改造和巨型企业的建立起着举足轻重的作用。随着银行资本和工业资本

---

① *Вяткин М. П.* Монополии в металлургической промышленности России: 1900-1917. Документы и материалы. М.: Академия наук СССР, 1963. С. 184.

② *Вяткин М. П.* Монополии в металлургической промышленности России: 1900 - 1917. Документы и материалы. М.: Академия наук СССР, 1963. С. 184-185.

③ *Цукерник А. Л.* Синдикат 《Продамет》. М.: Социально-экономическая литература, 1959. С. 56.

的融合，金融资本在俄国冶金工业中的统治地位日渐增强，它不仅对维持冶金垄断组织的稳定，甚至对其出台的垄断政策都产生直接而重要的影响。

四　沙皇政府的经济政策

俄国冶金工业自形成之初就被沙皇政府干预。沙皇政府认识到为维系专制制度必须发展现代化工业，于是从 19 世纪中期开始便出台各项经济政策扶植俄国冶金工业的发展。这些政策在促进俄国冶金工业快速发展的同时，也加快了俄国冶金工业垄断化的进程，其主要包括以下三个方面。

第一，国家订购制度。1900～1903 年的经济危机给俄国冶金工业发展带来沉重打击，为了临时挽救冶金工业和机器制造业，沙皇政府于 1902 年创建了铁路订单分配委员会，其成员包括财政部、交通部、国家土地资源部、国家监督机关代表以及冶金企业主代表。从形式上看，冶金企业主在委员会的会议中没有决定权，仅有讨论权。铁路订单分配委员会以大臣专门会议制定的规则为基础发挥作用，其主要职能是规定蒸汽机车、钢轨、车厢和其他铁路用具的价格并将相关订单在个别冶金工厂之间进行分配。① 这是俄国第一个国家垄断组织，其活动已经远远超出了消除工业危机后果的目的，实际上已经变成保证特权工厂获得高价订单的国家机构，该机构完全处于大工业垄断联盟的监控之下。一方面表现在它将订单只分配给少数大型

① *Шполянский Д. И.* Монополии угольно-металлургической промышленности юга России в начале XX века. М. : Академия наук СССР, 1953. C. 59.

冶金和机器制造厂，例如，该委员会将 70% 的钢轨订单只分配给了南俄地区的 8 家钢轨厂（第聂伯罗夫工厂、新俄罗斯工厂、顿涅茨克工厂、布良斯克工厂、顿涅茨克-尤里耶夫工厂、俄国-比利时工厂、塔甘罗格工厂、"俄罗斯德普罗丹斯"工厂），虽然这些工厂的生产能力仅可以执行 40%~45% 的钢轨订单。[①]这一订单分配制度导致俄国冶金工业生产逐渐向少数特权工厂集中。另一方面表现在解决有关规定价格、质量要求等重要问题时，它需要预先与大工业垄断资本协商。正如 1912 年蒸汽机车辛迪加理事会在描述其与铁路订单分配委员会的相互关系时这样写道："理事会积极参与讨论有关委员会在各个工厂之间分配钢轨订单的工作。"[②] 委员会为满足大垄断资本的要求往往把钢轨订单价格定得高于市场价格。例如，1902 年，休斯工厂每普特钢轨的生产成本是 89 戈比、卡缅斯基工厂是 79 戈比、塔甘罗格工厂是 77.59 戈比、亚历山大工厂是 92 戈比、彼得罗夫斯克工厂是 88.7 戈比，而国家为每普特钢轨规定的供货价格在 1903 年、1904 年、1905 年和 1906 年依次为 1 卢布 25 戈比、1 卢布 17 戈比、1 卢布 12 戈比和 1 卢布 12 戈比。[③] 这使国库向承担订单的大冶金企业额外支付了巨额资金。例如，据 А. Л. 楚克尔尼克的统计，国库每年仅钢轨订单就额外支付 300 万卢

① *Лившин Я. И.* Монополии в экономике России. М.：Социально-экономическая литература，1961. С. 160–161.

② *Погребинский А. П.* Государственно-монополистический капитализм в России. М.：Социально-экономическая литература，1959. С. 66.

③ *Шполянский Д. И.* Монополии угольно-металлургической промышленности юга России в начале XX века. М.：Академия наук СССР，1953. С. 59–60.

布①；据工厂主 Ю. П. 古容的统计，1904 年国库为高价订单向承担订单的冶金企业额外支付了 1630 万卢布，1907 年额外支付了 1080 万卢布。② 与此同时，国家还为供应钢轨的冶金工厂发放津贴。正如 Ю. П. 古容在南俄第 27 次采矿企业主代表大会上指出的，在国家规定供应钢轨价格为每普特 1 卢布 25 戈比的条件下，6 家冶金工厂生产每普特钢轨从国家那里获得津贴45 戈比，其具体情况如下：第聂伯罗夫工厂获得年津贴是111.6 万卢布、塔甘罗格工厂是 60.75 万卢布、布良斯克工厂是 155 万卢布、俄国-比利时工厂是 163.5 万卢布、德鲁日科夫卡工厂是 168.3 万卢布和尤佐夫卡工厂是 211.6 万卢布。③ 可见，此时的铁路订单分配委员会已变成保证大垄断资本获得高额垄断利润并排挤其他非垄断企业的有效工具。

第二，关税保护政策。从 19 世纪 70 年代开始，沙皇政府就实行了严格的关税保护制度。按照 1894 年关税税则，沙皇政府对从国外进口的每普特生铁征收 45 戈比的关税。根据现行法律，对熟铁、钢和机器所征收的进口税与生铁的税收基本一致。1908~1912 年，沙皇政府对每普特生铁所征收的进口关税相当于其成本的 100%，熟铁和大型钢的关税相当于其成本的 70%~95%，小型钢的关税相当于其成本的 108%~125%，钢轨的关税

---

① *Цукерник А. Л.* Синдикат 《 Продамет 》. М. ： Социально-экономическая литература，1959. C. 81.

② *Лившин Я. И.* Монополии в экономике России. М. ： Социально-экономи ческая литература，1961. C. 162.

③ *Шполянский Д. И.* Монополии угольно-металлургической промышленности юга России в начале XX века. М. ： Академия наук СССР，1953. C. 60.

相当于其成本的 90% 以上。[①] 沙皇政府对进口生铁所征的税收
是相当高的。正如 1914 年初，工商大臣曾在其密函中提及：
"必须承认，我们对从国外进口的每普特生铁征收 45 戈比的税
收是过高的。"关于这一点，我们从俄国生铁生产成本的数据
中也可以得到证明。1913~1914 年，南俄冶金工厂生产每普特
生铁的成本是 50 戈比，乌拉尔冶金工厂生产每普特生铁的成本
是 60 戈比。[②] 可见，与俄国生铁相比，承受高额进口关税的国
外生铁已经完全丧失了在俄国冶金市场上的竞争力。然而，在
此时的俄国冶金市场上，冶金垄断组织为获得高额垄断利润任
意提高冶金制品的价格，正如，1914 年 10 月 8 日俄国"冶金
制品销售"辛迪加的会议决议中指出的："即日起，每普特优
质铁、铁梁、槽钢的销售价格再提高 10 戈比，每普特薄铁和宽
铁的销售价格再提高 15 戈比。"[③] 铁制品价格的持续高涨引起
了消费者的强烈不满，早在 1911 年 П. А. 哈里托诺夫国家监察
员致函财政大臣 В. И. 科科夫佐夫时就提出："铁路负责人多次
抱怨俄国'冶金制品销售'辛迪加年复一年提高各类铁制品的
价格。俄国铁路管理委员会一直在与辛迪加提高价格的行为作
斗争。"[④] 面对俄国市场的严峻形势，政府试图允许暂时降低进
口生铁的关税，但这一想法却遭到了南俄垄断组织代表的坚决反

---

① *Цукерник А. Л.* Синдикат 《 Продамет 》. М.： Социально-экономическая
литература，1959. С. 101.

② *Цукерник А. Л.* Синдикат 《 Продамет 》. М.： Социально-экономическая
литература，1959. С. 101-102.

③ *Вяткин М. П.* Монополии в металлургической промышленности России：
1900-1917. Документы и материалы. М.： Академия наук СССР，1963. С. 152.

④ *Вяткин М. П.* Монополии в металлургической промышленности России：
1900-1917. Документы и материалы. М.： Академия наук СССР，1963. С. 117.

对。他们向大臣会议呼吁："即便暂时降低关税也将严重损害俄国冶金企业的利益。最终，沙皇政府在冶金垄断组织的压力下拒绝了消费者所提出的降低关税的申请。"[1] 可见，沙皇政府所实行的关税保护制度，由于为进口铁制品规定较高关税而在很大程度上限制其流入俄国市场，在客观上有利于维持俄国冶金垄断组织所制定的铁制品的高价格体系，并巩固了它们在俄国冶金市场上的垄断地位。

第三，出口优惠政策。在 1900～1914 年的俄国冶金业快速发展时期，俄国却减少铁路修建，导致俄国冶金制品因在俄国市场的需求降低而开始不断增加出口。为鼓励俄国冶金制品出口，沙皇政府出台了一系列优惠政策，以期降低成本增强其在国际市场上的竞争力。沙皇政府不仅为出口的冶金制品规定了较低的铁路运价，还将经马里乌波尔和尼古拉耶夫港口出口的冶金制品的关税降低一半。这将每普特钢轨的成本降低了 6 戈比，相当于其生产成本的 10%～12%，不低于其出口价格的 25%。此外，低于成本的出口价格给俄国钢轨出口商带来的损失也由以铁路订单分配委员会为代表的国家机构承担。该机构通过为出口冶金制品的工厂分配高价订单的形式补偿它们的损失。例如，1906～1909 年，供应国家的重型钢轨的价格是每普特 1 卢布 12 戈比，其出口价格是 65～70 戈比，而生产成本是 85 戈比。[2] 可见，虽然冶金工厂出口每普特钢轨损失 15～20 戈比，但承担国家订单却为其带来了每普特 27 戈比的利润。沙皇政府的

[1]　*Цукерник А. Л.* Синдикат 《Продамет》. М.：Социально-экономическая литература，1959. C. 103.

[2]　*Цукерник А. Л.* Синдикат 《Продамет》. М.：Социально-экономическая литература，1959. C. 105-106.

优惠政策不断扩大了俄国冶金制品的出口规模。从 1909~1910 年到 1913~1914 年，俄国"冶金制品销售"辛迪加的薄铁和宽铁、槽钢和铁梁、轮箍、优质铁、钢轨的出口额分别由 951.9 万、933.2 万、147 万、3691.1 万、677 万普特增加到 2078.3 万、1605.7 万、376.3 万、5940 万、2743.1 万普特。[①] 可以说，在对进口冶金制品征收高关税且俄国冶金市场几乎完全被垄断组织独占的情况下，冶金制品的大规模出口在客观上有力地维持了俄国冶金制品市场的高价格水平，并增强了冶金垄断组织在俄国市场上的统治地位。

总之，冶金技术革命的完成、生产联合组织形式的广泛应用、银行资本与冶金工业资本的融合、沙皇政府的经济政策等因素共同促进了俄国冶金工业生产的高度集中和资本的快速积累，这不仅为俄国冶金工业实现由自由竞争向垄断的转变准备了必要条件，也为日后俄国冶金工业垄断组织的出现及其垄断统治地位的巩固起到积极的推动作用。

第二节　冶金垄断组织的建立及其活动

19 世纪八九十年代，俄国冶金工业开始了垄断化的进程。此时，在自由资本主义向垄断资本主义过渡的时期，俄国冶金工业部门中出现了卡特尔形式的垄断组织。例如，1882~1886 年的钢轨工厂主同盟，其联合了 5 家工厂，控制了全俄钢轨产量的 75%，随后又相继出现了 1890~1895 年的钢轨工厂同盟、1884~

---

① *Вяткин М. П.* Монополии в металлургической промышленности России: 1900–1917. Документы и материалы. М.: Академия наук СССР, 1963. C. 155.

1892 年的钢轨扣件工厂主同盟以及 1896~1897 年的铁路用具生产工厂同盟①以及 1900 年南俄五家大型冶金工厂之间签订了钢轨订单分配的协议。依据协议规定："新俄罗斯工厂占订单量的29.5%、布良斯克工厂占 25%、第聂伯罗夫工厂占 18%、俄国-比利时工厂占 15.5%、顿涅茨克工厂占 12%。"② 这些卡特尔协议为辛迪加形式的冶金垄断组织的出现奠定了基础。到 1900~1903 年的经济危机时期，俄国冶金企业为摆脱困境彼此之间展开了残酷的竞争，这加速了俄国冶金工业生产和资本的集中，促进了一系列辛迪加销售同盟的创建。1902~1908 年，俄国冶金工业中出现了"轧铁"辛迪加、"优质铁"辛迪加、"钢管和铁管"辛迪加、"轴和轮箍"辛迪加、"罐和槽铁"辛迪加、"金属丝"辛迪加、"屋顶铁皮"辛迪加、"冶金制品销售"辛迪加、"钉子"辛迪加、"铜"辛迪加等十几个销售垄断联盟。③ 其中最具影响力的是南俄地区的"冶金制品销售"辛迪加和乌拉尔地区的"屋顶铁皮"辛迪加。1912 年，俄国"冶金制品销售"辛迪加拥有全俄熟铁和钢销售额的 88.6%；"屋顶铁皮"辛迪加拥有全俄屋面铁皮销售额的 37.1%。④

需要指出的是，作为俄国冶金工业两大基地的南俄冶金工业区和乌拉尔冶金工业区，它们在这一时期的垄断化进程分别

① *Лившин Я. И.* Монополии в экономике России. М. : Социально-экономическая литература, 1961. С. 15.
② *Вяткин М. П.* Монополии в металлургической промышленности России: 1900–1917. Документы и материалы. М. : Академия наук СССР, 1963. С. 19.
③ *Бовыкин В. И.* Формирование финансового капитала в России: конец XIX в. –1908 г. М. : Наука, 1984. С. 235.
④ *Цукерник А. Л.* Синдикат 《 Продамет 》. М. : Социально-экономическая литература, 1959. С. 19.

呈现如下特点。在南俄冶金工业区，除 1902 年的"优质铁"
辛迪加、"钢管和铁管"辛迪加和 1903 年的"钉子"股份公司
之外，还形成了几乎控制俄国主要冶金制品的垄断联盟，即
"冶金制品销售"辛迪加，其成员包括"薄铁"辛迪加、"铁
梁"辛迪加、"轴和轮箍"辛迪加、"钢管和铁管"辛迪加、
"优质铁"辛迪加和"钢轨"辛迪加[1]，影响范围涵盖了南俄
工业区、波罗的海工业区、中央工业区、乌拉尔工业区、伏尔
加工业区、波兰工业区等，属于全国性的垄断组织。[2] 在乌拉
尔地区，除部分冶金工厂加入南俄"冶金制品销售"辛迪加、
"铜"辛迪加和"钉子"辛迪加之外，还形成了销售屋顶铁皮
和白铁的辛迪加。"屋顶铁皮"辛迪加的影响范围主要局限在
乌拉尔工业区，属于地方性的垄断组织。[3] 可见，"冶金制品销
售"辛迪加和"屋顶铁皮"辛迪加分别作为南俄和乌拉尔两大
冶金工业区最具影响力的垄断集团，它们的创建及其活动是构
成俄国冶金工业垄断形成和发展过程的主要组成部分，因此，
为揭示这时期俄国冶金工业垄断形成和发展的基本情况，我们
可以从以下三方面进行考察。

一 "冶金制品销售"辛迪加的创建及其活动

1900~1903 年的经济危机使俄国冶金公司陷入了销售危机。

---

① *Шполянский Д. И.* Монополии угольно-металлургической промышленности юга России в начале XX века. М.：Академия наук СССР, 1953. C. 64–65.

② *Цукерник А. Л.* Синдикат 《Продамет》. М.：Социально-экономическая литература, 1959. C. 20–21.

③ *Вяткин М. П.* Горнозаводский Урал 1900–1917 гг. Л.：Наука, 1965. C. 195.

为摆脱这一困境，俄国出现了一系列创建冶金垄断组织的方案。这些方案的本质就是将南俄冶金工厂联合成一个股份公司，即强大的冶金垄断组织，但这并未获得大冶金企业集团的支持。1901 年，塔甘罗格工厂经理特拉赞斯捷尔最早提出了联合南俄冶金工厂的方案。[①] 同年，在第 26 次南俄采矿企业主代表大会上首次公开提出了创建冶金工厂辛迪加的问题。该代表大会参会人员创建的希马诺夫斯克委员会拟定了联合南俄冶金工厂的方案。该方案是第聂伯罗夫工厂经理亚休科维奇主持起草的，他用较长篇幅阐述了调控俄国冶金工厂活动的必要性、为降低冶金制品的销售成本创建专门的组织以及更平等地在各工厂之间分配订单的重要性等相关内容。应该指出的是，这个方案的目的明确：寻求建立工厂主联盟，这个方案不仅可以使工厂主集中大部分冶金生产，还可以控制铁矿市场的销售条件，提高产品价格并增加利润。[②] 这个方案得到了政府的积极支持。1901 年 11 月，南俄采矿企业主代表大会向财政部就上述问题提出申请，财政大臣对此表示："如果企业代理人不将销售价格提高到非正常的水平，我们将不会反对代办处的创建。"[③] 1902 年初，经财政部的批准，在圣彼得堡召开了南俄冶金公司全权代表大会。在此次会议上，不仅承认了冶金公司之间所签订的共同销售产品的协议是合理的，还促使冶金公司之间达成

[①]　*Шполянский Д. И.* Монополии угольно-металлургической промышленности юга России в начале XX века. М. : Академия наук СССР, 1953. С. 46.

[②]　*Цукерник А. Л.* Синдикат 《 Продамет 》. М. : Социально-экономическая литература, 1959. С. 13–14.

[③]　*Цукерник А. Л.* Синдикат 《 Продамет 》. М. : Социально-экономическая литература, 1959. С. 14.

了在各大工业中心组建销售办事处的方案。该方案由南俄冶金公司全权代表大会专门委员会拟定，其阐述了辛迪加形式垄断联盟的基本内容。其协议条款包括：协议参与者规定产品价格和签订任何产品销售合同的事宜必须经过办事处，而办事处将会按照其在订单总额中所占的份额为其分配订单。从协议条款中可以看出，参加协议的企业虽然在生产和法律上仍然保持独立，但已经丧失了商业的独立性。在该方案的基础上起草了"冶金制品销售"辛迪加的章程，其于 1902 年 6 月获得政府批准。这标志着以"冶金制品销售"辛迪加命名的冶金工厂正式创建。[1] "冶金制品销售"辛迪加之所以以股份公司的形式运行，一方面可以使其规避禁止商人相互勾结的法律规定，另一方面也可以使与其签订合同的工厂以合法的形式向其转交产品销售权。"冶金制品销售"辛迪加在创建之初发行了 3600 股股票，每股的价格是 250 卢布，股份资本总额为 90 万卢布。[2] "冶金制品销售"辛迪加在形式上是股份公司，其股东主要是向其转交产品销售权的各冶金企业。"冶金制品销售"辛迪加的股票在辛迪加成员之间分配，其职能是规定产品价格并按照每个契约人参与销售总额的份额分配订单。

　　"冶金制品销售"辛迪加的管理机构，由中央管理委员会和三个区域委员会组成。中央管理委员会主要负责在辛迪加成员之间分配订单，三个区域委员会分别为：管理南方工厂的叶卡捷琳诺斯拉夫区域委员会、管理沙皇统治的波兰地区工厂的

---

① *Цукерник А. Л.* Синдикат 《Продамет》. М.: Социально-экономическая литература，1959. C. 14-15.

② *Вяткин М. П.* Монополии в металлургической промышленности России: 1900-1917. Документы и материалы. М.: Академия наук СССР，1963. C. 21.

华沙区域委员会、管理其他工厂的圣彼得堡区域委员会。上述
三个区域委员会负责在其所管理的工厂之间分配订单。圣彼得
堡的辛迪加管理局借助 13 个地区的大工商业中心的销售办事处
开展自己的活动。乌拉尔、西伯利亚和远东地区的辛迪加销售
办事处的职能则由个别贸易公司执行。

　　1902~1910 年，"冶金制品销售"辛迪加先后垄断了薄铁
和宽铁、铁梁和槽钢、轮箍、铁管、优质铁、钢轨等俄国主要
冶金制品的销售。1902 年 10 月，"冶金制品销售"辛迪加组建
了"薄铁"辛迪加，其成员包括 14 家大型冶金企业，其中南
俄地区 11 家，沙皇统治的波兰地区 2 家，中心地区 1 家。这些
企业垄断了全俄 50% 以上的薄铁和宽铁生产量。它们多数都是
由拥有煤炭和铁矿供应基地的冶金工厂组成的大联合企业，不
仅对俄国的铁市场，还对燃料市场均产生重要影响。[①] 1907 年
末，其最大竞争者尤佐夫卡工厂加入了辛迪加，在薄铁销售总
额中获得 9% 的参与份额。同时期，苏林工厂也被迫加入其中
并获得 2.7% 的参与份额。随后，俄国－比利时工厂、德鲁日科
夫卡工厂等其他南俄工厂也纷纷加入。[②] 1903 年 5 月，"冶金
制品销售"辛迪加组建了"铁梁和槽钢"辛迪加，其成员包括彼
得罗夫斯克工厂、第聂伯罗夫工厂、德鲁日科夫卡工厂、马克
耶夫工厂、亚历山大工厂和"俄罗斯普罗维丹斯"工厂 6 家南
俄冶金工厂。这些工厂在南俄铁梁和槽钢市场中占据主导地位，

① *Цукерник А. Л.* Синдикат 《Продамет》. М.： Социально-экономическая
литература，1959. С. 16.

② *Цукерник А. Л.* Синдикат 《Продамет》. М.： Социально-экономическая
литература，1959. С. 16.

在 1902 年垄断了南俄铁梁生产量的 83%，槽钢生产量的
78%。① 到 1907 年，该公司通过与博戈斯洛夫采矿工厂签订转
让铁梁和槽钢销售权的合同使其成为辛迪加成员。② 1905 年，
"冶金制品销售"辛迪加组建了"轴和轮箍"辛迪加，其成员
包括 8 家轮箍生产工厂③，到 1909 年 5 月，该公司通过与科洛
缅斯科耶公司签订转让轮箍销售权的合同使其并入辛迪加。④
1905 年 4 月，"冶金制品销售"辛迪加组建了"钢管和铁管"
辛迪加，其成员包括第聂伯罗夫工厂、马克耶夫工厂、上第聂
伯罗夫工厂和苏林工厂 4 家南俄工厂，但俄国最大的铁管生产
企业布良斯克工厂并未加入。1908 年，"冶金制品销售"辛迪
加组建了"优质铁"辛迪加，其成员包括亚历山大工厂、第聂
伯罗夫工厂、尤佐夫卡工厂、顿涅茨克-尤里耶夫工厂、塔甘
罗格工厂、尼科波尔-马里乌波尔工厂、"俄罗斯普罗维丹斯"
工厂、苏林工厂、"加尔特曼"工厂、坎斯坦基诺夫工厂等 11
家冶金公司。随后乌拉尔-伏尔加冶金公司也被迫加入辛迪加。
1910 年，"冶金制品销售"辛迪加又组建了"钢轨"辛迪加。⑤
可见，到 1910 年，"冶金制品销售"辛迪加已经发展成联合
"薄铁"辛迪加、"铁梁和槽钢"辛迪加、"轴和轮箍"辛迪

① *Шполянский Д. И.* Монополии угольно-металлургической промышленности
юга России в начале XX века. М. : Академия наук СССР, 1953. C. 53.

② *Вяткин М. П.* Монополии в металлургической промышленности России：
1900-1917. Документы и материалы. М. : Академия наук СССР, 1963. C. 42.

③ *Шполянский Д. И.* Монополии угольно-металлургической промышленности
юга России в начале XX века. М. : Академия наук СССР, 1953. C. 53.

④ *Вяткин М. П.* Монополии в металлургической промышленности России：
1900-1917. Документы и материалы. М. : Академия наук СССР, 1963. C. 74.

⑤ *Шполянский Д. И.* Монополии угольно-металлургической промышленности
юга России в начале XX века. М. : Академия наук СССР, 1953. C. 53-54.

加、"钢管和铁管"辛迪加、"优质铁"辛迪加和"钢轨"辛
迪加，并且不断将俄国主要冶金制品集中到自己手里的相当庞
大的垄断联盟集团。它在俄国冶金市场上具有举足轻重的地位，
到 1910 年集中了全俄优质铁、薄铁和通用钢梁轧制铁、铁梁和
槽钢、轮箍生产量的 88.08%、82.41%、88.33%、74.06%。[①]

"冶金制品销售"辛迪加凭借在俄国冶金市场上的垄断统
治地位，通过制定和提高冶金制品的垄断高价攫取高额利润。
缩减产量是"冶金制品销售"辛迪加制定并提高冶金制品垄断
高价的惯用手段。它为限制生产制造俄国冶金制品市场的"饥
荒"主要采用了以下三种手段。首先，禁止新建冶金工厂。这
使 1908~1913 年全俄冶金工厂的数量减少了 11 家；南俄冶金
工厂的数量减少了 1 家。[②] 禁止新建工厂的手段控制了冶金制
品供应量，在市场需求不断增长的情况下有利于提高俄国冶金
制品的市场价格。其次，强制参与辛迪加的工厂放弃某些冶金
制品的生产，并为此向其发放津贴。例如，1909 年，尼科波
尔-马里乌波尔工厂由于放弃优质铁的生产和销售每年从"冶
金制品销售"辛迪加获得 18 万~20 万卢布的津贴（每普特 7
或 8 戈比）。[③] 按照"冶金制品销售"辛迪加的指示，1912~
1914 年，尼科波尔-马里乌波尔工厂和波利扬斯基工厂放弃了
优质铁的生产；甘特卡工厂、苏林工厂和顿涅茨克-尤里耶夫

① *Вяткин М. П.* Монополии в металлургической промышленности России: 1900–1917. Документы и материалы. М. : Академия наук СССР, 1963. С. 122.

② *Цукерник А. Л.* Синдикат 《Продамет》. М. : Социально-экономическая литература, 1959. С. 163.

③ *Вяткин М. П.* Монополии в металлургической промышленности России: 1900–1917. Документы и материалы. М. : Академия наук СССР, 1963. С. 90.

工厂放弃了薄铁的生产；苏林工厂、乌拉尔-伏尔加工厂和博格斯罗夫工厂放弃了铁梁和槽钢的生产。有关资料显示，1912~1913年"冶金制品销售"辛迪加未完成的订单情况如下：25%的薄铁订单未完成；12%的铁梁和槽钢订单未完成；4%的优质铁订单未完成。与1912年相比，1913年未完成的订单数量竟然增长了2倍。到1914年初，未完成的薄铁订单竟然达到了100万普特，相当于订单总额的40%。1912~1914年，"冶金制品销售"辛迪加为放弃某些冶金制品生产的工厂发放了600多万卢布的津贴。最后，"冶金制品销售"辛迪加故意延迟完成订单的期限。与1912年相比，1913年优质铁、薄铁、铁梁和槽钢的订单中逾期订单所占比重分别由33%增加到40%、38%增加到69%、17%增加到39%。[①]

对于俄国冶金市场的"饥荒"现象，冶金垄断大亨为推卸责任以各种理由予以否认，但如下事实却是对其观点的有力回击。以冶金制品的主要消费者铁路部门为例，从1909年开始，"冶金制品销售"辛迪加在俄国铁矿市场上的活动导致铁弹簧钢价格的持续提高。东南铁路负责人在向财政部提交的报告中指出，从1908年开始，优质铁的价格不断提高，到1909年5月，优质铁和一等铁的市场价格是每普特1卢布，二等铁和三等铁的市场价格分别为1卢布26.25戈比和1卢布50戈比。西南铁路管理局局长也提到，1908年，在"钢轨"辛迪加创建之前，按照交通部的技术条件所购买的弹簧钢价格是每普特1卢布31戈比，而按照西南铁路的高技术条件所购买的弹簧钢价格

---

① *Цукерник А. Л.* Синдикат 《Продамет》. М.：Социально-экономическая литература，1959. С. 165–168.

为 1 卢布 65 戈比。到 1909 年时，我们不得不从"冶金制品销售"辛迪加购买钢，此时其所宣称的低于其他竞争者的钢轨价格也从每普特 1 卢布 75 戈比提高到了 2 卢布 5 戈比。叶卡捷琳诺斯拉夫铁路的负责人也指出，辛迪加导致冶金制品价格大幅度增长并长期保持这一水平。"冶金制品销售"辛迪加凭借控制宽铁和薄铁的销售权，每年无理由提高该产品的价格。与 1908 年初相比，1908 年末该冶金制品的价格上涨了 25%。①

俄国市场的冶金"饥荒"为"冶金制品销售"辛迪加制定并提高垄断高价创造了有利的条件。"冶金制品销售"辛迪加的主要销售对象是商业公司、铁路部门、机械加工厂。在 1912 年"冶金制品销售"辛迪加的订单中，商业公司占 56%、铁路部门占 25%、机械加工厂占 15% 和其他占 4%。② 在对商业公司销售方面，"冶金制品销售"辛迪加从 1910 年开始大幅度提高冶金制品的价格。与 1910 年相比，1911 年铁梁和槽钢的价格每普特提高了 10 戈比。实际上，商业公司为冶金制品支付的价格还要更高一些，因为辛迪加为购买冶金制品的商业公司规定了追加款，这实质上是辛迪加通过一种隐蔽的形式变相提高了冶金制品的价格。1911 年，辛迪加对每普特薄铁、铁梁和槽钢规定 10 戈比的追加款。1912 年，辛迪加以质量要求变高为由对薄铁所收取的追加款从 10 戈比提高到 20 戈比，此后又由于

①　Цукерник А. Л. Синдикат《Продамет》. М.：Социально-экономическая литература，1959. C. 204—205.

②　Цукерник А. Л. Синдикат《Продамет》. М.：Социально-экономическая литература，1959. C. 191.

海军部的技术要求从 20 戈比提高到 50 戈比。[1] 1912~1913 年，辛迪加所收取的追加款分别占薄铁、优质铁、铁梁和槽钢供货价格的 12%、10% 和 5%。[2] 在对铁路部门销售方面，随着为铁路供货的冶金工厂逐渐被辛迪加控制，俄国铁路部门从"冶金制品销售"辛迪加订购的冶金制品的数量在订购总量中的比重在 1908 年、1909 年、1910 年和 1911 年分别为 13%、30%、55% 和 73%。

与此同时，铁路部门从"冶金制品销售"辛迪加所订购的冶金制品的数量在订货总量中的比重也持续增长。1908~1912 年，波列斯克铁路建设订货量由 0 增加到 92%；亚历山大铁路建设订货量由 7% 增加到 82%；叶卡捷琳诺斯拉夫铁路建设订货量由 7% 增加到 77%；尼古拉耶夫铁路建设订货量由 6% 增加到 61%。[3] 1909~1912 年，"冶金制品销售"辛迪加为俄国铁路供应冶金制品的价格出现如下变动：为尼古拉耶夫铁路供应的优质铁、薄铁、弹簧钢的价格每普特分别增长了 13 戈比、15 戈比、25 戈比；为西北铁路供应的优质铁、薄铁、弹簧钢的价格每普特分别增长了 4 戈比、15 戈比、15 戈比；为叶卡捷琳诺斯拉夫铁路供应的优质铁和弹簧钢的价格每普特分别增长了 49 戈比和 62 戈比。[4] 在对机械加工厂销售方面，1911 年优质铁的价格每普特上涨了 10 戈比，1913 年上涨了 5 戈比；1908 年犁

[1] *Цукерник А. Л.* Синдикат 《Продамет》. М.: Социально-экономическая литература, 1959. C. 195.

[2] *Цукерник А. Л.* Синдикат 《Продамет》. М.: Социально-экономическая литература, 1959. C. 193-195.

[3] *Цукерник А. Л.* Синдикат 《Продамет》. М.: Социально-экономическая литература, 1959. C. 204-205.

[4] *Цукерник А. Л.* Синдикат 《Продамет》. М.: Социально-экономическая литература, 1959. C. 209-210.

刀和犁壁的价格是每普特 1 卢布 82 戈比，1912 年涨到 1 卢布 90 戈比，1913 年涨到了 2 卢布。辛迪加持续提高供应农用机器和设备的价格导致俄国进口农用机器和设备的数量增加近 2 倍。1907~1909 年，平均每年进口上述设备 240 万普特；1910~1911 年，平均每年进口 350 万普特；1912 年，进口 420 万普特。[①]

对冶金制品制定并提高垄断价格给"冶金制品销售"辛迪加带来了高额垄断利润。这几乎体现在所有辛迪加成员的董事会的报告中。1910~1911 年，第聂伯罗夫工厂因为生产五种冶金制品获得了近十年来最高的净利润 348 万卢布，并且还获得了由辛迪加所发放的相当于其固定资本 12% 的红利；俄国-比利时工厂获得净利润 321.6 万卢布和 9% 的红利；扎铁和金属丝工厂获得 14% 的红利；轧管和制铁工厂获得 16% 的红利。[②]1910~1913 年，苏林工厂所获利润相当于其固定资本的 70%；克里沃罗日矿公司和坎斯坦基诺夫工厂的利润相当于其固定资本的 60% 以上；尼科波尔-马里乌波尔工厂的利润相当于其固定资本的 50% 以上。11 家南俄工厂在 1910~1913 年所获利润相当于 1913 年辛迪加投入所有企业资本的 52.3%。[③]

二　"屋顶铁皮"辛迪加的创建及其活动

居民财产管理总局早在 1901 年就开始协商有关在乌拉尔工

---

① *Цукерник А. Л.* Синдикат 《Продамет》. М.: Социально-экономическая литература, 1959. С. 212.

② *Вяткин М. П.* Монополии в металлургической промышленности России: 1900-1917. Документы и материалы. М.: Академия наук СССР, 1963. С. 123.

③ *Цукерник А. Л.* Синдикат 《Продамет》. М.: Социально-экономическая литература, 1959. С. 228-229.

厂之间达成生产和销售屋顶铁皮协议的问题。1904 年，乌拉尔采矿企业主代表大会委员会建议乌拉尔采矿工厂管理局达成乌拉尔工厂销售屋顶铁皮的协议。直到 1904 年末，居民财产管理总局才与几家乌拉尔工厂达成了维持屋顶铁皮销售价格的短期协议，但其并不稳固，仅维持到 1905 年末就解体了。[①] 该协议虽然存在时间较短但仍具有一定的积极意义。一方面，抑制了1905 年屋顶铁皮的价格下跌；另一方面也为更稳固的垄断联盟的出现奠定基础。随着市场形势的持续恶化，在乌拉尔冶金工业中创建更为稳固的辛迪加形式的垄断联盟的问题已迫在眉睫。

1906 年 2 月 8 日，И. И. 恩亨·科恩以下塔吉尔工厂、阿拉帕耶夫斯克工厂和斯特罗加诺夫工厂董事会的名义向工商部申请批准名为"屋顶铁皮"辛迪加公司的章程。1906 年 6 月，该章程得到政府机关的批准。按照公司章程的规定，公司股东作为协议契约人，在未经"屋顶铁皮"辛迪加允许的情况下，禁止出售自己的产品或从他人手里购买协议所规定的商品。为了限制生产，辛迪加故意指使契约人放弃产品生产，并为此向其发放酬金。甚至还出现了这样的情况：未完成生产任务的契约人获得了辛迪加的奖金，而超额完成任务的契约人却需要向其缴纳罚款。1906 年 8 月 3 日，"屋顶铁皮"辛迪加召开了第一次股东大会。[②] 在此次股东大会上，该辛迪加的 1200 股股票分给了 34 个股东，其中雅科夫列夫股份公司董事会、上伊谢季

---

① *Вяткин М. П.* Монополии в металлургической промышленности России: 1900–1917. Документы и материалы. М. : Академия наук СССР, 1963. C. 218.

② *Вяткин М. П.* Монополии в металлургической промышленности России: 1900 – 1917. Документы и материалы. М. : Академия наук СССР, 1963. C. 208–209.

工厂董事会、卡马股份公司董事会、舒瓦洛夫雷西瓦矿区董事
会 4 大股东，分别持有公司股份的 15.5%、13.2%、9.5%、
8.8%。① 与此同时，此次股东大会选出了理事会、董事会和监
察委员会三大管理机构。理事会由 9 名成员组成。董事会主席
由选举产生的 A. H. 拉奇科夫·罗日诺夫担任，其成员包括 M.
巴尔金采夫、B. 热尔瓦、A. 马特维耶夫，参加董事会的人员
主要是阿拉帕耶夫斯克、卡马、斯特罗加诺夫和雷西瓦等矿区
工厂的代表。监察委员会则由谢尔盖斯克-乌发列伊斯克工厂、
下塔吉尔工厂、阿拉帕耶夫斯克工厂、克什特姆工厂、卡马股
份公司代表组成。其中同时参与三大管理机构的阿拉帕耶夫斯
克工厂、上伊谢季工厂以及卡马股份公司持有公司 39.5%的股
份。这些工厂与辛迪加的三大契约人——雷西瓦、斯特罗加诺
夫和别洛列茨克股份公司，共同操控公司的事务。它们在公司
内部形成了"六大企业同盟"，凭借所持股票数量拥有公司 2/3
以上的表决权，在辛迪加中居于主导地位。1906 年末，辛迪加
的成员组成变化不大：11 月，南-卡马工厂加入其中，它在辛
迪加产品销售总额中所占比重仅为 1.5%。②

　　此时，"屋顶铁皮"辛迪加与冶金工厂之间签订的契约合
同主要可以分为两类。第一类是与契约人签订转让产品销售权
的协议。1906 年 11 月 6 日，"屋顶铁皮"辛迪加与居民财产管
理总局签订了在 1907~1911 年向辛迪加转交"屋顶铁皮销售

---

① *Вяткин М. П.* Монополии в металлургической промышленности России：
1900-1917. Документы и материалы. М.：Академия наук СССР, 1963. С. 216.

② *Вяткин М. П.* Горнозаводский Урал 1900-1917 гг. Л.：Наука, 1965. С. 209-
210.

权"的合同就属于这一类。① 其中产品销售价格完全由辛迪加决定，它在协议中居于主导地位。协议的目标是将屋顶铁皮的销售权集中起来。这导致契约人几乎完全脱离销售市场，辛迪加则成为产品销售的专营者，可以随意操控市场价格。第二类是辛迪加与契约人签订代售产品的协议。辛迪加与雷西瓦矿区董事会签订的合同就属于这一类，合同有效期一年：从1906年12月1日到1907年12月1日。随后，又被延长到1908年。该合同区别于辛迪加与阿拉帕耶夫斯克工厂所签订的合同，其并不要求舒瓦洛夫工厂必须借助辛迪加销售产品，辛迪加仅是在代理原则的基础上销售舒瓦洛夫工厂一定数量的产品，不仅有屋顶铁皮，还有黑铁、白铁以及熟铁。与辛迪加所签订的所有契约均是在雷西瓦矿区董事会的参与下完成的。代售产品的最低价格由辛迪加和契约人共同协商，辛迪加在协议中执行的仅是代售人的职能。1906~1907年，辛迪加与下塔吉尔工厂签订了代售38.6万普特优质铁、钢、铁梁、钢轨以及其他冶金制品的合同，随后又与上伊谢季工厂签订了代售熟铁的合同。1907年，辛迪加通过代售合同共销售价值460.9万卢布的商品。② 屋顶铁皮股份公司通过上述契约合同不断扩大经营活动范围，到1908年已经发展成乌拉尔冶金工业中非常重要的垄断联盟，其屋顶铁皮的产量占乌拉尔地区总产量的74.8%，占全俄总产

① *Вяткин М. П.* Монополии в металлургической промышленности России: 1900-1917. Документы и материалы. М. : Академия наук СССР, 1963. C. 219.

② *Вяткин М. П.* Горнозаводский Урал 1900-1917 гг. Л. : Наука, 1965. C. 209-212.

量的 40.1%。①

　　除垄断屋顶铁皮的生产和销售之外，"屋顶铁皮"辛迪加还将业务扩大到垄断白铁皮的销售。其业务覆盖的范围不仅限于乌拉尔地区，还包括俄国的其他地区。早在 1907 年就提出了垄断白铁皮销售的问题，但直到 1908 年初才完成对销售白铁皮的合同方案的拟定。合同规定："未经公司允许，契约人不得自己或委托他人销售白铁皮。其独立销售白铁皮必须受到以下条件限制：所销售的产品数量不得超过其销售总额的 33%。契约人仅可以向制成品生产商或铁皮零售商出售不超过 25 卷的白铁皮。如果违背这些条款，契约人将受到严重的惩罚，即相当于其所销售的产品价值总额的 10 倍。"为解决制定白铁皮销售价格、销售条件以及为购买商提供信贷等相关问题成立了隶属于"屋顶铁皮"辛迪加的白铁皮销售委员会。② 但解决这些问题的方案必须得到"屋顶铁皮"辛迪加的批准。例如，1909 年2 月 18 日，"屋顶铁皮"辛迪加批准了白铁皮销售委员会所规定的铁皮销售最低价格的预案。③ 白铁皮销售委员会还分设了由 6 名人员组成的常设委员会，其按照该委员会指令开展铁皮销售的所有业务。白铁皮销售委员会或其常设委员会都不具备法人资格，只有"屋顶铁皮"辛迪加才是真正的法人，因此销售白铁皮的所有业务是在代理销售原则的基础上，按照契约公

---

① *Китанина Т. М.* Синдикат《Кровля》в годы первой мировой войны（1914–1917гг）// Очерки по истории экономики и классовых отношений в России конца XIX-начала XX в. М-Л.：Наука，1964. C. 56.

② *Вяткин М. П.* Горнозаводский Урал 1900–1917 гг. Л.：Наука，1965. C. 220.

③ *Вяткин М. П.* Монополии в металлургической промышленности России：1900–1917. Документы и материалы. М.：Академия наук СССР，1963. C. 264.

司的指示通过屋顶铁皮股份公司实现的。在"屋顶铁皮"辛迪加招牌下运行的全俄白铁皮销售辛迪加最终形成于1908年初，其成员最初由舒瓦洛夫工厂区、拉斯捷利亚耶夫工厂区和阿拉帕耶夫工厂区组成。1908年5月1日之前，它们在辛迪加中所占份额的基本情况为：舒瓦洛夫工厂区占57.7%、拉斯捷利亚耶夫工厂区占23.1%、阿拉帕耶夫工厂区占19.2%。1908年5月，其销售白铁皮的数量并不高，仅有13067普特。直到1908年9月，这一情况才发生变化。此时，借助"屋顶铁皮"辛迪加销售的白铁总量增加到18.8万普特。销售数量的大幅度增长主要缘于"屋顶铁皮"辛迪加几乎与全俄所有生产白铁皮的工厂签订了销售协议[1]，可见，"屋顶铁皮"辛迪加已实现了对全俄白铁皮销售的垄断。

"屋顶铁皮"辛迪加凭借其在屋顶铁皮和白铁皮销售市场上的垄断地位开展了规定产品最低销售价格的活动。例如，1907年"屋顶铁皮"辛迪加在向理事会提交的报告中，建议股东大会规定屋顶铁皮的最低销售价格为1卢布75戈比。[2] 1909年2月18日，"屋顶铁皮"辛迪加向白铁皮销售委员会转交了规定白铁皮最低销售价格的报告。[3] 这保证了"屋顶铁皮"辛迪加成员的利益，为其获得更高利润提供可能。

---

① *Вяткин М. П.* Горнозаводский Урал 1900-1917 гг. Л.：Наука，1965. С. 222.

② *Вяткин М. П.* Монополии в металлургической промышленности России：1900-1917. Документы и материалы. М.：Академия наук СССР，1963. С. 233.

③ *Вяткин М. П.* Монополии в металлургической промышленности России：1900-1917. Документы и материалы. М.：Академия наук СССР，1963. С. 264.

三　冶金垄断资本在俄国市场上的争夺

南俄和乌拉尔冶金工厂对俄国冶金制品销售市场的斗争，到 20 世纪初，随着南俄"冶金制品销售"辛迪加和"屋顶铁皮"辛迪加两大垄断集团的先后建立变得更为激烈，这尤其表现在对俄国优质铁和屋顶铁皮市场的争夺。

1908 年所创建的"优质铁"辛迪加，联合了除乌拉尔地区之外几乎全俄所有优质铁加工厂，拥有全国优质铁销售额的 85%，巩固了南俄"冶金制品销售"辛迪加在俄国冶金市场上的垄断地位。此时，在 1909 年的下诺夫哥罗德的交易委员会上，乌拉尔地区的优质铁加工厂的产品因为价格低廉且结算条件便捷而更受购买者的青睐，这给"优质铁"辛迪加造成了强大的竞争压力。为此，"优质铁"辛迪加不惜推行残酷的价格倾销政策。正如矿务局代表在 1912 年召开的代表大会上指出的："参与辛迪加的所有南俄工厂，还可以通过另一种途径战胜乌拉尔的冶金工厂。它们在其控制的销售市场为优质铁制定较高的销售价格，而在乌拉尔优质铁具有重要影响力的西伯利亚市场则制定较低的销售价格。例如，它们在伊尔库茨克出售优质铁的价格为每普特 1 卢布 30 戈比至 1 卢布 40 戈比，在乌拉尔地区出售优质铁的价格则为每普特 1 卢布 5 戈比至 1 卢布 18 戈比。乌拉尔工厂不可能在其消费市场按照这样的价格出售优质铁，因为对其而言是绝对亏损的。"[①] 自 1912 年 2 月 17 日

① *Шполянский Д. И.* Монополии угольно-металлургической промышленности юга России в начале XX века. М. : Академия наук СССР, 1953. C. 73–74.

起，南俄工厂在俄国主要消费地区对每普特优质铁的销售价格
做出如下规定："在巴库和达吉斯坦地区的价格是 1 卢布 48 戈
比；梯弗里斯和库塔伊西地区的价格是 1 卢布 55 戈比；华沙、
维列伊卡和叶卡捷琳诺斯拉夫的价格是 1 卢布 60 戈比；基辅地
区的价格是 1 卢布 48 戈比；莫斯科地区的价格是 1 卢布 45 戈
比；下诺夫哥罗德地区的价格是 1 卢布 40 戈比；敖德萨、罗斯
托夫、圣彼得堡和哈尔科夫地区的价格是 1 卢布 48 戈比；萨拉
托夫地区的价格是 1 卢布 40 戈比。"[①] 可见，南俄工厂在距离
乌拉尔地区较近的下诺夫哥罗德和萨拉托夫地区所规定的优质
铁的价格比其他地区低。这是因为下诺夫哥罗德和萨拉托夫地
区是乌拉尔工厂的传统销售市场，其优质铁在该地区一直占据
主导地位，而其他地区则是对南俄垄断组织而言，乌拉尔的优
质铁对其并不构成竞争威胁的地区。南俄工厂所推行的上述价
格政策鲜明体现了其企图将乌拉尔工厂优质铁从全俄市场中排
挤出去的本质。

与此同时，南俄冶金工厂的产品在屋顶铁皮市场上的影响
力的持续增长也引起了乌拉尔工厂的担忧。乌拉尔工厂一直供
应全俄大部分地区的屋顶铁皮。而南俄工厂直到 20 世纪初才生
产少量的屋顶铁皮，且质量明显逊色于乌拉尔工厂。自"屋顶
铁皮"辛迪加创建之后，屋顶铁皮的价格持续上涨，正如省地
方自治机关代表大会资料显示："从'屋顶铁皮'辛迪加出现
之后，与 1906 年相比，1907 年屋顶铁皮的价格平均每普特上
涨了 28.3 戈比；1908 年上涨了 38.5 戈比。"供应铁路的屋顶

---

① *Шполянский Д. И.* Монополии угольно-металлургической промышленности юга России в начале XX века. М.: Академия наук СССР, 1953. С. 74.

铁皮的价格也持续提高。例如，梁赞－乌拉尔铁路管理局从"屋顶铁皮"辛迪加购买屋顶铁皮的价格在 1906 年、1907 年和 1908 年分别为 1 卢布 90 戈比、2 卢布 19 戈比和 2 卢布 50 戈比；1906 年，尼古拉耶夫铁路管理局购买屋顶铁皮的价格是每普特 2 卢布，到 1907 年"屋顶铁皮"辛迪加为其供应屋顶铁皮的价格上涨到 2 卢布 42 戈比。[①] 这导致南俄工厂开始不断扩大此类产品的生产。为打击南俄屋顶铁皮工厂主，乌拉尔的"屋顶铁皮"辛迪加在各销售地区制定倾销价格并不断加强垄断化的趋势。为此，南俄工厂主试图改进生产技术实现以质取胜。正如莫斯科地方自治管理局的报告在描述南俄和乌拉尔工厂争夺屋顶铁皮销售市场时曾这样写道："乌拉尔和南俄工厂为争夺屋顶铁皮市场采取了完全不同的战略。乌拉尔工厂不断加强产品生产和销售的联合趋势，但仍然沿用原有的生产技术；而南俄工厂则致力于降低生产成本提高产品质量……还在六七年前，南俄屋顶铁皮的质量是参差不齐的，铁皮表面往往锈迹斑斑，但现在南俄工厂所生产的产品则完全是漂亮的、光滑的和平整的。"[②] 革新产品生产技术使南俄工厂成为乌拉尔辛迪加日益强劲的竞争对手，其高质量的产品开始出现在原本是乌拉尔工厂的传统市场——伏尔加和西伯利亚地区。

南俄和乌拉尔冶金工厂经过残酷的竞争之后，两者在全俄市场上的地位已经发生了明显的变化。1900~1913 年，南俄冶金业在多数地区的重要性大幅度提升，而乌拉尔冶金业的重要

---

① *Цукерник А. Л.* Синдикат 《Продамет》. М.：Социально-экономическая литература，1959. C. 136–137.

② *Шполянский Д. И.* Монополии угольно-металлургической промышленности юга России в начале XX века. М.：Академия наук СССР，1953. C. 74–75.

性则明显下降。南俄和乌拉尔工厂为铁路供应冶金制品的数据显示："与 1900 年相比，1913 年南俄冶金工厂在中心地区、高加索地区、西部地区、乌拉尔地区、西伯利亚地区和南部地区的比重分别提高了 29.2%、25%、19.6%、11.6%、6.8% 和 6.6%；乌拉尔冶金工厂在中心地区、乌拉尔地区、北部地区、西伯利亚地区、南部地区和西部地区的比重则分别下降了 32.3%、8%、7.2%、5.4%、6.1% 和 1.9%。此外，南俄和乌拉尔冶金工厂在俄国主要消费地区所占比重的变化数据，也证明了乌拉尔工厂的产品在欧俄市场上几乎被完全排挤出去。与 1900 年相比，1913 年乌拉尔生铁在北部地区所占比重由 28% 下降到 3%；在中心地区则从 11% 下降到 1%。可见，1913 年乌拉尔生铁在上述两大地区几乎不起任何作用，仅是在西部地区、西伯利亚和中亚地区仍发挥主导作用，所占份额达到 75%，除此之外，俄国其他地区所需生铁均来自南俄工厂。"①

第三节　国家对冶金工业部门的调控

　　冶金垄断资本通过缩减产量制定并提高冶金高价的活动，破坏了俄国冶金市场秩序并严重损害了冶金制品消费者的利益。为调控俄国冶金市场秩序，沙皇政府创建了隶属于国防专门委员会的冶金委员会。冶金委员会依靠南俄"冶金制品销售"辛迪加和"屋顶铁皮"辛迪加的统计－分配机

---

① *Цукерник А. Л.* Синдикат 《 Продамет 》. М.：Социально-экономическая литература，1959. C. 155-156.

制开展各项活动，这决定了其在解决规定冶金价格、在各部门之间分配冶金订单、冶金工厂执行订单制度等重要问题时会完全符合冶金大亨的利益。冶金委员会在冶金垄断资本的作用下，一方面为冶金订单制定高于市场价格的订货价格，另一方面还持续提高所制定的订货价格，这为冶金垄断资本带来了巨额的垄断利润。

一 冶金委员会的创建

冶金垄断资本为制定并提高冶金垄断高价而制造的冶金饥荒导致俄国冶金市场长期供不应求。例如，1910~1913年，国家对生铁的需求平均每年增长18%，但此时生铁的产量却每年仅增长14%。[①] 这破坏了冶金市场秩序并严重损害了冶金制品消费者的利益。莫斯科地区的冶金制品消费者率先提出必须创建专门机构以调控冶金工业并为执行军事订单的企业分配冶金制品。1915年8月1日，关于创建冶金委员会的相关问题，在莫斯科军事工业委员会制弹分会上被首次提及。对这一问题更为详细而明确地提出则出现在莫斯科工业区工厂主的一份名为《关于冶金供应问题》的报告中。这份报告在1915年8月末被提交到中央军事工业委员会。莫斯科企业主向中央军事工业委员会提出3个问题：第一，是否可以借助政府官员的监督统计短时期内每个冶金加工厂所生产的各类冶金产品数量的情况；第二，是否可以根据国防的优先需求和其他当前的需求调控冶

① *Лившин Я. И.* Монополии в экономике России. М.: Социально-экономическая литература, 1961. C. 331.

金总体的生产情况；第三，是否可以收集这些信息并为冶金加
工厂规定钢、生铁和熟铁的供应量而出台各项措施。该方案的
主要目的是建立冶金加工工厂在冶金市场上的主导地位并对俄
国冶金生产和分配进行监督。① 中央军事工业委员会尝试将冶
金分配事务集中到自己手里而组建了隶属于该委员会的冶金分
配局。中央军事工业委员会的这种尝试可以被视为资产阶级争
取将全面调控战时经济保留在资产阶级组织手里的一项计划。②
冶金分配局的领导层由"冶金制品销售"辛迪加和乌拉尔采矿企业
主代表大会理事会的知名活动家组成，主要任务是调查执行军事订
单的冶金工厂的需求及其生产能力、协助分配国家和私营冶金订单
的计划。冶金分配局自运行之初就受到了"冶金制品销售"辛迪加
政策打压和国家各部门轻蔑态度的双重因素的不利影响，这使其所
开展的各项活动遇到了全面的挫折。1915 年 11 月 8 日，中央军事
工业委员会主席在关注创建冶金委员会的方案时曾对冶金分配
局的活动给予了这样的评价："中央军事工业委员会所下设的冶金分配
局在调整俄国冶金市场情况中并未发挥作用。"③ 该冶金分配局最
终由于逐渐失去政府和冶金寡头的支持而很快被撤销。④

---

① *Тарновский К. Н.* Формирование государственно-монополистического
капитализма в России（в годы первой мировой войны：например
металлургической промышленности）. М.：Московский университет，
1958. С. 57-58.

② *Погребинский А. П.* Государственно-монополистический капитализм в
России. М.：Социально-экономическая литература，1959. С. 134.

③ *Тарновский К. Н.* Формирование государственно-монополистического
капитализма в России（в годы первой мировой войны：например
металлургической промышленности）. М.：Московский университет，
1958. С. 59-62.

④ *Погребинский А. П.* Государственно-монополистический капитализм в
России. М.：Социально-экономическая литература，1959. С. 134.

鉴于冶金分配局未能妥善调控俄国冶金市场的情况，中央军事工业委员会拟定了创建隶属于国防专门委员会的冶金委员会的方案。该方案指出："创建冶金委员会的目的是满足工厂对冶金制品国家订单的需求。为此，冶金委员会不仅需要制定工厂对冶金制品的需求量、确定国家和私营冶金工厂的生产能力，甚至在必要情况下还需协助其更合理地分配冶金企业之间的订单。"冶金委员会主席由陆军大臣担任，其成员由陆军部、工商部和交通部的 3 名官员，地方自治机构和城市同盟、中央军事工业委员会、工商业代表大会委员会的 12 名社会组织代表组成。依据这一提案，社会组织的代表人数是政府官员人数的 3 倍，这使社会组织代表在委员会中占据主导地位，因为委员会的决议表决通常都是以多数人赞成的简单方式进行的。12 月 17 日，《关于冶金委员会运行规则》最终获得了陆军大臣波利瓦诺夫的批准。[①]

二　冶金垄断资本在冶金委员会中的主导作用

冶金垄断资本在快速适应新的条件之后便竭尽所能利用冶金委员会服务自己的利益。一方面，冶金工业垄断资本派代表参与冶金委员会。例如，在冶金委员会的 7 名资产阶级代表的成员中，中央军事工业委员会的格利维茨、工商业代表大会委员会的托马舍夫斯基以及南俄采矿企业主埃尔杰利和季克斯通

---

① *Тарновский К. Н.* **Формирование государственно-монополистического капитализма в России** (в годы первой мировой войны: например металлургической промышленности). М.: Московский университет, 1958. С. 63-64.

均是"冶金制品销售"辛迪加的代表。换言之，"冶金制品销售"辛迪加在冶金委员会中占据资产阶级代表人数的一半以上。①"冶金制品销售"辛迪加的代表作为冶金委员会的成员在其整个活动中发挥着主导作用。另一方面，冶金委员会自1915年12月17日创建之后，在吸取国家分配冶金订单经验的基础上，为实现订单高效而有序地分配，开始利用南俄"冶金制品销售"辛迪加和乌拉尔地区的"屋顶铁皮"辛迪加的统计-分配机制。南俄"冶金制品销售"辛迪加在表面上不接管任何订单，但实际上却执行分配订单的职能。正如1916年6月4日冶金委员会主席在地方自治同盟和城市同盟的总委员会上揭示冶金委员会和南俄"冶金制品销售"辛迪加的关系时指出："如果我们自己分配订单，不仅秩序混乱而且一年之后也不会获得产品。"② 南俄"冶金制品销售"辛迪加在为军工企业执行冶金订单的同时，还把产品以投机价格投放到黑市上出售。它利用冶金制品严重不足的市场行情，试图不断增加冶金制品的库存量并大幅度提高其价格。调查南俄冶金工厂的冶金委员会专门会议的数据显示，1916年2月，南俄"冶金制品销售"辛迪加的冶金制品库存达到2100万普特。这些库存量在军事工业正面临冶金严重不足的情况下是相当庞大的。储存冶金制品也是南

---

① *Тарновский К. Н.* Формирование государственно-монополистического капитализма в России（в годы первой мировой войны: например металлургической промышленности）. М.: Московский университет, 1958. С. 66.

② *Лаверычев В. Я.* Военный государственно-монополистический капитализм в России. М.: Наука, 1988. С. 149-150.

俄"冶金制品销售"辛迪加未能按时完成多数订单的重要因素
之一。① 可见，"冶金制品销售"辛迪加并不考虑冶金委员会的需
求，仅追求执行更为有利可图的军事订单。与此同时，1916年，由
于乌拉尔采矿企业主代表大会理事会的媒介作用，冶金委员会将分
配乌拉尔地区屋顶铁皮订单的事务交由"屋顶铁皮"辛迪加办理。
1916年10月底，该辛迪加开始收集乌拉尔地区高级铁、锅炉以及
其他金属制品的信息并对其进行分配。1917年1月3日，"屋顶铁
皮"辛迪加开始为中央各部门和各社会组织分配屋顶铁皮订单。
1917年2月13日，在乌拉尔采矿企业主代表大会上，该辛迪加领
导人参与讨论了有关确定冶金价格的原则问题。② 可见，冶金委员
会不断扩大"屋顶铁皮"辛迪加的职权，其由最初分配乌拉尔
地区屋顶铁皮订单发展到分配大部分乌拉尔企业所生产的黑色
金属的订单，最后甚至有权参与冶金制品价格的制定。

冶金委员会与冶金垄断资本的结合为其利用国家调控机器
维护自身利益提供可能。冶金委员会依靠南俄"冶金制品销
售"辛迪加和"屋顶铁皮"辛迪加的统计-分配机制开展各项
活动，这决定了其在解决规定冶金价格、在各部门之间分配冶
金、冶金工厂执行订单制度等重要问题时会完全符合冶金大亨
的利益。关于这一点，我们可以从冶金委员会规定冶金产品价
格的问题上鲜明地体现出来。面对冶金价格的持续高涨，国防
专门委员会早在1915年末就做出了规定冶金产品价格的尝试。

---

① *Погребинский А. П.* Государственно-монополистический капитализм в
России. М. : Социально-экономическая литература, 1959. C. 136.

② *Лаверычев В. Я.* Военный государственно-монополистический капитализм
в России. М. : Наука, 1988. C. 151–152.

为实现这一目的，陆军部试图查明乌克兰大型工厂的冶金成本。叶卡捷琳诺斯拉夫地区的国防专门委员会的全权代表佩夫佐夫向乌克兰的"加尔特曼"工厂以及其他大型冶金工厂询问主要冶金制品的生产成本，但工厂管理处却以其属于企业商业秘密为由拒绝为他提供这些信息。在多次尝试调查冶金成本无果之后，冶金委员会决定通过与南俄"冶金制品销售"辛迪加协商的方式规定其所执行的冶金订单的价格，但实质上它完全服从辛迪加大亨的所有要求。在 1916 年 3 月 23 日的冶金委员会的会议上，申加列夫强调，在规定冶金价格时必须邀请辛迪加代表参与，因为这样才可以保证其"合理的利润"。虽然大臣会议在与陆军部协商之后，于 1916 年 8 月 23 日为工商部颁布了允许其规定冶金价格上限的特别法令，但实际上，这些价格却被不断审查和提高。① 与此同时，在某些特殊情况下，"冶金制品销售"辛迪加还可能改变冶金委员会所规定的价格。例如，在 1916 年 12 月 12 日莫斯科的军事工业委员的公报中写道："南俄'冶金制品销售'辛迪加的莫斯科办事处，要求必须提高优质铁、特型铁、薄铁和宽铁甚至是铁梁和槽钢的军事订单价格，否则冶金工厂将拒绝执行上述冶金制品的军事订单。'冶金制品销售'辛迪加认为冶金委员会所规定的价格过低，无法补偿当时冶金制品生产的消耗。为此，它还从冶金工厂中撤出了按先前价格所签订的军事订单。鉴于此，莫斯科的军事委员会同意提高订单价格。"② 此外，规定高价格上限也为黑市上冶金价格的大幅度增长提供依据，

---

① *Погребинский А. П.* Государственно-монополистический капитализм в России. М. : Социально-экономическая литература，1959. С. 137–138.

② *Лаверычев В. Я.* Военный государственно-монополистический капитализм в России. М. : Наука，1988. С. 150.

这一直存在整个一战期间。可见，在调控价格的重要问题上冶金委员会的所有活动均完全考虑的是垄断资本的利益。

冶金委员会在冶金垄断资本的作用下，一方面，制定的冶金订单价格高于市场价格，如冶金委员会在铁梁和槽钢的市场价格为 2 卢布 25 戈比时为其制定了 2 卢布 80 戈比的订货价格，在薄铁市场价格为 2 卢布 60 戈比时为其制定了 2 卢布 90 戈比的订货价格，甚至还为南俄和乌拉尔冶金企业的主要冶金制品炮弹毛坯制定了远高于市场价格的订货价格；另一方面还持续提高所制定的价格上限。从 1916 年 1 月到 4 月，"冶金制品销售" 辛迪加利用冶金委员会将黑冶金产品的销售价格提高了六次。[①] 冶金委员会的上述活动为冶金垄断资本带来了巨额垄断利润。1916 年工商业代表大会委员会的数据资料显示，冶金企业所获净利润相当于其所耗资本的 50%，冶金加工企业的净利润甚至达到其所耗资本的 81%。1916 年 2 月，陆军大臣波利瓦诺夫在国防专门委员会上公布了俄国企业主获巨额利润的数据。资料显示，1914~1915 年，俄国大多数冶金企业所获利润都增加了几倍。1915~1916 年，顿涅茨克-尤里耶夫工厂的净利润达到 800 万卢布，其在一战前时期仅为 330 万卢布；图拉红铜轧制钢厂获得净利润 1500 万卢布。[②] 为详细而具体地揭示这一

---

① *Тарновский К. Н.* Формирование государственно-монополистического капитализма в России（в годы первой мировой войны：например металлургической промышленности）. М.：Московский университет，1958. С. 87.

② *Погребинский А. П.* Государственно-монополистический капитализм в России. М.：Социально-экономическая литература，1959. С. 181–182.

点，我们以执行军事订单的布良斯克工厂和第聂伯罗夫工厂两家大型冶金企业为例。1916 年 4 月，冶金委员会为炮弹毛坯、冲制弹壳和金属丝规定的销售价格依次为 3 卢布 90 戈比、9 卢布和 3 卢布，布良斯克工厂和第聂伯罗夫工厂生产炮弹毛坯、冲制弹壳和金属丝的成本依次为 1 卢布 32 戈比、5 卢布 85 戈比和 1 卢布 59 戈比以及 1 卢布 32 戈比、3 卢布 73 戈比和 1 卢布 69 戈比，可见，这两家冶金工厂生产每普特炮弹毛坯、冲制弹壳、金属丝所获利润依次为 2 卢布 58 戈比、3 卢布 15 戈比和 1 卢布 41 戈比以及 2 卢布 58 戈比、5 卢布 27 戈和 1 卢布 31 戈比。为更鲜明地了解此时冶金企业的获利情况，我们还将其与一战前时期的情况进行对比。在第 27 次南俄采矿企业主代表大会上，莫斯科冶金工厂董事会主席 Ю. П. 古容公布了 3 家获得政府订单的大型冶金工厂的利润额：第聂伯罗夫工厂生产每普特钢轨获得的利润为 10 戈比、塔甘罗格工厂为 12 戈比、布良斯克工厂为 32 戈比，这些利润在一战时期增长了 10 倍、15 倍甚至更多。[①]

第四节　冶金工业垄断的影响

19 世纪 80 年代起，俄国工业革命进入了"集约化和决定

---

① *Тарновский К. Н.* Формирование государственно-монополистического капитализма в России（в годы первой мировой войны：например металлургической промышленности）. М.：Московский университет，1958. C. 95~96.

性的阶段"①，此时俄国冶金工业的发展也进入到了垄断阶段。
在俄国冶金工业垄断的形成时期，也就是刚刚完成从自由竞争向
垄断资本主义过渡的时期，俄国冶金工业垄断资本为了建立并巩
固其在俄国市场上的统治地位，彼此之间展开了激烈的垄断竞
争，它们竭尽全力地采取各种手段提高劳动生产效率、降低生产
成本以排挤其他竞争者，这在客观上促进了炼铁技术的革新、生
产联合组织形式的推广以及巨型企业的建立，从而实现了俄国冶
金工业的快速发展。例如，为降低生产成本获得竞争优势，第聂
伯罗夫工厂拨款 400 万卢布更新工厂设备，其主要用于建立新的
中心电站，用电动马达代替旧机器，安装新轧钢机，此外还花费
699.5 万卢布购买了罗斯托夫矿山。塔甘罗格工厂租赁了南俄部
分矿场。顿涅茨克－尤里耶夫工厂花费 231.4 万卢布购买了尤马
舍夫矿山和巴甫洛夫斯克矿山。在乌拉尔－伏尔加冶金公司董事
会的报告中指出："1910～1911 年，俄国冶金工厂普遍出现了完
善技术和扩大生产规模的现象。"② 大联合企业的建立和发展有
利于资源优化配置和企业生产规模的扩大，为实现俄国冶金工
业生产的快速增长提供有利条件。

可见，垄断的发展推动了资本主义生产走向全面的社会化，
这在一定时期内适应了生产力的发展。亦如在冶金工业垄断组
织形成之初，垄断组织形式为该行业的发展所带来的良好效果
是显而易见的。具体而言，可以从两方面体现出来：一是在生

---

① 张广翔：《19 世纪俄国工业革命的特点——俄国工业化道路研究之三》，
《吉林大学社会科学学报》1996 年第 2 期，第 14 页。

② *Вяткин М. П.* Монополии в металлургической промышленности России：
1900–1917. Документы и материалы. М.：Академия наук СССР，1963.
С. 123–124.

产和销售方面，一些彼此相关和相互依赖的企业之间通过建立某种经济联合的形式实现企业的横向联合；二是在调节生产和生产专业化基础上，俄国冶金工业部门力图将各生产阶段的企业进行纵向联合。企业的横纵向合并作为生产和资本的集中方式，有利于形成行业的技术优势和规模经济效应，从而实现生产成本的降低和生产效率的提高，推动俄国冶金工业生产力的快速发展。1901~1913 年，南俄冶金产品的平均劳动生产率提高近 43%。[1] 1887~1900 年，俄国铁矿开采量和生铁产量增长了近 4 倍。[2] 冶金工业生产能力的增强大幅度增加了俄国冶金市场的供应数量，1870~1900 年，俄国冶金制品的国产率由 35.4% 增加到 86%。[3] 可见，"冶金工业已成为俄国大机器工业的基础"[4]。

冶金工业作为原材料供应部门是 19 世纪末 20 世纪初俄国工业化发展的重要推力，其发展速度和发展规模对俄国的现代化工业、基础设施建设、军事工业以及铁路运输的发展起着至关重要的作用。冶金工业作为俄国工业体系的基础，其技术水平、生产能力、市场价格、市场供应量等方面的变化必然对机器制造业、铁路运输业、军工企业及能源工业等相关部门产生一系列的联动反应，进而影响俄国工业化发展的整体速度与

---

① *Сорокин А. К.* Некоторые аспекы монополизации металлургической промышленности России（1900–1913）// Экономическая история : Ежегодник. М. : РОССПЭН, 2001. C. 280.

② *Кафенгауз Л. Б.* Эволюция промышленность производства Россия. М. : Эпифания, 1994. C. 34.

③ *Караваев И. В.* Военная экономика России в первой половине XX столетия. М. : Наука, 1961. C. 60.

④ 张广翔：《外国资本与俄国工业化》，《历史研究》1995 年第 6 期，第 149 页。

水平。

冶金作为俄国的基础工业部门，其生产能力的增强必然带动相关部门的发展。在铁路建设方面，1893～1900年，俄国每年修的铁路里程达2800千米以上。到1898年，铁路线遍布全俄44%的城市。[①] 大冶金垄断资本在俄国铁路的大规模修建中发挥了重要的作用。以西伯利亚铁路为例，该铁路76%的钢轨来自俄国3家大冶金钢轨厂，全部机车车辆来自俄国7家大冶金型企业，整条铁路3/4的设备来自俄国少数几家大型冶金企业。[②] 在能源方面，以俄国冶金为基础的机器化大生产提高了煤炭和石油的开采量。"1850～1900年，俄国采煤量增长了278倍。"[③] 在军工企业方面，海军部技术委员会主席 A.H.克雷洛夫指出："俄国海军部制造军舰的订单主要由俄国'冶金制品销售'辛迪加完成的。"[④] 可见，大冶金垄断资本在实现俄国工业现代化的进程中发挥着举足轻重的作用。

1901～1908年的经济萧条和1909～1914年的"工业高涨"加快了俄国冶金工业生产集中化、垄断化的进程。在俄国冶金工业领域中，出现了一系列生产和资本集中程度较高的大垄断联盟。在俄国冶金工业中出现了"冶金制品销售"辛迪加、"屋顶铁皮"辛迪加、"铜"辛迪加、"钉子"辛迪加等大垄断

---

① *Соловьева А. М.* Железнодорожный транспорт России во второй половине XIX в. М.: Наука, 1975. C. 271-275.

② *Соловьева А. М.* Железнодорожный транспорт России во второй половине XIX в. М.: Наука, 1975. C. 283.

③ 张广翔、邓沛勇：《19世纪下半期至20世纪初俄国煤炭工业的发展》，《史学月刊》2016年第4期，第123页。

④ *Погребинский А. П.* Государственно-монополистический капитализм в России. М.: Социально-экономическая литература, 1959. C. 66.

联盟，其中影响力最大的是"冶金制品销售"辛迪加。[1] 到第一次世界大战爆发前夕，"冶金制品销售"辛迪加已经发展成联合"薄铁"辛迪加、"铁梁和槽钢"辛迪加、"轴和轮箍"辛迪加、"钢管和铁管"辛迪加、"优质铁"辛迪加和"钢轨"辛迪加的相当庞大的垄断联盟集团，到 1910 年拥有全俄优质铁、薄铁和通用钢梁轧制铁、铁梁和槽钢、轮箍生产量的 88.08%、82.41%、88.33%、74.06%。[2]

在俄国冶金工业中占据垄断地位的大冶金垄断资本，通常采用缩减产量、制定高垄断价格、降低工人成本以及参与政府决策等手段攫取高额垄断利润，这对冶金工业本身的发展带来严重的消极影响。一是冶金垄断资本通过高垄断价格攫取巨额利润的方式使其对冶金技术变革的态度并不积极。据 1912 年第 6 期《工商业》杂志报道："冶金垄断资本集团不仅排斥引进新技术，而且还认为没必要更新设备。"[3] 1910年，在采矿和冶金的活动家代表大会上，新技术倡议人、采矿工程师 Б. И. 博基指出："辛迪加是采矿技术改进的坟墓。"[4] 垄断资本家消极态度导致俄国冶金技术和机器设备更新速度缓慢。一战前夕，俄国冶金工业部门中电动机仅占动力功率的

① *Вяткин М. П.* Монополии в металлургической промышленности России: 1900-1917. Документы и материалы. М. : Академия наук СССР, 1963. C. 122.

② *Вяткин М. П.* Монополии в металлургической промышленности России: 1900-1917. Документы и материалы. М. : Академия наук СССР, 1963. C. 122.

③ *Лившин Я. И.* Монополии в экономике России. М. : Социально-экономическая литература, 1961. C. 314.

④ *Цукерник А. Л.* Синдикат 《Продамет》. М. : Социально-экономическая литература, 1959. C. 236.

37%①；1913 年，南俄冶金工厂的煤气发动机占该地区动力功率的1/3。② 1902~1913 年，俄国冶金工业人均劳动电力装备率仅增长了 1.4%。③ 1912 年，南俄冶金工厂的劳动电力装备率仅相当于美国的1/3。④ 落后的生产技术和设备使俄国冶金工业劳动生产率的增长速度相当缓慢。1913 年，俄国冶金工业的劳动生产率仅相当于美国的 25%、德国的 50%、英国的 70%~75% 和法国的 80%。⑤

二是为制定并提高冶金制品的高垄断价格，冶金垄断资本竭尽所能地缩减产量制造冶金"饥荒"。首先，禁止新建工厂。1908~1913 年，南俄冶金工厂减少 1 家，全俄冶金工厂减少 11 家⑥；南俄冶金工厂的数量减少了 1 家。⑦ 禁止新建工厂导致冶金制品市场供应量的不足，在市场需求不断增长的情况下有利于提高俄国冶金制品的市场价格。其次，通过发放津贴的补偿方式缩减某些冶金制品的产量。例如，1909 年，尼科波尔-马里乌波尔工厂由于放弃优质铁的生产和销售每年从"冶金制品

① Лившин Я. И. Монополии в экономике России. М.：Социально-экономическая литература，1961. С. 314.
② Цукерник А. Л. Синдикат 《Продамет》. М.：Социально-экономическая литература，1959. С. 248.
③ Лившин Я. И. Монополии в экономике России. М.：Социально-эконом ическая литература，1961. С. 314.
④ Цукерник А. Л. Синдикат 《Продамет》. М.：Социально-экономическая литература，1959. С. 246.
⑤ Лившин Я. И. Монополии в экономике России. М.：Социально-экономи ческая литература，1961. С. 314.
⑥ Цукерник А. Л. Синдикат 《Продамет》. М.：Социально-экономическая литература，1959. С. 163.
⑦ Цукерник А. Л. Синдикат 《Продамет》. М.：Социально-экономическая литература，1959. С. 163.

销售"辛迪加获得 18 万~20 万卢布的津贴[1]；"冶金制品销售"辛迪加在 1912~1914 年为部分冶金品发放补偿津贴 600 万卢布。再次，故意延迟完成订单。到一战爆发前夕，未能如期完成的订单有将近一半，延迟期限平均 3~7 个月。与 1912 年相比，1913 年优质铁、薄铁、铁梁和槽钢的订单中逾期订单所占比重分别由 33% 增加到 40%、38% 增加到 69%、17% 增加到 39%[2]。最后，增加冶金制品的囤积数量。1916~1917 年，生铁产量降低了 16%，但囤积量却增加了 31%。1913~1917 年，冶金半成品的囤积量增加了 200 倍。[3] 这些措施减少了俄国冶金制品市场的供应量，导致冶金市场长期处于供不应求的。1910~1913 年，俄国生铁的年均需求量增长 18%，但年均产量却仅增长 14%。[4]

三是严重损害消费者的利益。一方面，作为冶金制品主要消费者的铁路和机器加工业部门，因为冶金制品供应不足而陷入艰难的处境。例如，1912 年为铁路供应的钢轨订单中逾期订单占 20%，1913 年增加到 47%。钢轨的延迟供应延缓了铁路的修建进度。1912 年为农用机器和设备工厂供应的冶金订单竟延迟了 9~10 个月。在耕种和收获季节，延迟供应农用机器和设

---

① *Вяткин М. П.* Монополии в металлургической промышленности России: 1900–1917. Документы и материалы. М.: Академия наук СССР, 1963. С. 90.

② *Цукерник А. Л.* Синдикат 《 Продамет 》. М.: Социально-экономическая литература, 1959. С. 166–168.

③ *Караваев И. В.* Военная экономика России в первой половине XX столетия. М.: Наука, 1961. С. 80.

④ *Лившин Я. И.* Монополии в экономике России. М.: Социально-экономическ ая литература, 1961. С. 331.

备工厂所需的熟铁和钢给俄国农业经济带来了巨大损失。[①] 另一方面，制定并提高冶金制品的垄断高价在本质上就是对消费者的掠夺。1908～1913 年，俄国炼钢生铁、薄铁价格、优质铁的价格、工字钢梁的价格分别增长了 22 戈比、27 戈比、50 戈比、17 戈比。[②] 1912～1913 年，"冶金制品销售"辛迪加出售铁梁、槽钢、轴、轮箍、优质铁的价格分别上涨了 11 戈比、12 戈比、13 戈比、7 戈比、4 戈比。[③] 冶金制品价格的持续上涨使俄国冶金制品消费者额外支付了巨额资金。

冶金工业作为国民经济的支柱产业，其技术停滞、价格上涨或供应短缺必然直接影响相关部门，如铁路运输、机器制造业及军事工业等。此外，垄断集团为攫取高额利润而制定了垄断高价，在本质上是对冶金消费者的掠夺。1899～1902 年，"冶金制品销售"辛迪加将铁制品的价格提高了 10%～30%。[④] 这意味着相关部门的生产成本大幅增加。可见，俄国冶金垄断资本为攫取高额利润所采取的一系列措施在一定程度上阻碍了俄国的工业化进程。

冶金垄断巨头对沙皇政府也产生了重要影响。垄断利益集团主要通过派代理人和各企业组织代表的方式影响政府决策。在委派代理人方面，据调查，在 20 世纪初的俄国，官员在大冶

① *Цукерник А. Л.* Синдикат 《Продамет》. М.: Социально-экономическая литература, 1959. C. 172-176.

② *Цукерник А. Л.* Синдикат 《Продамет》. М.: Социально-экономическая литература, 1959. C. 189.

③ *Вяткин М. П.* Монополии в металлургической промышленности России: 1900-1917. Документы и материалы. М.: Академия наук СССР, 1963. C. 140.

④ *Кафенгауз Л. Б.* Эволюция промышленность производства Россия. М.: Эпифания, 1994. C. 627.

金企业兼职董事会成员的现象已屡见不鲜。[1] 当然也存在企业代表在政府机构任职的现象，以铁轨、机车车辆和其他铁路用具订货分配委员会为例，大冶金企业主作为国家调控机构主要参与人员，他们不仅将订单仅分配给少数大冶金企业，而且在订购价格和质量问题上必须与大冶金垄断资本商榷。[2] 这一点在冶金委员会中也体现得较为明显。"冶金制品销售"辛迪加和"屋顶铁皮"辛迪加利用其参与该机构之机影响订单的价格、分配及执行等。在利用企业组织方面，最为典型的代表是蒸汽机车辛迪加理事会，它与铁路订单分配委员会之间的关系极为密切，作为该机构的重要组成部分，其对钢轨订单价格及分配等重要事项具有较强的话语权。随着垄断资本参与国家政权机关活动范围的扩大，国家对俄国冶金业干预力度的加深，冶金垄断资本与国家政权的关系日趋紧密，彼此结合的广度和深度也不断加强，这不仅导致大冶金工业垄断资本实力的增长，还催生出一系列新的垄断组织。可见，冶金工业垄断资本作用国家机器，进一步加深了俄国冶金工业集中化、垄断化的程度。

除此之外，在生产和资本集中趋势加强的基础上，大冶金企业集中大部分工人所引发的劳资矛盾和冲突也是不可忽视的。延长工人劳动时间是垄断资本家剥削工人最为惯用的手段。Г.И. 彼得罗夫曾在1913年第4届国家杜马的发言中指出："在

① *Лившин Я. И.* Монополии в экономике России. М.: Социально-экономическая литература, 1961. С. 191–192.

② *Вяткин М. П.* Монополии в металлургической промышленности России: 1900–1917. Документы и материалы. М.: Академия наук СССР, 1963. С. 66.

俄国多家工厂普遍存在工人加班的情况。以"加尔特曼"工厂为例,1907~1914 年,该工厂工人加班时间占其总工作时间的比重如下。1909~1910 年是 1.2%、1911~1912 年是 3.5%、1913~1914 年是 6.4%,可见在 1909~1914 年工人加班时间呈不断增加的趋势。[1] 对工人工资实行垄断低价的方式也成为冶金垄断资本家攫取垄断利润的重要途径,这导致工人工资增长缓慢。1900~1905 年,南俄冶金工人月均工资仅增长了 28.4%。到一战爆发前夕,虽然大冶金企业主的利润额较高,但工人们却仍领取较为低廉的工资,若再扣除各项罚款,其实际收入则更少。例如,在加尔特曼工厂,被罚款的工人占工人总数的比重如下:1907~1908 年是 66% 和 1909~1912 年是 80%。在日工资 1 卢布 90 戈比的条件下,违反制度罚款 25 戈比、旷工罚款 90 戈比和工作粗心罚款 1 卢布 50 戈比。在工业上升时期,该工厂工人的罚款金额也大幅度增加。1907~1908 年是每个工人每日平均罚款 36 戈比、1909~1910 年是 42 戈比和 1911~1912 年是 64 戈比。[2] 工人通常采用罢工的方式要求企业改善恶劣的工作条件,但其诉求往往不被辛迪加重视,为解决罢工所带来的损失,辛迪加们常常将订单转移到其他工厂完成。[3] 垄断资本家所推行的上述反工人政策激化了俄国垄断资本家与雇佣工人之间的阶级矛盾,推动了俄国革命运动走向新的高潮。

① *Цукерник А. Л.* Синдикат 《Продамет》. М.: Социально-экономическая литература, 1959. С. 252–253.
② *Цукерник А. Л.* Синдикат 《Продамет》. М.: Социально-экономическая литература, 1959. С. 261–262.
③ *Цукерник А. Л.* Синдикат 《Продамет》. М.: Социально-экономическая литература, 1959. С. 627.

　　综上所述，19 世纪末 20 世纪初俄国冶金垄断组织在工业化的积极推进下产生，它们为建立并维护垄断地位所采取的一系列措施为俄国工业化进程带来了双重影响：既有积极的推进作用，也有消极的阻碍作用。国家在俄国冶金工业垄断形成和发展中作为不可或缺的力量发挥着重要的作用。国家政权与冶金垄断资本的结合使国家在调控时，易受到大冶金垄断资本的掣肘而无法独立地发挥作用，最终调控效果甚微且适得其反，即冶金行业的垄断化和集中化的趋势不弱反强。可见，国家作为经济调控的重要杠杆，其职能独立于垄断资本的作用是其发挥效力的前提。此外，由于集中化、垄断化所带来的俄国冶金垄断资本与工人之间的矛盾和冲突，进一步加深了俄国的社会矛盾和促进了政治变革的产生。

结　语

　　1861年农业制改革以后，生产力的巨大发展促进了俄国工业生产的高度集中和资本的高度积累，为俄国资本主义工业由自由竞争向垄断阶段的转变准备了必要条件。此后俄国工业垄断组织产生并得以快速发展，其形式随着垄断程度的提高和垄断统治的加强不断发展变化。与此同时，俄国工业垄断资本与国家政权之间的关系也在资本主义工业发展的不同阶段呈现不同的特点。笔者在对俄国工业垄断发展的总体趋势进行宏观研究的同时，还从微观的视角分别对纺织、石油和冶金三大工业部门中垄断组织的形成和发展进行了详尽和系统的论述，以期实现全面和客观地揭示这一时期俄国工业垄断组织发展的基本规律。通过对19世纪末20世纪初俄国的工业垄断组织发展历程进行考察和梳理，笔者初步得出以下结论。

　　垄断组织的形成和发展在一定的时期内是俄国工业资本家为适应生产力发展对生产关系做出的调整，因而对俄国工业发展具有一定的进步意义。这主要体现在以下两点。

　　第一，垄断组织形式是满足生产社会化进一步发展的要求而对企业制度和经济制度做出的重大变革，为新技术和新发明应用提供有利的投资条件，保证大规模投资具有丰厚的预期利润率，推动了工业革命和新兴工业部门的发展，扩大了投资需求，促进了俄国工业生产的快速增长。在1890~1900年俄国工业垄断组织的形成时期，石油、冶金、硅酸盐、化工新兴重工业部门实现了突飞猛进的发展，其生产总值分别增长了558.8%、161.1%、142.7%、93.7%。[1]

　　第二，横向合并和纵向合并的垄断资本集中形式作为俄国工业垄断形成初期资本家调整生产关系适应生产力发展的重要手段，在一定限度内推动了俄国工业生产力的发展。横向合并是垄断资本家为控制某一工业部门将生产同类产品的许多小公司合并为少数大公司的形式，其有利于在更大范围进行工业生产和技术研发、充分使用原料和燃料、节约投资建设和运输的成本等。以石油工业中的黑海-里海工商业公司为例，该公司通过与中小煤油加工厂签订供应协议集中并控制大量的煤油、在全国各个地区建立仓库、参与修建巴库至巴统输油线路解决石油产品运输问题等方式到19世纪80年代末发展成俄国在世界石油市场上最大的煤油供应商[2]，随后，又与诺贝尔兄弟公司联合巴库90%的煤油工厂主于1894年创建了巴库煤油工厂主同盟，实现了俄国煤油与美国标准石油托拉斯在世界煤油市场上分庭抗礼的局面。[3] 这些活动既改善了煤油运往国外市场的运输条件，又为俄国煤油开辟了广阔的国外销售市场，因而为煤油生产的快速增长提供了有利条件。纵向合并是指将同一部门的原料开采、燃料动力的输送、产品各个工序的制造及副产

① *Бовыкин В. И.* Формирование финансового капитала в России: конец XIX в. -1908г. М.: Наука, 1984. С. 74-75.

② *Косторниченко В. Н.* Иностранный капитал в нефтяной промышленности дореволюционной России: к разработке периодизации процесса // Экономическая история: Обозрение. Вып. 10. М.: МГУ, 2005. С. 52.

③ *Бовыкин В. И.* Зарождение финансового капитала в России. М.: Издательство Московского университета, 1967. С. 179.

品的加工等各环节联合成一个巨型企业的形式，其不仅解决了原料和燃料供应的后顾之忧，而且节约运输成本、缩减流通费用并加快了商品的流通速度。以冶金工业中的布良斯克工厂为例，该工厂以生产钢轨起家，受巨额利润的吸引先后涉足煤炭和铁矿开采、金属加工及机械制造等工业领域，实现了冶金工业从上游到下游的"垂直一体化"经营，这有利于冶金制品成本的降低及其生产效率的提高。①

当垄断实现进一步发展之后，垄断势力达到一定高度并得以巩固，一方面资本的高度积累和生产的高度集中加剧了生产和消费脱节，从而导致市场竞争日益尖锐化和商品价格的长期跌落，此时面临生存竞争压力的俄国各工业部门的大企业，彼此之间相互联合或勾结的倾向日渐增强，以期实现限制竞争提高垄断价格和保证高额垄断利润的目的；另一方面随着银行资本和工业资本融合的增强，俄国工业中出现了掌握庞大金融资本的少数金融寡头，其控制着俄国主要工业部门大部分生产资料和劳动力，主宰着整个俄国的经济命脉并与国家政权紧密结合，这不仅对俄国工业自身，甚至对国家政治经济的发展均产生了消极影响，其主要体现在以下四点。

第一，阻碍技术革新，抑制企业生产效率的提高。当垄断资本在某一工业部门控制大部分销售市场并获得稳固垄断地位时，通过制定垄断高价即可获得高额垄断利润的现状，削弱了其通过技术革新提高利润的动力，从而导致俄国各工业部门中出现了技术革新相对停滞的趋势。以石油和煤炭工业为例，在

---

① *Бовыкин В. И. Зарождение финансового капитала в России.* М. : Издательство Московского университета, 1967. C. 199–200.

石油工业中，石油企业主凯德茹采夫在第 29 次巴库石油企业主代表大会上指出："我们不使用电力……因为它让我们无利可图"，这种对改进技术的冷漠态度使机械化采油量仅占 1913 年俄国石油开采量的 6%。在煤炭工业中，煤炭垄断大亨极力反对在顿巴斯煤矿推广穿孔机器，1910 年南俄采矿企业主代表大会临时委员会提出："穿孔机器的使用遇到了无法克服的困难"，随后采矿科学委员会便草率决定禁止在顿巴斯使用穿孔机器，这导致利用穿孔机器开采的煤炭量仅占 1914 年顿巴斯总开采量的 0.5%。技术革新的停滞使俄国煤炭工业生产率出现了明显的下降趋势，与 1896 年相比，1911 年每个工人年开采量从 9400 普特降到 8800 普特。[①] 这种技术停滞趋势的表现程度因俄国各工业部门集中程度的不同而有所区别，一般而言集中程度越高的部门表现得越明显。

第二，人为制造商品危机，破坏经济秩序。缩减产量是垄断资本提高和维持垄断价格的惯用手段。垄断组织人为缩减而引发的"商品危机"，即用于企业生产和个人消费的商品严重短缺，给整个国民经济的发展带来严重的后果。一方面工业和运输业因燃料和原料供应不足而被迫减产，这导致部分工业企业倒闭和失业人数的增加；另一方面市民和农民因物价上涨而生活日益贫困，这从与俄国各阶层人民生活紧密相关的煤炭燃料危机中清晰地体现出来。顿涅茨煤炭辛迪加于 1906 年运营，联合了 24 家大型煤炭公司，拥有顿巴斯 2/3 以上的煤炭开采量，为达到维持煤炭高垄断价格的目的而大幅度减缓顿巴斯煤

---

① *Лившин Я. И.* Монополии в экономике России. М.：Социально-экономическая литература, 1961. C. 311-313.

炭开采量的增长速度，如 1895～1899 年与 1890～1894 年相比、1900～1904 年与 1895～1899 年相比煤炭开采量分别增长了 81.5% 和 71.1%，而 1905～1909 年与 1900～1904 年相比、1910～1914 年与 1905～1909 年相比仅分别增长了 40% 和 38.1%，这导致铁路、航运和工业企业等煤炭燃料主要消费者因燃料短缺而无法正常运营，俄国失业人口数量大幅度增加，如 1912 年 21 家冶金工厂中减产或停产的工厂数量达到 12 家；布良斯克工厂平炉车间的关闭导致 1050 名工人失业。[①]

第三，推行反工人政策，激化阶级矛盾。最大限度地榨取工人所创造的剩余价值是垄断资本家获得超额利润的重要途径。垄断资本家在其所建立的地区性或行业性的企业主同盟内部规定统一的雇佣条件和工作制度，并将其推广到俄国所有企业，实现加重剥削工人和垄断劳动力市场的目的，这导致俄国工人的生活状况恶化。以 1900～1914 年俄国加工业工人的实际工资水平为例，在 1900～1904 年、1905～1909 年和 1910～1914 年三个时期，每个工人的年均工资分别为 253.6 卢布、233.5 卢布和 250.5 卢布[②]，可见 1905～1909 年和 1910～1914 年两个时期的实际工资水平均未超过 1900～1904 年经济萧条时期。随着垄断资本家对工人剥削程度的逐渐加深，俄国工人掀起了改善恶劣工作条件的罢工狂潮。为打击工人的罢工运动，企业主同盟主要采取了三大措施：一是推广罚金制度，工厂检查机构的数据显示，每 100 名工人被罚款的次数从 1905 年的 152 次增加到

① *Лившин Я. И.* Монополии в экономике России. М.: Социально-экономи ческая литература, 1961. С. 318-320.

② *Лившин Я. И.* Монополии в экономике России. М.: Социально-эконом ическая литература, 1961. С. 397.

1912 年的 265 次；二是增加“私人”警力，如巴库石油企业主
代表大会委员会用于支付私人警力的费用由 1899 年的 3 万卢布
增加到 1908 年的 67.4 万卢布①；三是实行同盟歇业，其中规模
最大的两次歇业均由圣彼得堡工厂同盟发起，一次是在 1905 年
11 月 16 日，有 72 家工厂参与，另一次是在 1914 年 4 月 22~24
日，有 23 家工厂参与，两次同盟歇业所解雇的工人数量近 25
万人。② 垄断资本家所推行的上述反工人政策进一步激化了俄
国垄断资本家与雇佣工人之间的阶级矛盾，推动了俄国革命运
动走向新的高潮。

　　第四，控制国家机器，维护集团利益。俄国工业资本主义
进入垄断阶段之后，在工业资本和银行资本高度融合的基础上
形成了掌握巨额金融资本的少数大垄断资本集团，其通过“人
事联合”的方式与国家政权紧密融合。一方面聘请政府高级官
员在大银行、大公司的董事会或企业组织中担任要职。例如，
曾先后担任副财政大臣及工商大臣的 B. И. 季米里亚泽夫就是
工商业代表大会委员会首任主席、俄国对外贸易银行和圣彼得
堡私人商业银行理事会成员以及大约 10 个股份公司的董事，此
外，B. И. 科瓦列夫斯基、M. M. 费多罗夫、H. H. 库特勒等离
职国家官员也曾在俄国企业组织中担任要职。另一方面委派金
融界巨头或大企业组织代表在国家行政机关任职，如伏尔加 -
卡马银行行长、工商业代表大会委员会成员 П. Л. 巴尔克于
1911 年末被任命为副工商大臣，之后又担任财政大臣，南俄采

① *Лившин Я. И.* Монополии в экономике России. М.: Социально-
экономическая литература, 1961. С. 439, 444.
② *Лившин Я. И.* Монополии в экономике России. М.: Социально-
экономическая литература, 1961. С. 441–442.

矿企业主代表大会委员会的知名活动家 B.И. 阿兰达连科于
1912 年 12 月被任命为工商部矿务局局长[①]，这加强了垄断资本
集团对国家政治生活的影响，推动了国家制定有利于垄断资本
集团的各项方针政策。

　　综上所述，垄断组织所形成的经济条件对俄国工业发展的
影响具有双重性，即有促进作用也有抑制作用，两者同时存在、
相互交织。当促进作用在俄国工业垄断资本主义发展中占据优
势地位时就表现为工业生产的快速增长，在 1890~1900 年的垄
断资本主义形成时期，石油、冶金、硅酸盐、木材加工、化工、
纺织、食品、混合物质和动物产品加工俄国八大工业部门的生
产总值增长了 93.9%[②]；反之当抑制作用占据优势地位时则表
现为工业生产的缓慢增长，在 1900~1908 年的经济萧条时期和
1909~1913 年垄断资本统治地位稳固的时期，上述俄国八大工
业部门的生产总值仅分别增长了 38%[③]和 45.8%[④]。

---

① *Лаверычев В. Я.* Государство и монополии в дореволюционной России. М. : Мысль，1982. С. 164.

② *Бовыкин В. И.* Формирование финансового капитала в России: конец XIX в. -1908г. М. : Наука，1984. С. 74-75.

③ *Бовыкин В. И.* Формирование финансового капитала в России: конец XIX в. -1908г. М. : Наука，1984. С. 74-75.

④ *Бовыкин В. И.* Финансовый капитал в России накануне первой мировой войны. М. : РОССПЭН，2001. С. 72-75.

参考文献

一 译著

《列宁全集》第 54 卷，人民出版社，1990。

《列宁全集》第 27 卷，人民出版社，1990。

《列宁全集》第 29 卷，人民出版社，1985。

《列宁全集》第 3 卷，人民出版社，1984。

〔美〕乔舒亚·L. 罗森布卢姆主编《量化经济史：统计的作用》，易行、汪元盛、张屿涵、王维译，社会科学文献出版社，2021。

〔俄〕戈·安·格奥尔吉耶维奇：《俄国工业垄断（1914~1917）：媒体记录的历史》，张广翔、白帆译，社会科学文献出版社，2018。

〔俄〕斯韦特拉娜·弗拉基米罗夫娜·沃龙科娃：《20 世纪初俄国工业简史》，王学礼译，社会科学文献出版社，2017。

〔英〕罗伯特·C. 艾伦：《全球经济史》，陆赟译，译林出版社，2015。

〔俄〕瓦·奥·克柳切夫斯基：《俄国史教程》第 1 卷，张草纫等译，商务印书馆，2013。

〔俄〕瓦·奥·克柳切夫斯基：《俄国史教程》第 2 卷，贾宗谊等译，商务印书馆，2013。

〔俄〕瓦·奥·克柳切夫斯基：《俄国史教程》第 3 卷，左少兴等译，商务印书馆，2013。

〔俄〕瓦·奥·克柳切夫斯基：《俄国史教程》第 4 卷，张咏白等译，商务印书馆，2013。

〔德〕马克斯·韦伯：《社会经济史》，郑太朴译，中国法制出版社，2011。

〔美〕林斯、凯恩：《美国经济史》，邢露译，北京大学出版社，2011。

〔英〕约翰·希克斯：《经济史理论》，厉以平译，商务印书馆，2010。

〔美〕爱德华·张伯伦：《垄断竞争理论》，周文译，华夏出版社，2009。

〔英〕马丁·吉尔伯特：《俄国历史地图》，王玉菡译，中国青年出版社，2009。

〔美〕沃尔特·G.莫斯：《俄国史（1855～1996）》，张冰译，海南出版社，2008。

〔美〕尼古拉·梁赞诺夫斯基、马克·斯坦伯格：《俄罗斯史》，杨烨等译，上海人民出版社，2007。

〔俄〕鲍里斯·尼古拉耶维奇·米罗诺夫：《俄国社会史》，张广翔等译，山东大学出版社，2006。

〔德〕鲁道夫·希法亭：《金融资本——资本主义最新发展的研究》，福民等译，商务印书馆，1994。

〔美〕道格拉斯·C.诺斯：《经济史中的结构与变迁》，陈郁、罗华平等译，上海三联出版社、上海人民出版社，1994。

〔苏〕B·T·琼图洛夫主编《苏联经济史》，郑彪等译，吉林大学出版社，1988。

〔苏〕M.C.德拉基列夫主编《国家垄断资本主义：共性与特点》，黄苏、王文修、陈德照、徐更生译，上海译文出版社，1982。

〔苏〕苏联科学院经济研究所编《苏联社会主义经济史》第1卷，复旦大学经济系等译，生活·读书·新知三联书店，1979。

〔苏〕波克罗夫斯基：《俄国历史概要》，贝璋衡、叶林、葆煦译，生活·读书·新知三联书店，1978。

〔苏〕诺索夫主编《苏联简史》第1卷，武汉大学外文系译，生活·读书·新知三联书店，1977。

〔苏〕梁士琴科：《苏联国民经济史》第1卷，中国人民大学翻译室译，人民出版社，1954。

〔苏〕梁士琴科：《苏联国民经济史》第2卷，李延栋等译，人民出版社，1954。

〔苏〕梁士琴科：《苏联国民经济史》第3卷，李延栋等译，人民出版社，1960。

〔法〕法共中央经济部等编著《国家垄断资本主义》（上、下册），宇泉等译注，商务印书馆，1982。

〔民主德国〕汉斯·豪斯赫尔：《近代经济史》，王庆余等译，商务印书馆，1987。

二 中文专著

邓沛勇：《俄国经济史（1700~1917）》，社科文献出版社，2020。

邓沛勇：《俄国工业化研究（1861～1917）》，社会科学文献出版社，2020。

邓沛勇：《俄国能源工业研究（1861—1917）》，科学出版社，2019。

傅骊元：《〈关于帝国主义的笔记〉研究》，北京大学出版社，1985。

恭维敬：《美国垄断资本集中》，人民出版社，1986。

刘祖熙：《改革和革命——俄国现代化研究 1861—1917》，北京大学出版社，2001。

何汉文：《俄国史》，东方出版社，2013。

吴汉洪：《垄断经济学》，经济日报出版社，2008。

姚海、刘长江：《当代俄国——弱者的自我否定与超越》，贵州人民出版社，2000。

张强：《垄断与竞争——美国反托拉斯政策剖析》，南开大学出版社，1994。

吴承明：《经济史：历史观与方法论》，商务印书馆，2014。

王珏、高德步：《世界经济史》，高等教育出版社，2019。

三　中文论文

〔俄〕A. Ю. 彼得罗夫：《19 世纪末 20 世纪初俄国的国家与经济增长》，刘佐艳、穆群译，《北方论丛》2019 年第 3 期。

〔俄〕Л. N. 鲍罗德金：《19—20 世纪俄国现代化进程中的共性和特殊性：方法论观点》，张广翔译，《北方论丛》2016 年第 2 期。

〔俄〕C. A. 萨洛玛季娜：《1917 年前俄国商业银行的投资业务：最优模式探索》，张广翔、邓沛勇译，《史学集刊》2014年第 1 期。

〔俄〕Л. E. 舍别列夫：《革命前俄国石油工业和石油市场》，张广翔译，《吉林大学社会科学学报》2012 年第 6 期。

〔俄〕B. E. 科斯托尔尼钦科：《1918—1932 年苏联石油出口和石油工业》，邓沛勇、张广翔译，《吉林大学社会科学学报》2012 年第 6 期。

安岩：《1905 年至 1917 年俄国大臣会议与国家经济发展问题研究》，博士学位论文，吉林大学，2018。

白述礼：《试论近代俄国铁路网的发展》，《世界历史》1993 年第 1 期。

部彦秀：《俄国资本主义发展缓慢的原因》，《世界历史》1993 年第 1 期。

潘黎明：《俄国 1861 年改革的历史作用》，《郑州大学学报》（哲学社会科学版）1992 年第 5 期。

裴然：《1881—1917 年俄国财政研究》，博士学位论文，吉林大学，2010。

董小川：《俄国的外国资本问题》，《东北师大学报》1989年第 3 期。

丁士超：《关于俄国工场手工业中的强制劳动问题》，《世界历史》1992 年第 2 期。

邓沛勇：《再论全俄统一市场的形成——兼论 19 世纪末俄国经济发展特征》，《经济社会史评论》2021 年第 1 期。

邓沛勇、罗丹萍：《外国资本与俄国经济发展：规模和影响探究》，《俄罗斯学刊》2021 年第 5 期。

邓沛勇：《19 世纪下半叶至 20 世纪俄国工业发展特征》，《俄罗斯研究》2017 年第 6 期。

邓沛勇：《1917 年前俄国石油工业中外资垄断集团及其影响》，《俄罗斯研究》2017 年第 3 期。

邓沛勇：《俄国能源工业发展的影响因素》，《西伯利亚研究》2017 年第 1 期。

邓沛勇：《19 世纪下半期至 20 世纪初俄国能源工业研究 ——以石油和煤炭工业为例》，博士学位论文，吉林大学，2016。

陶惠芬：《俄国工业革命中的对外经济关系》，《世界历史》1994 年第 3 期。

陶惠芬：《欧美工业革命中科学技术的引进与利用》，《世界历史》1994 年第 5 期。

李海坤：《19 世纪末 20 世纪初俄国企业主阶层研究》，博士学位论文，东北师范大学，2015。

逯红梅：《1836—1917 年俄国铁路修建及其影响》，博士学位论文，吉林大学，2017。

刘琼：《19 世纪末 20 世纪初外国资本对俄国石油工业的影响》，硕士学位论文，辽宁大学，2012。

陆南泉：《革命前俄国经济简析》，《俄罗斯文化评论》（第二辑），首都师范大学出版社，2010。

李非：《19 世纪末—20 世纪初石油工业中的垄断资本》，硕士学位论文，吉林大学，2008。

刘玮：《1860—1917 年的俄国金融业与国家经济发展》，博士学位论文，吉林大学，2006 年。

刘爽：《19 世纪末俄国的工业高涨与外国资本》，《社会科学战线》1996 年第 4 期。

李延长：《1860—1913 年俄国铁路发展述略》，《西北第二民族学院学报》（哲学社会科学版）1992 年第 4 期。

李旭：《1861—1914 年俄国证券市场》，博士学位论文，吉林大学，2016。

刘国枕、陈双喜：《国家经济垄断若干问题的探索》，《财经问题研究》1990 年第 3 期。

回云崎：《18 世纪初至 20 世纪初俄国乌拉尔冶金业研究 ——以黑色冶金业为例》，博士学位论文，吉林大学，2017。

黄亚丽：《19 世纪末至 20 世纪初俄国经济政策解析——维特的经济思想与经济改革视角》，《东北亚论坛》2006 年第 3 期。

黄亚丽：《维特经济政策研究》，博士学位论文，吉林大学，2008。

韩振宇、宋美茹：《1850 年俄国关税改革之刍议》，《现代交际》2016 年第 6 期。

纪明山：《从实际出发研究和揭示俄国资本主义形成和发展的特殊规律》，《南开经济研究》1994 年第 2 期。

许永璋、于兆兴：《近代俄国工业落后原因论析》，《许昌师专学报》1999 年第 2 期。

瞿商：《列宁对俄国资本主义发展的经济史考察及其方法论特色——读〈俄国资本主义的发展〉》，《中南财经政法大学学报》2003 年第 1 期。

徐芹：《列宁早期俄国资本主义发展思想研究》，博士学位论文，南京师范大学，2012。

沈元加：《怎样评价外资在俄国近代工业发展中的作用——与某些外国学者商榷》，《内江师专学报》1991 年第 1 期。

孙成木：《试探 19 世纪中叶后俄国资本主义迅速发展的原因》，《世界历史》1987 年第 1 期。

张广翔、丁禹男：《19 世纪末 20 世纪初俄国工人运动中的资本与权力》，《史学月刊》2018 年第 6 期。

张广翔、李旭：《十月革命前俄国的银行业与经济发展》，《俄罗斯中亚东欧》2013 年第 2 期。

张广翔、邓沛勇：《19 世纪下半期至 20 世纪初俄国煤炭工业的发展》，《史学月刊》2016 年第 4 期。

张广翔、邓沛勇：《论 19 世纪末 20 世纪初俄国石油市场》，《河南师范大学学报》（哲学社会科学版）2016 年第 2 期。

张广翔、逯红梅：《论 19 世纪俄国两次铁路修建热潮及其对经济发展的影响》，《江汉论坛》2016 年第 6 期。

张广翔、梁红刚：《19 世纪下半期俄国工商业税改刍议》，《俄罗斯东欧中亚研究》2015 年第 1 期。

张广翔、梁红刚：《19 世纪俄国保护关税政策问题》，《史学集刊》2015 年第 3 期。

张广翔：《19 世纪至 20 世纪初俄国的交通运输与经济发展》，《社会科学战线》2014 年第 12 期。

张广翔、李旭：《十月革命前俄国的银行业与经济发展》，《俄罗斯东欧中亚研究》2013 年第 2 期。

张广翔：《19 世纪 60—90 年代俄国石油工业发展及其影响》，《吉林大学社会科学学报》2012 年第 6 期。

张广翔、刘玮：《1864—1917 年俄国股份商业银行研究》，《西伯利亚研究》2011 年第 2 期。

张广翔：《19 世纪俄国政府工商业政策基本趋势》，《西伯利亚研究》2000 年第 4 期。

张广翔：《德国学者关于俄国 1861 年改革研究述评》，《世界历史》2000 年第 4 期。

张广翔：《外国资本与俄国工业化》，《历史研究》1995 年第 6 期。

张广翔：《19 世纪俄国工业革命的影响》，《吉林大学社会科学学报》1993 年第 4 期。

张广翔：《1861 年改革后俄国的国家资本主义》，《苏联社会科学研究》1992 年第 1 期。

张广翔：《论 19 世纪俄国工业蒸汽动力发展历程及其工业革命特点》，《求是学刊》1990 年第 4 期。

张广翔：《19 世纪末至 20 世纪初俄国引进外货及其作用问题》，《外国问题研究》1988 年第 3 期。

张建华：《论俄国资产阶级的形成和特点》，《求是学刊》1989 年第 4 期。

张丁育：《19 世纪 90 年代至 20 世纪初俄国与欧洲的石油贸易》，《西伯利亚研究》2009 年第 1 期。

钟建平：《19 世纪末 20 世纪初俄国农民土地银行研究》，

硕士学位论文，黑龙江省社会科学院，2007。

赵士国、刘自强：《中俄两国早期工业化道路比较》，《史学月刊》2005 年第 8 期。

赵士国、曹英：《商品经济与俄国工业革命的兴起》，《湖南师范大学社会科学学报》1996 年第 6 期。

张建华：《俄国近代石油工业的发展及其特点》，《齐齐哈尔师范学院学报》（哲学社会科学版）1994 年第 6 期。

邹春翼：《19 世纪末 20 世纪初俄国远东采金业研究》，硕士学位论文，哈尔滨师范大学，2021。

崔亦长：《工业革命的"发展"与俄国的"扩张"》，《中学历史教学参考》2000 年第 6 期。

孙成木：《试探十九世纪中叶后俄国资本主义迅速发展的原因》，《世界历史》1987 年第 1 期。

尚巍：《19 世纪下半期俄国煤炭业和黑色冶金业发展述略》，硕士学位论文，吉林大学，2009。

叶怡静、解国良：《俄国"工业高涨"下农民打工状况探析（1881—1900）》，《黑河学院学报》2021 年第 1 期。

杨翠红：《俄国早期工业化进程解析》，《贵州社会科学》2013 年第 9 期。

杨昕沫：《1917 年以前俄国的经济现代化与政治现代化》，《沈阳航空工业学院学报》2004 年第 6 期。

王祎：《19 世纪末 20 世纪初俄国纺织工人管理机制探究》，硕士学位论文，吉林大学，2018。

王绍章：《俄国石油业的发展与外国石油资本》，《东北亚论坛》2007 年第 6 期。

四 俄文史料汇编

Под ред. *Волобуев П. В.*, *Гулиев А. Н.* Монополистический капитал в нефтяной промышленности России 1914–1917. Документы и материалы. Л.: Наука, 1973.

Под ред. *Вяткин М. П.* Монополии в металлургической промышленности России: 1900 – 1917. Документы и материалы. М.: Академия наук СССР, 1963.

Под ред. *Гефтер М. Я.* Монополистический капитал в нефтяной промышленности России 1883 – 1914. Документы и материалы. М.: Академия наук СССР, 1961.

Под ред. *Сидоров А. Л.* Экономическое положение России накануне великой октябрьской социалистической революцию. Документы материалы. М.: Академия наук СССР, 1957.

Под ред. *Валка С. Н.*, *Бедина В. В.* Центральный государ ственн ыйисторический архив СССР в Ленинграде. Л.: Главное архивное управление, 1956.

Под ред. *Шмидта С. О.* Государственный исторический архив Московской области. М.: Государственный исторический архив Московской области, 1961.

五 俄文著作

Алексеев В. В., *Гаврилов Д. В.* Металлургия Урала с древне йших времен до наших дней. М. : Наука, 2008.

Алексеев В. В. , Алексеева Е. В. , Зубков К. И. Побережников И. В. Азиатская Россия в геополитической и цивилизационной динамике XIX–Xxвека. М. : Наука, 2004.

Анфимов А. М. Крестьянское хозяйство Европейской России. 1881–1904. М. : Наука, 1980.

Анс. Экономический рост в условиях монополистического капитализма: проблемы и противоречия. М. : Издательство Наук, 1975.

Алияров С. С. Нефтяные монополии в Азербайджане в период первой мировой войны. А. : Издание АГУ Баку, 1974.

Аронович Ч. В. Государственно-монополистический капитализм. М. : Мысль, 1964.

Ахундов Б. Ю. Монополистический капитал в дореволюционной бакинской нефтяной промышленности. М. : Социально-экономическая литература, 1959.

Баканов С. А. Угольная промышленность Урала: жизненный цикл отрасли от зарождения до упадка. Челябинск. : Издательство ООО《Энциклопедия》, 2012.

Бородкин Л. И. Экономическая история. М. : МГУ, 2005.

Бовыкин В. И. Финансовый капитал в России накануне первой мировой войны. М. : РОССПЭН, 2001.

Бовыкин В. И. Французкие банки в России: конец XIX - начло XX в. М. : РОССПЭН, 1999.

Бовыкин В. И. Формирование финансового капитала в

России: конец XIX в-1908г. М. : Наука, 1984.

Бовыкин В. И. Зарождениефинансового капитала в России. М. : Издательство Московского университета, 1967.

Бакулев Г. Д. Черная металлургия Юга России. М. : Изд-во Гос. техники, 1953.

Берзин Р. И. Мировая борьба за нефть. М. : Типография Профгортоп, 1922.

Водарский Я. Е., *Истомина Э. Г.* Сельские кустарные промыслы европейской России на рубеже XIX—XX столетий. М. : Иститут Российской истории РАН, 2004.

Волобуев П. В. Экономическая политика временного правительства. М. : Наука, 1962.

Вяткин М. П. Горнозаводский Урал 1900 – 1917 гг. Л. : Наука, 1965.

Вяткин М. П. Из истории империализма в России. М-Л. : Академии наук СССР, 1959.

Грегов П. Экономический рост Российский империи（конецX IX -начало XXв. ）. М. : РОССПЭН, 2003.

Гиндин И. Ф. Банки и экономическая политика в России. （X IX -начало XXв. ）. М. : наука, 1997.

Гусейнов Р. История эконоики России. М. : Изд-во ЮКЭА, 1999.

Гагозин Е. И. Железо и уголь на юге России. СПб. : Типография Исидора Гольдберга, 1895.

Дьяконова И. А. Нефть и уголь в энергетике царской России в международных сопоставлениях. М. : РОССПЭН, 1999.

Доннгаров А. Г. Иностранный капитал в России и СССР. М. : Международные отношения, 1990.

Дулов А. В. Географеческая среда и история России Конец XV–середина XIX вв. М. : Наука, 1983.

Дьяконов. И. А. Нобелевская корпорация в России. М. : Мысль, 1980.

Дружинин И. М. Русская деревня на иеррлрме. 1861–1880 гг. М. : Наука, 1978.

Дякин В. С. Германские капиталы в России. электроиндустрия и электрический транспорт. Л. : Наука, 1971.

Дихтяр Г. А. Внутренняя торговля в дореволюционной России. М. : Академия наук СССР, 1960.

Иголкин А. Горжалцан Ю. Русская нефть о которой мы так мало занаем. М. : Изд-во Олимп-Бизнес, 2003.

Ионичев Н. П. Иностранный капитал в экономике России (XVIII–начало XX в.). М. : МГУП, 2002.

Иголкин А. А. Источники энергии: экономическая история (до начала XX века). М. : Институт российской истории РАН, 2001.

Истомина Э. Г. Водный транспорт России в дореформенный период (Историко-географическое). М. : Наука, 1991.

Карпов В. П., Гаврилова Н. Ю. Курс истории отечественной нефтяной и газовой промышленн ости. Тюмень. : Тюм ГНГУ, 2011.

Ковнир В. Н. История экономики России: Учеб. пособие.

М. : Логос, 2005.

Конотопов М. В., Сметанин М. В. История экономики России. М. : Логос. 2004.

Китанина Н. С. Политика русской самодержавия в области промышленности. М. : Изд-во МГУ, 1985.

Кушнирук С. В. Монополия и конкуренция в угольной промышленности юга России в начале XX века. М. : УНИКУМ-ЦЕНТР, 1997.

Кушнирук С. В. Монополия и конкуренция в угольной промышленности юга России в начале Х Х века. М. : Уникум-центр, 1997.

Корелин А. П. Россия 1913 год. СПб. : Блиц, 1995.

Куприянова Л. В. Таможенно-промышленный протекционизм и российские предприниматели 40 – 80 – е годы XIX века. М. : Институт русской истории РАН, 1994.

Кафенгауз Л. Б. Эволюция прошмышленного производства России (последняя треть XIXв. – 30-е годы XXв). М. : Эпифания, 1994.

Ковальченко И. Д, Милов Л. В. Всероссийский аграрный рынок XVIII– начала XX века. М. : Наука, 1974.

Коха М. А., Оль П. В. Нефтяная промышленность. М. : Государственное издательство, 1925.

Лисичкин. С. М. Очерки по истории развития отечественной нефтяном промышленности. М. : Государственное научно-техническ ое издательство, 1959.

Лаверычев В. Я. Военный государственно-монополистический капитализм в России. М. : Наука, 1988.

Лаверычев В. Я. Государство и монополии в дореволюц ионной России. М. : Мысль, 1982.

Лаверычев В. Я. Монополистический капитал в текстильной промышленности России (1900 – 1917гг). М. : московский университет, 1963.

Лившин Я. И. Монополии в экономике России. М. : Социаль но-экономическая литература, 1961.

Лисичкин С. М. Очерки по истории развития отечественной нефтяной промышленности (дореволюционный период). М. : Государственное научно-техническое издательство, 1954.

Лозгачев П. М. Развитие отечественной техники перегонки нефти и мазута. М. : Гостоптехиздат, 1957.

Мир-Бабаев М. Ф. Краткая история Азербайджанской нефть. Б. : Азернешр, 2009.

Мавейчук А. А., *Фукс И. Г.* Истоки российской нефти: Историч ескиеочерки. М. : Древлехранилище, 2008.

Мир-Бабаев М. Ф. Краткая история Азербайджанской нефти. Б. : Азернешр, 2009.

Мавейчук А. А., *Фукс И. Г.* Иллюстрированные очерки по истории российского нефтегазового дела. Часть 2. М. : Газоил пресс, 2002.

Маевский И. В. Экономика русской промышленности в условиях первой мировой войны. М. : Дело, 2003.

Миронов Б. Н. Внутренний рынок России во второй половинеⅩⅧ-первой половинеⅪⅩв. Л. : Наука, 1981.

Марухин В. Ф. История речного судоходства в России. М. : Орехово-Зуевский педагогический институт, 1996.

Модестов В. В. Рабочие Донбасса в трех русских революциях. М. : Мысль, 1974.

Менделеев Д. И. Проблемы экономического развития России. М. : Изд-во социально-экономической литературы, 1960.

Менделеев Д. И. Сочинение ⅩⅠ. М. : Изд-во Академии СССР, 1949.

Межлаука В. И. Транспорт и топливо. М. : Транспечать, 1925.

Натиг А. Нефть и нефтяной фактор в экономике Азербайджана в ⅩⅪ веке. Баку. : Leterpress, 2010.

Наниташвили Н. Л. Экспансия иностранного капитала в Закавказье (конец ⅩⅨ-начло ⅩⅩ вв.). Тбилисск. : Издательство Тбилисского университета, 1988.

Наумова Г. Р. Российские монополии. М. : Издательство Московского университета, 1984.

Рындзюнский Л. Г. Утверждение капитализму в России. 1850- 1880 гг. М. : Наука, 1978.

Рабинович Г. Х. Крупная буржуазия и монополистический капитал в экономике Сибири конца ⅩⅨ-начала ⅩⅩв. Томск. : Изд-во Томского ун-та, 1975.

Нифонтов А. С. Зерновое производство в России во второй половине ⅩⅨ в. М. : Наука, 1974.

Нардова В. А. Начало монополизации нефтяной промышленн ости России. 1880−1890-е годы. Л. : Наука, 1974.

Обухов Н. П. Внешнеторговая, таможенно-тарифная и промышленно-финансовая политика России в XIX-первой половине XXвв. （1800−1945）. М. : Бухгалтерский учет, 2007.

Оль П. В. Иностранные капиталы в народном хозяйстве Довоенной России. Л. : Изд-во Академии наук СССР, 1925.

Осбрник Б. И. Империя Нобелей. История о знаменитых шведах, бакинской нефти и революции в России. М. : Алгоритм, 2014.

Петров Ю. А. , Шацилло М. К. Российские предприниматели в начале XX векапо материалам торгово-промышленного и финансового союза в Париже. М. : РОССПЭН, 2004.

Пономарёв Б. Н. История СССР с древнейших времен до великой октябрьской социалистической революции. Том VI . М. : Наука, 1968.

Погребинский А. П. Государственно-монополистический капита лизм в России. М. : Социально-экономическая литерат ура, 1959.

Пажитнов К. А. Очерки истории-текстильной промыш-ленности дореволюционной России. Хлопчатообумажная, льно-пеньковая и шелковая промышленность. М. : Академия наук СССР, 1958.

Пажитнов К. А. Очерки истории текстильной промышл енности дореволюционной России. Шелковая промышленность. М. : Академия наук СССР, 1955.

Рязанов В. Т. Экономическое развитие России. Реформы и российское хозяйство в XIX–XXвв. СПб. : Наука, 1999.

Соболев М. Н. Таможенная политика России во второй половине XIX века. Том II. М. : РОССПЭН, 2012.

Сеидов В. Н. Архивы Бакинских нефтяных фирм （ XIX-начало XX века）. М. : Модест колеров, 2009.

Соловьева А. М. Промышленная революция в России в XIX в. М. : Наука, 1990.

Самедов В. А. Нефть и экономика России 80 – 90-в годы XIX века. Б. : ЭЛМ, 1988.

Симоненко В. Д. Очерки о природе Донбасса. Донецк. : Изд-во Донбасса, 1977.

Соловьева А. М. Железнодорожный транспорт России во второй половине XIX в. М. : Наука, 1975.

Сидоров А. Л. Экономическое положение России в годы первой мировой войны. М. : Наука, 1973.

Струмилин С. Г. Черная металлургия в России и в СССР. М-Л. : Издательство Академии наук СССР, 1935.

Тихонов Б. В. Каменноугольная промышленность и черная металлургия России во второй половине XIX в. （ историко-географические очерки）. М. : Наука, 1988.

Тарновский К. Н. Формирование государственно-монополисти ческого капитализма в России （в годы первой мировой войны: например металлургической промышленности）. М. : Московский университет, 1958.

Туган-Барановский М. И. Изобранное. Русская фабрика в прошлом и настоящем: Историко-экономическое исследов ание. Т. 1. Историческое развитиерусской фабрики в XIX веке. М. : Кооперативное издательство《Московский рабочий》, 1922.

Фурсенко А. А. Династия Рокфеллеров. Нефтяные войны (конецXIX−начало XX века). М. : Издательский дом Дело, 2015.

Федоров В. А. История России 1861 − 1917. М. : Высшая школа, 1998.

Фридман Ц. Л. Банки и кредит в дореволюционном Казахстане (1900−1914 гг). Алма-Ата. : Казахстан, 1974.

Халин А. А. Система путей сообщения нижегородского Поволжья и ее роль в социально-экономическом развитии региона (30 − 90 гг. XIX в.). Новгород. : Изд-во Волго-ветекой академии государственной службы, 2011.

Хромов П. А. Экономическая история СССР: период промы шленного и монополистического капитализма в России. М. : Высшая школа, 1982.

Хромов П. А. Экономическое развитие России. Очерки экономики России с древнейших времен до Великой Октябрьской революции. М. : Наука, 1976.

Хромов П. А. Экономика России периода промышленного капитализм . М. :Академия общественны наук при ЦИ КПСС, 1963.

Хромов П. А. Очерки экономики России периода монопол истического капитализма. М. : Академия общественны наук при ЦИ КПСС, 1960.

Чунтулов В. Т., *Кривцова Н. С.*, *Чунтулов А. В.*, *Тюшев В. А.* Экономическая история СССР. М. : Высшая школа, 1987.

Цукерник А. А. Синдикат 《Продамет》. М. : Издательство социально экономической литературы, 1959.

Шепелёв Л. Е. Акционерные компании в России: ⅩⅨ -начало ⅩⅩ века. СПб. : Санкт-Петербургский государственный университет, 2006.

Шепелев Л. Е. Царизм и буржуазия в 1904 – 1914 гг. Л. : Наука, 1987.

Шацилло К. Ф. Русский империализм и развитие флота накануне первой мировой войны （1906 – 1914 гг） . М. : Наука, 1968.

Шполянский Д. И. Монополии угольно-металлургической промышленности юга России в начале ⅩⅩвека. М. : Академия наук СССР, 1953.

Шубин А. И. Волга и волжское судоходство. М. : Транспечать, 1927.

六 俄文论文

Абрамова Н. Г. Из истории иностранных акционерных обществ в России （1905 – 1914гг） // Вестник Московского университета. История, 1982. №2.

Абрамова Н. Г. Иностранные акционерные общества в России в 1905–1914 гг // Вестн. МГУ. Сер. 8. История, 1980. №4.

Алияров С. С. Из истории государственно-монополисти ческого капитализма в России: Особое совещание по топливу и нефтяные монополии // История СССР, 1977. №6.

Афанасьев Ю. Я. Современная французская буржуазная историография о социально-экономических и политических пред посылках Октября // История СССР, 1971. №3.

Апаньич В. В. Россия и международный капитал. 1897 – 1914. Л.: Наука, 1970.

Бессолицын А. А. Поволжский региона на рубеже XIX – XXвв. (основны тенденции и особенности экономического развития) // Экономическая история России: проблемы, поиск, решения: Ежегодник. Вып5. В.: Изд-во ВолГУ, 2003.

Бовыкин В. И. Концентрация промышленного производства в России в конце в. XIXконца-XXв // Исторические записки. 1984. Т. 110.

Бовыкин В. И. Российская нефть и Ротшильды // Вопросы истории, 1978. №4.

Бовыкин В. И., Бабушкина Т. А., Крючкова С. А., Погребинская В. А., Иностранные общества в России в начале XX в // Вестник Московского Университета. История, 1968. №2.

Бовыкин В. И. К вопросу о роли иностранного капитала в России // Вестник Московского университета, 1964. №1.

Бровер И. М. Основные особенности империализма в России // Об особенностях империализма в России. М.: Академии наук СССР, 1963.

Бовыкин В. И., Гиндин И. Ф., Тарновский К. Н.

Государств енно-монополистический капитализм в России：（К вопросу о предпосылках соц. революции）// История СССР, 1959. №3.

Бовыкин В. И. Банки и военная промышленность России накануне первой мировой войны // История СССР, 1959. №64.

Бовыкин В. И. Монополистические соглашения в русской военной промышленности // История СССР, 1958. №1.

Бовыкин В. И. Новые сведения о ранних монополиях в России // Вести. МГУ. Истор-филол. сер, 1956. №1.

Бовыкин В. И. Российская нефть и Ротшильды // Вопросы истории, 1978. №4.

Вороикова С. В. Строительство автомобильных заводов в России в годы первой мировой войны（1914 – 1917）// Исторические записки, 1965. Т. 75.

Волобуев П. В. Монополистический капитал и экономич еская политика временного правительства // История СССР, 1959. №3.

Волобуев П. В. Из истории монополизации нефтяной дореволюционной промышленностиРоссии. 1903 – 1914 // Исторические записки, 1955. Т. 52.

Горюнов Ю. А. Воздействие ташкентской железной дороги на экономическую жизнь оренбуржья первый трети XX века. Диссертация. Оренбург, 2010.

Гертер М. Я. Топливно-нефтяной голод в России и экономи ческая политика третьеиюньской монархии // Исторические записки, 1969. Т. 83.

Гуревичов М. М. Государственно-монополистические тенде нция в Россиинапример сахарной промышленности) // Вопрос истории, 1969. №1.

Гапоненко Л. С. Рабочий класс России накануне великого октября // Исторические записки, 1963. Т. 73.

Гиндин И. Ф. , Шепелёф Л. Е. Банковские монополии в России накануне великой октябрьской социалистической революции // Истор ические записки, 1960. Т. 60.

Дякин В. С. Из истории экономической политики царизма в 1907–1914 гг // Исторические записки, 1983. Т. 109.

Дякин В. С. Финансово-капиталистические группировки в электроиндустрии и электрическом транспорте России в период предвоенного промышленного подъема и мировой воины // Истор-ические записки, 1983. Т. 110.

Дьяконова И. А. Исторические очерки. За кулисами нобел-евской монополии // Вопросы истории, 1975. №9.

Дьяконова И. А. Нобелевская нефтяная монополия и аутса-йдеры // История СССР, 1975. №6.

Живцов Ю. В. Из истории монополизации медеобрабатыва ющей промышленности России // Вестн. МГУ. Сер. 8. История, 1976. №5.

Залесский С. А. Мобилизация горнозаводской промышленн ости на Урале в годы первой мировой войны // Историче ские записки, 1959. Т. 65.

Косторниченко В. Н. Иностранный капитал в нефтяной

промышленности дореволюционной России: к разработке периодизации процесса // Карпов С. П. Экономическая история: Обозрение. Вып. 10. М.: МГУ, 2005.

Клейн Н. Л. Факторы развития хозяйства Поволжья на рубеже ХIХ - ХХ веков // Экономическая история России: проблемы, пойски, решения. Ежегодник. Вып. 2. В.: Изд-во Вол ГУ, 2000.

Королев Н. Г. Совет министров России в 1907 - 1914 гг // Исторические записки, 1984. Т. 110.

Кубицкая О. А. Становление паровозостроительной монополии в России（1900 - 1907）// Самодержавие и крупный капитал в России в концеXIX - начале ХХ в. М.: Ин-т истории СССР, 1982.

Кузнецов И. В. Об укладах и многоукладности капитали стической России // Вопр. Истории, 1974. №7.

Каменецкая И. М. Возникновение монополии в свеклоса харной промышленности // История СССР. 1965. №6.

Китанина Т. М. Синдикат 《Кровля》 в годы первой мировой войны（1914 - 1917гг）// Очерки по истории экономики и классовых отношений в России в. Конца ХIХ - начала ХХ в. М-Л: Наука, 1964.

Крузе Э. Э. Табачный и ниточный тресты // Из истории империализма в России. М-Л.: Академии наук СССР, 1959.

Кириченко В. П. Роль Д. И. Менделеева в развитии нефтяной промышленности // Вопросы истории народного хозяйства СССР. М. : Изд-во Академии наук СССР, 1957.

Кондратьев Н. Д. Большие циклы конъюнктуры // Вопросы конъюнктуры, 1925. Т. 1.

Кондратьев Н. Д. Спорные вопросы мирного хозяйства и кризиса // Социали-стическое хозяйство, 1923. №4−5.

Лаверычев В. Я. Зарождение государственно-монополистич еских тенденций в российской экономике конца XIX в // Исторические записки, 1983. Т. 109.

Лаверычев В. Я. Государственный капитализм в порефор менной России // История СССР, 1982. №1.

Лаверычев В. Я. К вопросу о вмешательстве царизма в экономическую жизнь России в начале XX в // Самодержавие и крупный капитал в России в конце XIX − начале XX в. М. : Ин-т истории СССР, 1982.

Лаверычев В. Я. В. И. Ленин об историческом значении государственно-монополистического капитализма // История СССР, 1978. №1.

Лаверычев В. Я. Объективные предпосылки Великой Октябрьской социалистической революции // История СССР, 1977. №3.

Левыкин К. Г., *Сиволобов А. М.*, *Шарапов Г. В.* О книге 《 Вопросы истории капиталистической России: Проблема многоукладности》 // Вопр. истории КПСС, 1973. №11.

Ляховский В. М. К вопрос о фиктивных акционерных компаниях в России х годов // Исторические записки,

1965. Т. 76.

Лаверычев В. Я. Некоторые особенности развитии монополии в России (1900-1914) // История СССР, 1960. №3.

Лаверычев В. Я. К вопрос об экспорте льна из России в 1916-1917 гг // История СССР, 1958. №1.

Мовсумзаде Э. Самедов В. Бакинская нефть как топливо для российского военного флата // Черное золото Азерб айджана, 2014. №5.

Маевский И. В. Экономика русской промышленности в условиях первой мировой войны. М. : Госполитиздат, 1957.

Нардова В. А. Начало монополизации бакинской нефтяной промышленности // Очерки по истории экономики и классовых отношений в России в. XIX конца - XX начала. М. : наука, 1964.

Нардова В. А. Монополистические тенденции в нефтяной промышленности в 80-х годах XIX в. И проблема транспортировки нефтяных грузов // Монополии и иностранный капитал в России. М. : Академия наук СССР, 1962.

Нетесин Ю. Н. Синдикаты 《Гвоздь》 и 《Проволока》 (1903-1914) // Исторические записки, 1961. Т. 70.

Потолов С. И. Начало монополизации грозненской нефтяной промышленности (1893-1903 гг) // Монополии и иностранный капитал в России. М. : Академия наук СССР, 1962.

Соловьев Ю. Б. Петербургский международный банк и французский финансовый капитал накануне кризиса 1900-1903гг //

Очерки по истории экономики и классовых отношений в России в. X IX конца-X X начала. М. : наука, 1964.

Сидоров А. Л. Значение Великой Октябрьской социалистической революции в эконоических судьбах нашей родины // Исторические записки, 1947. Т. 25.

Торпан Н. И. Акционерные коммерческие банки России и крупная промышленность Эстонии в конце XIX и начале XX в // Учен. Зап. Тарт. ун-та, вып. 386. Труды по политической экономии IV. Тарту, 1976.

Торпан Н. И. О новой роли байков в промышленности Эстонии в 90-е годы XIX века // Изв. АН ЭССР. Обществ науки, 1978. Т. 27. №3.

Тихонов Б. В. Развития свеклосахарной промышленности во второй половине 40-х и в 50-х годах. X IX в // Историче ские записки, 1958. Т. 62.

Урибес Э. Коксобензольная промышленность России в годы первой мировой войны // Исторические записки, 1961. Т. 69.

Фурсенко А. А. Первый нефтяной экспортный синдикат в России (1803–1897) // Монополии и иностранный капитал в России. М. : Академия наук СССР, 1962.

Фурсенко А. А. Парижские Ротшильды и русская нефть // Вопросы истории, 1962. №8.

Халин А. А. Московско-нижгородская железная дорога // Исторические Записки, 1984. Т. 111.

Чшиева М. Ч. Кавказская нефть и Нобелевская премия //

Человек. Цивилизация. Культура, 2005. №1.

Черников В. Н. Из истории монополизации цементной промышленности России накануне первой мировой войны: Синдикат《Цементкрут》// История СССР, 1980. №1.

Цукерник А. Л. Из истории цементного синдиката южной России // Исторические записки, 1965. Т. 78.

Шарохина М. П. Финансовые и структурные сняаи《Комп нии Зингер》о российским и иностранным капиталом // Самодержа вне и крупный капитал в России в конце XIX – начале XX в. М. : Ин-т истории СССР, 1982.

Шеперёф Л. Е. Акционерные коммерческие банки в годы первой мировой войны // Исторические записки, 1963. Т. 73.

Шацилло К. Ф. Иностранный капитал и военно-морские программы России накануне первой мировой войны // Исторические записки, 1961. Т. 69.

Эфендизаде Д. М. Формирование монополистического капитала в торговом судоходстве на Каспийском море // Материалы по истории СССР периода капитализма. М. : Изд-во Моск. ун-та, 1976.

译名对照表

一 专有词语对照表

巴库煤油工厂主同盟 Союз бакинских керосинозаводчиков

车厢制造联盟 Союз вагоностроительных заводов

地方自治机关和城市联盟 Союза земств и городов

地区工厂会议 Районные заводские совещания

俄国大臣会议 Совета министров российской империи

钢轨工厂主同盟 Союз рельсовых фабрикантов

钢轨扣件工厂主同盟 Союз фабрикантов рельсовых скреплений

工商业代表大会委员会 Совет съездов представителей промышленность иторговли

国防专门委员会 Особое совещание по обороне

国家杜马 Государственная дума

国家杜马预算委员会 Бюджетная комиссия Государственной думы

海军部技术委员会 Комитет Морского министерства

火炮供应特别委员会 Особое совешание по артиллерийскому снабжению

军事-封建帝国主义 военно-феоадальный империализм

跨部门政府委员会 Особая правительственая междуведом-ственная Комисия

矿山和机械工厂主代表大会 Съезд горных и механиче-ских заводчиков

粮食专门委员会 Особое совещание по обороне по продоволь-ствию

棉花供应委员会 Комитет для заведования снабжением сырьем хлопчатобумажных фабрик

莫斯科交易委员会 Московский биржевый комитет

莫斯科军事工业委员会的棉花分部 Хлопчатобумажный отдел Московского областного военно-промышленного комитета

莫斯科印花工厂主会议 Совещание ситцевых фабрикантов

南俄采矿企业主代表大会 Съезд горнопромышленников Юга

呢绒工厂主协会 Общество суконных фабрикантов

呢绒工业事务委员会 Комитет по делам суконно-й промышленности

涅夫斯基纱线纺织品公司 Т-во Невской ниточной мануфактуры

七大公司同盟 Союза семи крупных фирм

桥梁建筑工厂同盟 Союз мостостроительных заводов

全俄亚麻企业主协会联合委员会 Всероссийское общест-во льнопромышленников

全俄亚麻企业主协会 Всероссийское общество льнопромышле-нников

全俄制糖工厂主协会 Всероссийское общество сахарозаводчиков

燃料专门委员会 Особое совещание по снабжению топливом

"人事联合" Личная уния

纱线工厂主会议 Совещание прядильных фабрикантов

私营铁路公司管理局 Правления обществ частных железн-ых дорог

铁路订单分配委员会 Комиссие по распределению железнодорожных заказов

乌拉尔采矿工业代表大会委员会 Совет съезда горнопромышлен-ников Урала

亚麻和黄麻工业事务委员会 Комитет по делам льняной и друтовой промышленности

冶金加工工业代表大会委员会 Совет съезда металлообрат-ывающей промышленности

冶金委员会 Металлургический комитет

运输专门委员会 Особое совещание по обороне по перевозкам

中央军事工业委员会 Центральный военно-промышленн-ый комитет

专门军需委员会 Особая комиссия по интендантски м поставкам

二 人名对照表

阿利亚洛夫 С. С. Алияров

阿拉洛罗夫 А. А. Аракелов

阿纳尼奇 В. В. Апаньич

阿布拉莫娃 Н. Г. Абрамова

阿拉富佐夫 Г. И. Алафузов

阿罗诺维奇 Ч. В. Аронович

阿洪多夫 Б. Ю. Ахундов

安菲莫夫 А. М. Анфимов

埃芬季扎杰 Д. М. Эфендизаде

鲍维金 В. И. Бовыкин

波托洛夫 С. И. Потолов

波格列宾斯基 А. П. Погребинский

博布科夫 К. И. Бобков

巴尔克 П. Л. Барк

巴库列夫 Г. Д. Бакулев

别利亚耶夫 Н. Ф. Беляев

波克罗夫斯基 Н. Н. Покровский

楚克尔尼克 А. Л. Цукерник

斯托雷平 П. А. Столыпин

德鲁日宁 И. М. Дружинин

多布罗特沃利斯基 Р. А. Добровольский

多苏热夫 А. А. Досужев

达尔西 П. Г. Дарси

达维多夫 Л. Ф. Давыдов

塔尔诺夫斯基 К. Н. Тарновский

托尔潘 Н. И. Торпан

格利维茨 И. Гливиц

费多罗夫 М. М. Федоров

胡塔列夫 В. Д. Хутарев

弗里布曼 Ц. Л. Фридман

弗托罗夫 Н. А. Второв

富尔先科 А. А. Фурсенко

古容 Ю. П. Гужон

古奇科夫 Н. И. Гучков

格拉诺夫斯基 Е. Л. Грановский

根金 И. Ф. Гиндин

赫罗莫夫 П. А. Хромов

杰利维格 А. И. Дельвиг

季玛舍夫 С. И. Тимашев

季托夫 Н. Е. Титов

季米里亚泽夫 В. И. Тимирязев

季亚科诺娃 И. А. Дьяконова

佳金 В. С. Дякин

基塔尼娜 Т. М. Китапина

克雷洛夫 А. Н. Крылов

科科夫佐夫 В. И. Коковцов

孔申 А. В. Коншин

科诺瓦洛夫 А. И. Коновалов

科列林 А. П. Корелин

克鲁泽 Э. Э. Крузе

科瓦里钦科 И. Д. Ковалъченко

肯丁 И. Ф. Гиндин

卡明卡 Б. А. Каминка

卡什塔诺夫 Н. Т. Каштанов

卡梅涅茨卡娅 И. М. Каменецкая

库兹涅佐夫 И. В. Кузнецов

库比卡亚 О. А. Кубицкая

库特勒 Н. Н. Кутлер

里亚布申斯基 П. П. Рябушинский

雷日恩 В. А. Лыжин

洛新斯基 М. Ф. Лощинский

罗戈任 В. П. Рогожин

罗斯柴尔德 Ротшилбд

利亚申科 П. И. Лященко

利夫申 Я. И. Лившин

拉维雷切夫 В. Я. Лаверычев

列维金 К. Г. Левыкин

雷恩德久斯基 Л. Г. Рындзюнский

拉比诺维奇 Г. Х. Рабинович

拉维雷切夫 В. Я. Лаверычев

拉恰耶夫 М. Ю. Лачаева

鲁赫洛夫 С. В. Рухлов

莫罗佐夫 Н. Д. Морозов

马耶夫斯基 И. В. Маевский

纳尔多娃 В. А. Нардова

纳尼塔什维利 Н. Л. Наниташвили

米洛夫 Л. В . Милов

涅博利普 Г. П. Небольсип

涅捷辛 Ю. Я. Нетесин

尼丰托夫 А. С. Нифонтов

普罗霍罗夫 Н. И. Прохоров

帕特里克耶夫 В. Н. Патрикеев

齐佩罗维奇 Г. В. Цыперович

帕日特诺夫 К. А. Пажитнов

切尔尼科夫 В. Н. Черников

强金 В. С. Дякин

舍别列夫 Л. Е. Шепелев

沙齐洛 К. Ф. Шацилло

索罗维约夫 Ю. В. Соловьев

苏金 Ф. Сукин

什波良斯基 Д. И. Шполянский

沙罗欣 М. П. Шарохина

日夫佐夫 Ю. В. Живцов

维什涅格拉德斯基 А. И. Вышнеградский

维亚特金 М. П. Вяткин

维什涅格拉茨基 А. И. Вышнеградский

瓦纳格 Н. Н. Ванаг

休金 С. И. Щукин

西多罗夫 А. Л. Сидоров

西比列夫 В. Д. Сибилев

亚修科维奇 И. Ясюкович

三 地名对照表

敖德萨 Одесса

阿拉斯特罕 Астрахань

巴库 Баку

顿巴斯 Донбасс

达吉斯坦 Дагестан

布良斯克 Брянск

格罗兹尼州 Грозненская область

高加索 Кавказ

华沙 Варшава

哈尔科夫 Харьков

弗拉基米尔 Владимир

伏尔加 Волга

基辅 Киев

卡马 Кама

库塔伊西 Кутаиси

罗斯托夫 Ростов

罗兹 Родос

雷瓦尔 Реваль

莫斯科 Москва

曼彻斯特 Манчестер

马赛 Macce

曼彻斯特 Манчестер

纳尔瓦 Нарва

下诺夫哥罗德 Нижний Новгород

切列肯 Челекин.

日内瓦 Женева

萨哈林 Сахалин

圣彼得堡 Санкт-Петербург

梯弗里斯 Тифлис

乌拉尔 Урал

维列伊卡 Вилейска

辛比尔斯克省 Симбирск

新罗西斯克 Новый россиск

西伯利亚 Сибирь

哈尔科夫 Харьков

雅罗斯拉夫尔 Ярославль

伊万诺沃-沃兹涅先斯克 Иваново-вознесенск

叶卡捷琳诺斯拉夫 Екатеринослав

四 企业名对照表

阿拉费洛夫工厂 Завод Арафелова

阿达莫夫兄弟工厂 Завод Адамовых

阿赫韦尔多夫公司 Предприятие Ахвердова

埃里克森工厂 Завод Эриксона

巴奇马诺夫斯克工厂 Бачмановский завод

别罗列茨克铁厂 О-во Белорецких заводов

"薄铁"辛迪加 Синдикат по листовому железу

布良斯克工厂 Брянский завод

布达科夫工厂 Завод Будакова

彼得罗夫斯克工厂 Петровский завод

察图罗夫工厂 Завод Цатурова

车厢制造厂销售辛迪加 Продвагон

"钉子"辛迪加 Синдикат "Гвоздь"

顿涅茨克工厂 Донецкий завод

顿涅茨克-尤里耶夫工厂 Донецк-Юриевский завод

第聂伯罗夫工厂 Днепровский завод

德鲁日科夫卡工厂 Дружковский завод

"钢管和铁管"辛迪加 Синдикат по стальным и желез-
ным трубам

"罐和槽铁"辛迪加 Синдикат по балкам и швеллерам

"俄国纺织产品出口"辛迪加 Синдикат "Русское эксп-
ортное товарищество"

俄国石油总公司 Русская генеральная нефтяная компания

俄国-巴尔季斯克工厂 Русско-Балтийсий завод

俄国-比利时工厂 Русско-Бельский завод

"俄罗斯普罗维丹斯"工厂 Завод "Русский Провиданс"

黑海-里海工商业公司 Каспийско-Черноморское торговое
и промышленное общество

"加尔特曼"工厂 Завод "Гартман"

科洛姆纳工厂 Коломенский завод

科洛明索斯克公司 О-во Коломенского завода

克诺普公司 Фирма "Л. Г. Кнопа"

卡兰塔罗夫工厂 Завод Калантарова

卡缅斯基工厂 Каменский завод

坎斯坦基诺夫工厂 Константиновский завод

克里沃罗日矿公司 Общество Криворожских руд

利安诺佐夫公司 Т-во Лианозова

里海公司 Каспийское товарищество

列斯涅尔工厂 Завод Лессера

洛卡罗夫斯克纺织工厂 Локаловская мануфактура

曼塔舍夫股份公司 Манташев и К⁰

马利采夫工厂 Мальцевский завод

"煤炭销售"辛迪加 Синдикат "Продуголь"

梅连科夫纺织厂 Меленковская мануфактура

莫斯科高加索公司 Московско-Кавказское общество

诺贝尔兄弟公司 Т-во бр. Нобель

诺贝尔-重油公司 Нобель-Мазут

尼古拉耶夫造船厂 О-во Николаевских судостроитель-ных заводов

尼古拉耶夫 Николаевский судостроительний завод

尼科波尔-马里乌波尔工厂 Никополь-Мариупольский завод

尼古拉耶夫斯基造船公司 О-во Николаевских судостроитель-ных заводов

苏林工厂 Сулинский завод

普拉格工厂 Прагский завод

普季洛夫工厂 Путиловский завод

"炮弹同盟"辛迪加 Синдикат "Снарядосоюз"

钦德尔公司 О-во "Э. Циндель"

"铜"辛迪加 Синдикат "медь"

索尔莫夫工厂 Сормовский завод

施皮斯公司 Общество《Шпио》

"铁管销售" 辛迪加 Синдикат "Трубопродажа"

"屋顶铁皮" 辛迪加 Синдикат "Кровля"

瓦尔沙夫斯克工厂 Варшавский завод

维克聪斯基工厂 Выксунские заводы

瓦捷尔凯公司 Общество Ватеркейна

乌拉尔-伏尔加冶金公司 Уральско-Волжское металлургиче-ское общество

希巴耶夫股份公司 С. М. Шибаев и К⁰

下诺夫哥罗德纺织厂 Нижнегородская мануфактура

"烟草" 托拉斯 Табачный и ниточный тресты

新俄罗斯工厂 Новоросийский завод

亚历山大工厂 Александровский завод

"冶金制品销售" 辛迪加 Синдикат "Продамет"

英荷壳牌集团 Ройяд Датч Шелл

英国-俄国马克西莫夫公司 Англо-русское Максимов-ское общество

蒸汽机车制造厂同盟 Союз паровозостроительных заводов

"轴和轮箍" 辛迪加 Синдикат по осям и бандажам

后　记

　　本书是笔者主持并完成的陕西省教育厅哲学社会科学重点研究基地项目"19 世纪末 20 世纪初俄国工业垄断研究——以冶金和纺织工业部门为例"（16JZ079）、第 67 批面上资助"西部地区博士后人才资助计划"项目"苏联解体前后二十年中亚国家的社会经济变迁研究"（2020M673622XB）的阶段性成果的主要组成部分，也是笔者对博士学位论文修改而成的科研成果。

　　2008 年 9 月，我进入吉林大学东北亚研究院历史所学习，转瞬间，已有十余年。在博士导师张广翔教授的耳濡目染下，我不仅对俄国史的研究产生了浓厚的兴趣，还踏上了学术研究之路。张老师严谨的治学态度和勤奋的工作作风深深地感染了我，并将使我终身受益。在整个撰写过程中，从理论指导到谋篇布局，再到语言表述，导师都给予了悉心的指导。由于学生基础薄弱且能力水平有限，很多时候不得要领，导师总是不厌其烦，费尽心力地为我讲解。可以说，在博士学位论文的选题、构思和撰写中都凝结了老师的心血。还要特别感谢师母丁卫平老师。师母总是细心询问我的生活情况，并给予我母亲般的关怀。此外，由衷感谢我的硕士导师黄定天教授以及陈景彦教授、雷丽平教授、戴宇教授、王绍章教授和许金秋教授等所有任课老师，你们的传道授业解惑使我受益终身。

2015年7月，我进入了西北大学中东研究所（简称中东所）工作，在这里迎来了人生的一个重要转折点。时光飞速，转眼间，我在这里已度过了七个年头。感谢王铁铮教授、黄民兴教授和韩志斌教授几位领导给我提供宝贵的工作机会，使我得以进入中东所学习和工作。来到中东所以后，非常荣幸在西北大学世界史博士后流动站师从黄民兴教授学习中亚史。导师黄民兴教授不仅学识渊博、治学严谨，而且气质儒雅、平易近人，其深厚的研究功底和正直的品格潜移默化地塑造着我治学为人的基本素质。感谢王铁铮教授、黄民兴教授、韩志斌所长、李福泉副所长、闫伟副所长、蒋真教授、王猛研究员和赵广成副教授对本人学术论文的修改提出的宝贵建议。感谢李玮副教授、王晋副教授、申玉辉副教授和刘金虎博士等同事多年来在工作和生活上对我的帮助和关心。感谢办公室的张迎春老师和资料室的韩婷婷老师，为我的工作和生活提供方便。七年来，中东所的领导和同事给予了我诸多的关心和帮助，在这里特向各位老师表示感谢。

在博士学位论文撰写和书稿后续修改过程中，感谢吉林大学历史文化学院王学礼师兄、周佳莹师妹，贵州师范大学副教授邓沛勇师弟，复旦大学博士后李振文师弟，莫斯科罗蒙诺索夫国立大学博士张湛、薛晨、易礼群、陶大志好友等，在英俄文资料的收集和翻译方面给予了我很多帮助，中东所同事曹峰毓、谢志斌、张向荣、张玉友及好友西安邮电大学的邓荣秀、西安外国语大学的苏欣在拟定书名过程中提供了宝贵意见。

感谢中东所领导的大力支持，感谢社会科学文献出版社李明伟编辑以严谨的工作态度，确保本书顺利出版。

　　最后，我要感谢我的家人，感谢父母的养育之恩，感谢爱人的陪伴，感谢姐妹的关心，你们的支持与鼓励是我人生前进的动力。

　　这是本人出版的第一本专著，其中难免存在错误和纰漏之处，恳请读者批评指正。

白胜洁

图书在版编目（CIP）数据

棉花、石油与钢铁：俄国工业垄断研究：1861~
1917/白胜洁著. -- 北京：社会科学文献出版社，
2022.5

ISBN 978-7-5228-0119-3

Ⅰ.①棉…　Ⅱ.①白…　Ⅲ.①工业企业-垄断-研究
-俄罗斯-1861-1917　Ⅳ.①F451.29

中国版本图书馆 CIP 数据核字（2022）第 083238 号

棉花、石油与钢铁：俄国工业垄断研究（1861~1917）

著　　者／白胜洁

出 版 人／王利民
责任编辑／李明伟
责任印制／王京美

出　　版／社会科学文献出版社·国别区域分社（010）59367078
　　　　　地址：北京市北三环中路甲 29 号院华龙大厦　邮编：100029
　　　　　网址：www.ssap.com.cn
发　　行／社会科学文献出版社（010）59367028
印　　装／三河市龙林印务有限公司

规　　格／开本：787mm×1092mm　1/16
　　　　　印张：18.5　字数：207 千字
版　　次／2022 年 5 月第 1 版　2022 年 5 月第 1 次印刷
书　　号／ISBN 978-7-5228-0119-3
定　　价／98.00 元

读者服务电话：4008918866